近世史研究叢書51

福原高峰と「相中留恩記略」

—近世民間地誌にみる「国」意識—

斉藤　司 著

岩田書院

福原高峰と「相中留恩記略」目次

序章　本書の課題と構成

本書は、江戸時代後期に相模国鎌倉郡渡内村《わたうち》（神奈川県藤沢市）の名主である福原高峰《たかみね》（寛政四年〈一七九二〉～明治元年〈一八六八〉）が編纂した相模国全域（実際には武蔵国久良岐郡の「金沢」をも含む）を対象とする名所図会形式の民間地誌「相中留恩記略」を素材として、同書における相模国認識を検討する。「相中《そうちゅう》留恩《りゅうおん》記《き》略《りゃく》」という表題の内、「相中」は相模国の国中全体の意、「留恩」は相模国内に遺る徳川家康＝「東照大神君様」が「留」めた「恩」＝事蹟である。「相中留恩記略」は、それを「記略」＝記録する書物ということになる。

一　「相中留恩記略」の構成と内容

編纂者の福原高峰は、相模国鎌倉郡渡内村の名主福原高行の子として寛政四年（一七九二）に生まれた。文政五年（一八二二）に父高行が没し、翌六年に父の遺跡を相続、同七年に同村の名主となっている。なお、後述する先行研究においては、「高峰」と「高峯」、「相中留恩記略」と「相中留恩記畧」が、それぞれ混在しているが、本書では引用部分を除き「高峰」と「相中留恩記略」で統一する。また、福原家は「新編相模国風土記稿」巻之百四の鎌倉郡渡内村に「旧家左平太」として立項されており、「峯渡内の里正なり、福原氏とす、家系を閲するに祖先は佐原八郎為連より出つ、為連は三浦党にて三浦郡佐原の住人なり、為連の男左近四郎景連外戚の家を襲て福原氏となる、玄孫作右衛門忠始、応永二十三年上杉禅秀の乱に当村へ移り住す、其子左衛門忠次鎌倉に住、管領持氏に仕へ持氏滅亡の後当村に潜居す」とあり、それ以来同地に居住している旧家である。

「相中留恩記略」の構成は、本編二五冊と附録一冊であり、本編の序一冊・目録一冊・本文二三冊の合計二五冊は天保一〇年(一八三九)、附録の一冊は安政三年(一八五六)の成立である。本文二三冊には「江戸名所図会」の挿絵を描いた長谷川雪旦の子である長谷川雪堤(一八一九〜一八八二)が挿絵を描いている。附録は、鎌倉郡渡内村を含む相模国鎌倉郡と同国三浦郡・武蔵国久良岐郡に属する村々が、東京湾の海岸防備のため熊本藩の「御預所」となった際に作成された。

本編・附録ともに江戸時代に刊行されたことはなく、浄書本として伝来するものとしては、①福原家本(藤沢市文書館)、②内閣文庫本(昌平坂学問所献上本)、③徳川林政史研究所本(尾張家献上本)、④永青文庫本(細川家献上本)の四本が存在する。後述する『相中留恩記略全』「校注編」の石井光太郎氏の「解説」によれば、各本は「冊子の枚数は若干の異同がある」ものの、本文の記述内容は「ほとんど差異がなく、挿図には多少の差異」があるという。①が編纂者である福原家所蔵の原本。②は天保一〇年(一八三九)八月二六日に幕府の昌平黌「学問所」への、③は天保一四年に尾張家への、④は安政三年に細川家への、それぞれ献上本である。なお、②昌平黌「学問所」への献上は、天保一〇年五月に「相中留恩記略」二五冊を「献納」したい旨を願い出て、同年八月二六日に「学問所」へ納めている。これによって「相中留恩記略」の編纂が完結するという意味を持つのであろう。

刊行された刊本としては、③徳川林政史研究所本を底本とし、欠落する序の一部と附録について①福原家本を使用する『相中留恩記略全』(有隣堂、一九六七年)があり、本書における「相中留恩記略」の分析・検討は同書による。

『相中留恩記略全』は、写真版で全文を掲載した「本文編」と、文章部分を翻刻した「校注編」の二分冊から構成され、「本文編」冒頭の「まえがき」には「編集者」として渡辺一郎・石井光太郎両氏の名前がある。「校注編」には石井光太郎氏による「解説―高峯と雪堤と―」（以下、「解説」）が所収され、先述した諸本の存在・伝来等が概括的に説明されている。なお、「本文編」所収の挿絵は、図版が小さく挿絵中の文言が判読できない箇所もあるため、本書の検討は「校注編」所収の文章部分を中心に行う。また、本書における引用については、「校注編」を参考にしつつも最終的には「本文編」によった。原則として、「校注編」における誤記の修正については個別に触れることはしないが、必要な部分についてはその旨を記した箇所もある。本文においては平出・台頭等の表現が用いられているが、引用文ではこれを省略した。

本編冒頭の序一冊には、①天保一〇年「清和月」（四月）付の林皝による漢文の序文である「弁言」、②「天保十とせの卯月」＝天保一〇年正月付の成島司直による和文の序文である「相中留恩記略の序」、③天保一〇年四月付の福原高峯の自序である「相中留恩記略自序」（以下、「自序」）、④凡例である「相中留恩記略凡例」（以下、「凡例」）が所収されている。林皝は幕府大学頭である林家の当主、成島司直はその配下として、ともに「新編相模国風土記稿」の編纂に携わった人物である。

目録一冊は、後述する本文の構成を巻ごとに示したもの。

本文となる全二三冊の構成は次の通り。

巻之一　足柄上郡
巻之二～四　足柄下郡一～三
巻之五　淘綾郡

巻之六〜九　大住郡一〜四
巻之十・十一　愛甲郡一・二
巻之十二　津久井県
巻之十三　高座郡
巻之十四〜十九　鎌倉郡一〜六
巻之二十〜二十二　三浦郡一〜三
巻之二十三　金沢

このように「相中留恩記略」本文は、足柄上郡・足柄下郡・淘綾郡・大住郡・愛甲郡・津久井県・高座郡・鎌倉郡・三浦郡という相模国の九つの「郡」「県」と（武蔵国）金沢という地域ごとに立項され、最初の足柄上郡から最後の武蔵国金沢へとおおむね西から東の方向で記述されている。それぞれの地域は単数あるいは複数の冊から構成されており、一冊に複数の地域が所収されることはない。相模国が全二二冊という冊数で構成されていることと、「相中留恩記略」という表題にもかかわらず武蔵国金沢をも記述対象としている点については、同書の構想全体における意図が想定されよう。巻之二十三の末尾には序の1〜4に対応するように、「天保己亥の年、夏のはじめなり」＝天保一〇年四月に記された5間宮士信の跋文が置かれている。間宮士信も成島司直同様に林家の配下として「新編相模国風土記稿」の編纂に関与した人物である。以上の序・目録・本文の二五冊は一括して成立したものであり、本書の分析はこの部分を対象とする。

一方、附録は、冒頭の安政三年「桂月」（八月）付の福原高峰の文章によれば、安政元年三月に相模国三浦郡・鎌倉郡と武蔵国久良岐郡の村々が、「外国防禦」＝海防のため「当太守公」＝熊本藩主細川氏の「御預所」になり「相中留恩記略」を献上した際に追加されたもの。幕末期における当該地域の地域認識を考える好個の資料ではあるが、本編二五巻とは作成の年代と目的が異なるので、本書の検討からは除外する。

二　「相中留恩記略」をめぐる研究史

「相中留恩記略」に関する研究史は、戦前に発表された関靖「神奈川県郷土志料『相中留恩記略』の発見の由来とその解説」(『神奈川文化』創刊号・二号、一九四〇年)、木村捨三「『相中留恩記略』の挿絵画家長谷川雪旦の手記」(『神奈川文化』七号、一九四〇年)、関靖「『相中留恩記略』に関する手記の発見とその筆者に就いて」(『神奈川文化』八号、一九四〇年)から始まる。これらは神奈川県の郷土史料としての「相中留恩記略」の発見と紹介が主要な目的であった。

こうした先駆的な研究をふまえる形で、『相中留恩記略全』が刊行された。これにより「相中留恩記略」の全体像が初めて公刊され、以後の研究の土台となる。先述した「解説」において石井光太郎氏は「相中留恩記略」の内容を「相模国鎌倉郡渡内村(神奈川県藤沢市渡内)の名主福原高峯が、江戸の画家長谷川雪堤の協力で、東照神君(徳川家康)に関する相模一国の遺蹟と、名勝を探訪して編集した図会形式の地誌」(一八頁)とまとめている。

『相中留恩記略全』刊行後の主要な研究業績としては、

①三浦俊明「東海道藤沢宿の地誌について」(『藤沢市史研究』一三号、一九七九年)

②石井修「東海道沿いの文人―藤沢宿及び周辺農村を舞台に―」(『幕末の農民群像　東海道と江戸湾をめぐって』、横浜開港資料館編、一九八八年)

③羽賀祥二「二つの史蹟碑―十九世紀前期の地域の歴史―」(『立命館文学』五二二号、一九九一年。後に同『史蹟論―一九世紀日本の地域社会と歴史意識―』に「第三章　相模における史蹟記念碑―玉縄首塚碑と筑井古城碑―」として所収。名古屋大学出版会、一九九八年)

④鈴木章生「相模における地誌編纂と歴史認識」(『地方史研究』二七五号、一九九八年)

⑤菅根幸裕「地誌としての『相中留恩記略』―『新編相模国風土記稿』との比較を通じて―」(『神奈川県立歴史博物館総合研究報告　総合研究―地域社会と近世文化―』、神奈川県立歴史博物館、一九九九年)

⑥早田旅人「徳川家康由緒・伝承と地域―大住郡・平塚市域を事例に―」(平塚市博物館研究報告『自然と文化』三九号、二〇一六年)

などがある。

①と②は東海道藤沢宿に関連する地誌類を概観する中で「相中留恩記略」の概要を紹介したもの。特に②では福原高峰の経歴を年譜として採録しつつ、「相中留恩記略」の性格を「高峯が、父高行の遺志――即ち大神君(徳川家康)の相模における、遺跡、事歴を書き集めようという計画――を継ぎ編纂した相模国地誌で徳川家康の関係史蹟、それにまつわるエピソードや各地の風光明媚な名所を紹介したもの」と指摘している。

③は、福原高峰が中心的な役割を果たした玉縄城碑の建碑運動の中で「相中留恩記略」に触れる。ここでは「相中留恩記略」を福原高峰による「相模における徳川家康の遺蹟・遺品を発掘しようという活動」の「成果」としている。編纂の動機については「もともと家とそれを取りまく土地への深い関心から、その歴史を再構成しようという、並々ならぬ意欲」を持っていたとし、「先祖ともっともゆかりの深い歴史的人物に関心が向けられ、そのことが起点となってまわりの土地へと、しだいに関心が広がっていったのではないだろうか。家を起点に、それを取りまく土地

の歴史を知ること、これが高峰の継承した父高行の遺志であった」としている。

④と⑤は「相中留恩記略」の性格と江戸との関係に着目する。ともに短文ではあるが、それ故最も要約的に整理されたものともいえる。

④は、同年に行われた地方史研究協議会神奈川大会の問題提起の一つ。ここでは「相中留恩記略」の編纂目的と内容を「相模を中心とする徳川家康ゆかりの地や名所を、鎌倉郡玉縄領渡内村（現藤沢市）の名主福原高峯が編纂したもの」と述べつつ、その編纂を（高峰の父高行からの）「親子二代にわたる編纂事業であり、相模における家康の事跡を通じて、家康に対する強い崇敬の念を表出している」とし、「家康の関東入府の際に先祖が案内役を仰せ付かり、玉縄城跡をはじめとして渡内村を案内した由緒から福原家の家康に対する思いは事の他強いものがあった」とする。また、「自序」の表現をふまえつつ、「「大神君」と記述するところに、福原親子の地誌編纂を支える歴史認識の根本が象徴されている」とするとともに、後述する「自序」前半のBとCをふまえて、「江戸あっての相模といった地域的な関係を指摘しつつ、その同質性を述べるところに江戸と近郊の相模をめぐる編者の地域認識のあり方を窺うことができる」としている。最後に「相中留恩記略」は「名主福原高峯の家康礼賛の歴史認識と隣接する江戸の強い結びつきのなかで独自に編纂された相模国の地誌」とその性格を整理している。

⑤は、「相中留恩記略」編纂の目的を「相模国の名所・旧跡の中で、徳川家康に由来する場所を抽出し、紹介しようとするもの」としている。また、同じく「自序」前半のBとCの記載を受けて、「大神君徳川家康への思い入れとともに、家康が構築した江戸のおかげで相模国が潤っているとする地域観念が窺える」とし、「鎌倉・江ノ島・箱根といった相模国の名所が賑わっている」理由を「重ねて江戸あっての相模という姿勢を示している」とする。

⑥は、近年発表されたもので、「相中留恩記略」に関する本格的な研究の端緒となるものである。ここでは「相中

留恩記略」を「相模国鎌倉郡渡内村(藤沢市)名主福原高峰により編纂され、家康の恩を留める目的で家康に関わる土地や事物を紹介した地誌」で「相模国における家康の事跡・由緒・伝承について最も網羅的に把握した史料」と位置づける。その上で、「相中留恩記略」における「相模国における家康の事跡・由緒・伝承の特徴」の概観を足柄上郡・足柄下郡、淘綾郡、大住郡、愛甲郡、津久井県、高座郡、鎌倉郡、三浦郡、金沢に分けて説明している。全体の特徴として「鎌倉郡における慶長五年の参詣・遊覧に関する事跡を別にすれば、相模国における由緒は大別して小田原合戦と放鷹に関わるものが多」く、「相模国が家康の江戸打ち入りの端緒となった地、放鷹を親しんだ地であることを反映している」と指摘する。そのため「小田原合戦の由緒は足柄上郡・足柄下郡に濃厚で、放鷹の地としての由緒は大住郡を中心に相模平野に広がっている」としている。

三　本書の課題と構成

以上のような研究史の過程の中で、「相中留恩記略」の編纂目的に関する基本的な視点は提示されているように思われる。すなわち、鈴木章生氏が「名主福原高峯の家康礼賛の歴史認識と隣接する江戸との強い結びつきのなかで独自に編纂された相模国の地誌」と端的にまとめたように、「名主福原高峯の家康礼賛の歴史認識」と「隣接する江戸との強い結びつき」ということになる。この場合、地理的な遠近関係をふまえて想定される江戸と相模国との関係は、徳川将軍家の居城である江戸城→江戸城が存在する武蔵国→武蔵国の外縁部に位置する相模国というものであり、関東入国における徳川家康の行程でいえば、武蔵国江戸への通過地点として相模国を想定するということになろう。しかし、徳川家康への仰敬・思慕の念を持つ福原高峰が編纂する「相中留恩記略」において、相模国が徳川家康の武蔵国江戸への入城時における単なる通過地点であり、また地理的に江戸が存在する武蔵国に近接した地域であるという位置づけ、換言すれば江戸・江戸城→武蔵国→相模国という関係論は想定しづらい。「相中留恩記略」には武蔵国とは異なる相模国独自の存在意義が表出されていることになろう。本書の目的は「相中留恩記略」の構成と内容を検討することにより、同書における相模国の地域認識を解読することにある。

本書では、以下、この点を検討していく。具体的な課題は次の二点となる。

第一に、徳川家康との関係をふまえつつ、叙述対象である相模国をどのような場として表現しようとしているのか。さらに徳川将軍家の居城である江戸城との関係をどのように位置づけようとしているのかを明らかにすることである。換言すれば、「相中留恩記略」における相模国認識ということになる。第一章ではこの点について検討する。

第二に、そうした相模国の地域認識をより具体的に表現するために、「相中留恩記略」の本文においてどのような編集上あるいは構成上の工夫が行われているのかということである。あわせて徳川家康と相模国の関係における、鎌倉郡渡内村名主である福原家の位置づけという点についても検討する必要がある。そこで、本文全二三冊を、(一)足柄上郡(巻之一)・足柄下郡(巻之二〜四)、(二)淘綾郡(巻之五)・大住郡(巻之六〜九)・愛甲郡(巻之十・十一)・津久井県(巻之十二)、(三)高座郡(巻之十三)・鎌倉郡(巻之十四〜十九)・三浦郡(巻之二十〜二十二)・武蔵国金沢(巻之二十三)という三つの地域に区分し、それぞれ(一)を第二章、(二)を第三章、(三)を第四章で検討する。

なお、本文の検討にあたり、各項目の表題については、各巻冒頭に記されているものを使用する。また、初出にあたっては所在地を合わせて記すが、再出以降では、必要に応じて所在地を省略した。一方、挿絵については、挿絵中にタイトルがあるものは「　」で、特に記述がなく内容から判断して名称を付けたものは(　)で、表記した。

第一章　「相中留恩記略」における相模国意識

はじめに

序章で掲げた二つの課題の内、第一章では、第一の課題を検討する。すなわち、徳川家康との関係をふまえた「相中留恩記略」における相模国の地域認識である。この場合、比較の対象は、家康以来の徳川将軍家の居城である江戸城が存在する武蔵国になろう。そこで、第一節では、江戸と武蔵国の関係論を示す事例として、「相中留恩記略」よりも若干先行する形で刊行された「江戸名所図会」における武蔵国に関する記述と意識を検討する。ついで、第二節では「相中留恩記略」の「自序」「凡例」を概観するとともに、相模国内における郡・県の配列と冊数の意味づけ、さらには武蔵国に属する金沢の地が「相中留恩記略」に含まれていることなどに着目して同書における相模国意識を検討する。

第一節　「江戸名所図会」と江戸・武蔵国意識

「江戸名所図会」は、「江戸」とその周辺を対象とする名所図会形式の民間地誌であり、江戸神田雉子町名主斎藤家の三代(幸雄・幸孝・幸成＝月岑)によって作成された。その編纂は幸雄によって寛政年間(一七八九〜一八〇一)から始められたが、幸成＝月岑の代にようやく天保五年(一八三四)に前半の三巻一〇冊が、同七年に後半の四巻一〇冊がそれぞれ刊行された。この内、江戸と武蔵国の関係の部分については天保五年に刊行された前半に含まれる。「江戸名所図会」の刊行は、天保一〇年に完成した「相中留恩記略」より若干先行しており、また挿絵を描いた長谷川雪旦は、「相中留恩記略」の挿絵を担当した長谷川雪堤の父にあたる。江戸に対する武蔵国と相模国の位置づけをめぐる民間地誌という内容面と、挿絵の絵師が雪旦・雪堤父子であるという人脈面からは、後述するように「相中留恩記略」の編纂が天保五年より本格化する一つの要因として、「江戸名所図会」の存在を意識していた可能性が想定される。

「江戸名所図会」の刊本としては石川英輔・田中優子監修『原寸復刻江戸名所図会』上巻・中巻・下巻(評論社、一九九六年)があり、また簡便で入手しやすいものとしては市古夏生・鈴木健一校訂『新訂江戸名所図会』一〜六及び別巻一・二(ちくま学芸文庫、一九九六年〜一九九七年)があり、角川文庫においても一九六六年〜一九六八年にかけて鈴木棠三・朝倉治彦校註の『江戸名所図会』全六巻が刊行されている。「江戸名所図会」に関する研究は多岐にわたり、参考文献と実地調査、さらには先行する江戸の地誌との関係、あるいは本文の記述や挿絵の分析など多様な分野に及んでいる。ここでは近年の成果として著書にまとめられた、鈴木章生『江戸の名所と都市文化』（吉川弘文館、二〇〇一年）、千葉正樹『江戸名所図会の世界』（吉川弘文館、二〇〇一年）、齊藤智美『『江戸名所図会』の研究』（東京堂出版、二〇一三年）のみを挙げておく。

「江戸名所図会」における武蔵国と江戸の関係論については、「江戸名所図会」本文全体の序論ともいうべき巻之一第一冊の「武蔵」「江戸」「江戸大城基立」の項目と「日本武尊東夷征伐の時、武具を秩父岩倉山に収給ふ、是武蔵国号の濫觴なり」「江戸東南の市街より内海を望む図」「元旦諸侯登城之図」の挿絵からうかがうことができる。あわせて武蔵国命名の由来に関係する日本武尊に関連して、「江戸名所図会」本文末尾にあたる巻之七第二十冊の下総国葛飾郡の船橋に所在する「意冨日神社」と、同社の摂社である「茂侶神社」についても検討する。

一　「江戸」「江戸大城基立」について

まず、掲載順序とは異なるが、「江戸名所図会」における江戸の認識を確認するため、「江戸」「江戸大城基立」の項目からみていく。

「江戸」では最初に「豊嶋郡峡田領とす、其封境往古ハ広くあらさるに似たり」とその所在地を記し、ついで「武蔵国風土記に荏土に作る、伝云、此地ハ大江に臨故に江戸と称せりといふ」として地名の由来を説いている。そして、「天正己（已カ）降、江戸を以て御居城の地となし給ふ、故に日を重ね、月を追ひ、益繁昌におよひ、今ハ経緯拾里におよむて、都て江戸と称せり、万国列侯の藩邸、市鄽商賈の家屋、鱗差して、縦横四衢に充満し、万戸千門甍を連ねたり、実に海陸の大都会にして扶桑第一の名境といひつへし」と結んでいる。すなわち徳川家康が江戸を「御居城」と定めて以来、月日を追って繁昌し、現在では「経緯拾里」に及ぶ範囲をすべて「江戸」と称している。「万国列侯の藩邸」や「市鄽商賈の家屋」が連綿として軒を連ね、その繁栄ぶりは「海陸の大都会」として「扶桑第一の名境」であるとし、徳川家康が江戸を居城としたことを起点とする都市江戸の繁栄を述べている。

この「江戸」の項目に対応する挿絵が「江戸東南の市街より内海を望む図」と「元旦諸侯登城之図」である。前者は画面中央下段に「日本橋」の地名がみえるので、鈴木章生氏が「江戸城が見えない位置関係にありながら、実は江戸城を背景に意識した俯瞰構図」(『江戸の名所と都市文化』二六〇頁)と指摘しているように、「江戸東南の市街」とは実は江戸城からの視点であろう。挿絵の表題では江戸の市街から「内海」である東京湾を眺望するとしているが、絵画の視線としては東京湾西岸の「ハ子タ」(羽田)・「本牧」と、同じく東岸の「安房」「上総」の間に位置する湾口から巨大な太陽＝朝日が昇っており、江戸の市街が東からの光により照らし出されている印象が強い。ちなみに「日本橋」の項目には「此橋を日本橋といふハ、旭日東海を出るを、親見る故にしか号るといへり」とあり、まさに東海より昇る旭日を「親しく見る」という理由で名づけられたとする。これは日本橋だけではなく、その後方に隠された存在としての江戸城にも、東海から昇る旭日が照射するということになる。東から昇るその旭日＝太陽はまさしく「東照」であり、「東照」＝徳川家康の守護による江戸城・江戸の繁栄を図像化したということになる。

一方、後者は「万国列侯」＝諸大名による江戸城への元旦祝賀の登城の風景を描いたもの。直接的には、元旦の祝賀という年中行事最初の儀式を、開巻冒頭に配置することにより、同書が対象とする江戸城と江戸を寿ぐ意味を持つと思われる。「江戸名所図会」における記述は日本橋に代表される江戸城の東方から始まる。ちなみに四季を東西南北の方位に配置すると、東方は春に該当する。おそらく年始＝新春の季節を象徴化しているのであろう。あわせて江戸における「万国列侯の藩邸」＝大名屋敷の存在と、諸侯が江戸城へ登城する図を描くことにより、江戸→全国という広がりを意味していると思われる。江戸城・江戸を中心として全国へ広がるという地域認識である。

それに続く「江戸大城基立」の項目では、主に太田道灌による江戸築城と城内に設置された「静勝軒」からの景観を中心に叙述する。道灌による江戸築城の経緯については、道灌が「当国荏原郡品川の舘にありし時、勝地たる故を以て、豊島郡江戸の地に城営を闢むとし、康正二年丙午経始し、長禄元年丁丑巧成て道灌こゝに移り住す」と記している。また、割註には「或書云、千代田・宝田・祝の里といふ所をもつて城地にとると、又一説に、千代田・斉田・宝田等の三氏をして、武州江戸・河越・岩付等に城塁を築かしむ、とありて一ならす、或ハ地名とし、或ハ人名とす」と記している。ここで地名・人名として列挙されている「千代田・宝田・祝の里」あるいは「千代田・斉田・宝田」は、いずれも縁起の良い文字であり、江戸城と江戸の地を寿ぐ意味をもつのであろう。その後、小田原北条氏による江戸城支配の記述を経て、「天正十八年庚寅秋〈七月十一日〉其家没落せしより、已来永く御当家の御居城と定させられ、同年八月朔日江戸の大城へ台駕を移させ給ふ、其頃迄は僅はかりの城営たりしに、慶長年間御城廓の地を広めさせ給ひ、唯今の如く巍々然として万世不易の大城とハなれりける」と結んでいる。冒頭の「其家」は小田原北条氏のこと。天正一八年(一五九〇)七月一一日に小田原北条氏が滅亡すると、それにかわって江戸城は「御当家」＝徳川将軍家の「御居城」と定められ、同年八月朔日に「江戸の大城」＝江戸城へ徳川家康が入城した。入城直後は「僅はかりの城営」であったが、慶長年間に城郭の地を広げて、「唯今」のように「巍々然」とした「万世不易の大城」になったとする。

以上のように江戸城は「巍々然」たる「万世不易の大城」であり、その城下町である江戸は「海陸の大都会」「扶桑第一の名境」として繁栄しているというのが、「江戸名所図会」における江戸の現状認識ということになる。

二　「武蔵」について

こうした江戸認識をふまえて、江戸・江戸城と武蔵国はどのような関係性を持つものとして表現されているのであろうか。「江戸名所図会」全体の本文冒頭にあたる「武蔵」の項目では、まず「東海道に属す」というように武蔵国が律令制における行政区画である七道の内、「東海道」に属することを明記する。ついで「久良・都筑・多磨・橘樹・荏原・豊島・足立・新座・入間・高麗・比企・横見・埼玉・大里・男衾・幡羅・榛沢・那珂・児玉・賀美・秩父・葛餝等、以上二十二郡なり」として武蔵国に属する二二の郡名を挙げる。そして、「貞享三年丙寅三月、利根川の西を割て、武蔵国に属せしむ、昔ハ本所葛西の辺、浅草の川を国界にして、川より東の地ハ一円に下総国なりしを、右に云如く、今ハ葛飾郡の半を割て、利根川の以西を武蔵の国の葛飾郡とす、以東を下総国の葛飾郡とす、和名抄に武蔵国管二十一とありて、葛餝郡なし、今是を加へて二十二郡とす」とあるように、葛飾郡については貞享三年（一六八六）に下総国の葛飾郡を分割して武蔵国に編入されたとしている。

すなわち中世段階における武蔵国は二一郡であったが、江戸の都市域の拡大に伴い、下総国葛飾郡の一部が割かれて武蔵国に編入された。分割にあたり武蔵国へ編入された葛飾郡部分の郡名は変更されなかったため、同一の郡名が武蔵国と下総国の両国に存在することとなった。「江戸名所図会」の巻之七第二十冊は下総国葛飾郡の一部である松戸・市川・船橋などを記述対象としており、武蔵国の葛飾郡はもとより、下総国の葛飾郡についても、武蔵国にも属する側面を持つ両属的な地域として認識されているように思われる。「相中留恩記略」における武蔵国金沢と同様な位置づけといえよう。

次に「むさしと称す其義ハ」として、「むさし」「武蔵」という国名の読みと表記について説明する。「むさし」の読みについては、「風土記抄にいふ、武蔵の国秩父の嵩ハその勢ひ勇者の怒り立るか如し、日本武尊此山に東夷征伐の祈願をこめ給ひ、その後東夷悉く平治せしかハ、その武器を秩父岩倉山に納め給ふ、よりてこの国をむさしと称せしとなり」と記すが、それ以上の説明はない。「勇者の怒り立るか如」き秩父の山並みの「勢ひ」(情景)が「むさし」の語源であるということになる。そして、日本武尊が「東夷」を「平治」した後、必要が無くなった「武器」を「秩父岩倉山」に収めたとする。これは次の「白雉」に関わる記事と関連づけられ、「武」を「蔵」めるという武蔵国の国号表記の意味へとつながっていく。

「武蔵」の項目はさらに「其後、称徳天皇の神護景雲二年、武蔵の国より白雉を献しけるか、公卿の奏せし言に、戢武崇文の祥なりといふ、よりて此国を武蔵の字を以、嘉名となし給ふといふ」と続く。ここでは称徳天皇の神護景雲二年(七六八)に武蔵国から白雉が献上されたことを取り上げている。続く割註によれば、この白雉は「武蔵国橘樹郡」の「飛鳥部吉志五百国」という人物が「同国久良郡」(「久良郡」は「久良岐郡」の古代における表記)で捕獲したもの。そして、「白雉」について説明した「公卿の奏せし言」の中に「戢武崇文の祥」の一節が記されており、武蔵国から献上された白雉は「武を戢め」=戦乱が終結して「文を崇ぶ」=「平和」=「太平」の「祥」=兆しであり、よってそれを献上した国の表記については平和を象徴する「武蔵」という文字にしたという。ここでいう「武蔵」とは、戦争の道具である武器の倉庫=蔵ではなく、逆に「蔵」を「収める」「隠す」の意で解し、武器を必要としないこと、すなわち平和であることを意味している。

「武蔵」の項目は最後に「東照宮様、当国に大城をしめ、鴻業の基を闢き給ひしより、四海竟に干戈の労を忘れ、万民長に太平の化を浴するは、乃是天意のしからしむる所にして、国の号も自ら昇平の御代に応したるなるへし」と結ぶ。まず、「東照宮様」＝徳川家康が「当国」＝武蔵国に「大城」＝居城である江戸城を構えて、「鴻業の基」を開いて以来、「四海」＝天下は「干戈の労を忘」れ、「万民」が長く「太平の化」を浴しているという現状認識を述べる。ついで、そのことは「天意のしからしむる所」であり、江戸城が存在する武蔵国という「国の号」も「昇平の御代」に対応したものとしている。まさに徳川家康による「昇平の御代」「太平の化」は「天意」であり、武蔵国という国名もそれに対応したものということになる。

この「武蔵」の項目に対応する挿絵が「日本武尊東夷征伐の時、武具を秩父岩倉山に収給ふ、是武蔵国号の濫觴なり」であり、「東夷征伐」が完了した後、日本武尊とその従者が武蔵国の秩父岩倉山に「武具」＝武器を納める様子を描き、これが「武蔵」という「国号」の「濫觴」（始まり）であるとする。

以上のように「江戸名所図会」では、同書が編纂された時代を「太平」＝「平和」の世と認識し、その淵源は徳川家康による武蔵国江戸への入城であるとする。そして、「平和」を象徴する国号を持つ「武蔵国」の江戸を家康が居城としたことは、まさに「天意のしからしむる所」であるとする。「天意」の含意する内容に関する具体的な説明はないが、日本武尊の「東夷征伐」と徳川家康による平和が重ね合わされているイメージであろう。そして、江戸（と同時に全国の）太平と繁栄が、武蔵国という国号と一体不可分の関係にあることを示している。

三　「意冨日神社」「茂侶神社」について

「一」「二」の分析対象は「江戸名所図会」のプロローグであるが、それに対応するエピローグは第七巻第二十冊の最後であり「江戸名所図会」本文末尾の項目となる下総国葛飾郡の船橋に所在する「意冨日神社」と同社の摂社「茂侶神社」になる。

「意冨日神社」は、「船橋駅、上総海道と成田海道との岐道、五日市場村に宮居す、世に船橋大神宮と称す、延喜式内の御神にして関東一之宮と崇む、神宮大宮司冨氏奉祀せり」とあるように、「関東一之宮」とも称される式内社である現在の船橋太神宮のこと。「江戸名所図会」において引用される同社の社記には「景行天皇四十年、皇子日本武尊、東夷征伐の勅を奉り発向し給ふ頃、此地に於て伊勢大神宮へ凶徒調伏の御祈誓ありけれハ、其時海上に光を現し、一ツの船の中に神幣を採添たる弱木に一面の神鏡の懸れるあり、尊是を得給ひ、則大神宮の御正体として、夏見郷に宮殿を建て崇まつり給ふ、(中略)此御神、一時邑君に神かゝりましくて、我は是、伊勢国五鈴の川上より天降る神なり、今よりは其神垣と等しく崇へしと云々、依尊其由を帝に奏し給ひしかハ、伊勢太神宮を朝日宮とあかめ、夫に対して当宮を夕日宮と称し給ひ、天皇第四の皇子五百城入彦尊をして、船橋に下向なさしめられ、東国八千八村の県主兼当宮の神主たらしむ」とあり、「東夷征伐」の際、日本武尊がこの地において西方の「伊勢大神宮」へ向かい「凶徒調伏の御祈誓」を行うと、海上に光が現れ一艘の船に一面の神鏡が若木に懸っていたという。日本武尊はこれをとり、「大神宮の御正体」として夏見郷に「宮殿」を建造した。この神鏡は「意冨日神社初鎮座地」の項目にみられる「伊勢大神宮の御正体」の「八咫鏡」であり、ともに東国の平和をもたらした日本武尊と徳川家康を二重写しに重ね合わせるならば、「東照」の背景に「天照」が存在することを意味するものであろう。

また「天正十九年辛卯大神君当社御参詣の頃、神官冨氏、御紋の軍配団扇に根引の若松を添て献りしか、其後上意によりて、若松に軍配団扇を家の紋とす、隔年正月年始にハ旧例に任せ、御祓大麻に根引の若松を添て献上し奉り、登城するを永規とす」として、天正一九年(一五九一)における徳川家康の参詣時の由緒により、隔年の正月年始に神官の冨氏が江戸城へ登城して根引きの若松を献上するのが恒例であると述べる。さらに同社の「神宝」の「叢雲御剣」(＝天叢雲剣＝草薙剣)については「来由ありといへとも、重き故あるによりて、こゝにもらしつ」と微妙な言い回しをしている。また「本殿の右」に位置する「常盤御宮」には「東照大権現宮の御神影、及ひ大将軍秀忠公御木像、日本武尊の神像等を合て安座」しているという。その由来については「元和年間、当宮の大宮司冨中務太輔基重の息男伊勢守基治、天海大僧正と共に勧請なし奉るといへり、来由ハ其憚あるをもてこゝに載せす」と記し、憚りがあるので記述しないと述べている。

この巻之七末尾の「意冨日の神社」における日本武尊に関する挿話と徳川家康との由来に関する記述は、巻之一冒頭における「武蔵」の項目や「日本武尊東夷征伐の時、武具を秩父岩倉山に収給ふ、是武蔵国号の濫觴なり」という挿絵に対応するものであり、「江戸名所図会」全体における首尾を一貫させる意図が看取できよう。

また「意冨日神社の摂社」である「茂侶神社」の項目には「当社ハ延喜式内の御神にして、葛飾郡二座の中なり」とあり、意冨日神社とともに葛飾郡の式内社であると記す。また、末尾では「隔年正月年始の時、柳営に奉る所の根引の若松ハ当社の地より択とるを旧例とすといへり」とある。先述した「意冨日の神社」の項目における「柳営」＝江戸城へ献納される「根引の若松」は、茂呂神社の地より「択とる」のが旧例である。隔年とはいえ「根引の若松」の献納は「正月年始」の行事であり、同様に年始の恒例行事である「元旦諸侯登城之図」に対応するものといってよい。「江戸名所図会」の末尾において、季節的にも冒頭に回帰しているということになろう。ちなみに「若松」の松は松平氏＝徳川将軍家に関連するものであり、徳川家による太平の伸展と新たな年を迎えての再生を寿ぐとともに、江戸城と江戸、さらにはそれを記述する「江戸名所図会」をも寿ぐ意味を持たせていると考えられる。

本文最後の挿絵である「茂侶神社　黎明に大江戸の内洋を望む図」は、「黎明」＝朝日が「大江戸の内洋」＝東京湾を照らす表題である。「大江戸の内洋」は画面を横切るように左側より右側へと続いているが、画面には描かれていない更に右奥に江戸の街並みが存在することになる。したがって、本挿絵の内容は、巻之一の冒頭に配置されている挿絵「江戸東・南の市街より内海を望む図」と照応関係にあり、これで全体が「回環」＝円環するという意味合いとなる。おそらくは「江戸名所図会」編纂における当初からの構想であろう。

まとめ

以上、「江戸名所図会」本文の冒頭と末尾の部分を対象として、同書における武蔵国と江戸の関係性について検討を加えた。江戸は「昇平の御代」＝太平の中心である江戸城の城下町として「海陸の大都会」「扶桑第一の名境」として繁栄している。この太平と繁栄は、平和を象徴する国号を持つ武蔵国の江戸に居城を構えた「天意」によるものである。日本武尊が秩父の岩倉山へ武器を収めたことと「白雉」の捕獲・献上行為によって「武蔵」と命名された武蔵国は太平をもたらすという場所・空間の特性を持っており、徳川家康が武蔵国江戸を居城としたのも単なる偶然ではない「天意」にもとづく事柄という論理になる。仮にそうした場所・空間の特性を「国魂」という文言で表現すれば、徳川家康が武蔵国江戸を居城としたことは武蔵国の「国魂」に合致する「天意」ということになろう。まさに江戸の繁栄は武蔵国と一体的なものであり、徳川将軍家＝江戸城の膝元として、他の国々とは異なる武蔵国の特殊性が存在するというのが、「江戸名所図会」における江戸と武蔵国の関係論である。そして、江戸城とその城下町である江戸を中心に、武蔵国がそれに最も近接した位置に存在し、それ以外の国々は武蔵国との地理的遠近関係による位置づけが想定されるという認識は、江戸に居住する人々にとって一般的であったと思われる。

第二節　「自序」と「凡例」の分析

第一節でみたように「江戸名所図会」における江戸と武蔵国の関係論は、まず江戸が「海陸の大都会」「扶桑第一の名境」として繁栄している現状を述べ、それが武蔵国江戸に居城を構えた家康以来の徳川将軍がもたらした太平の余沢によるとする。その太平は、徳川家康が日本武尊以来「平和」をもたらす「国魂」を持つ武蔵国の江戸を居城としたことによる。それ故、江戸城・江戸と武蔵国は一体的な関係にあり、江戸→武蔵国（→それ以外の関東の国々）という地域認識が想定される。

これに対して、「相中留恩記略」においてはどのような相模国認識が対置されているのであろうか。この点が第二節の課題である。ここでは、「相中留恩記略」における相模国認識や同書編纂の目的や過程について検討するため、福原高峰の自序である[3]「相中留恩記略自序」（以下、「自序」）と[4]「相中留恩記略凡例」（以下、「凡例」）の内容を分析する。なお、「自序」は、記述対象である相模国の位置づけ＝地域認識を記した前半と、編纂の経緯と過程を述べた後半に二分されるので、別に立項した。

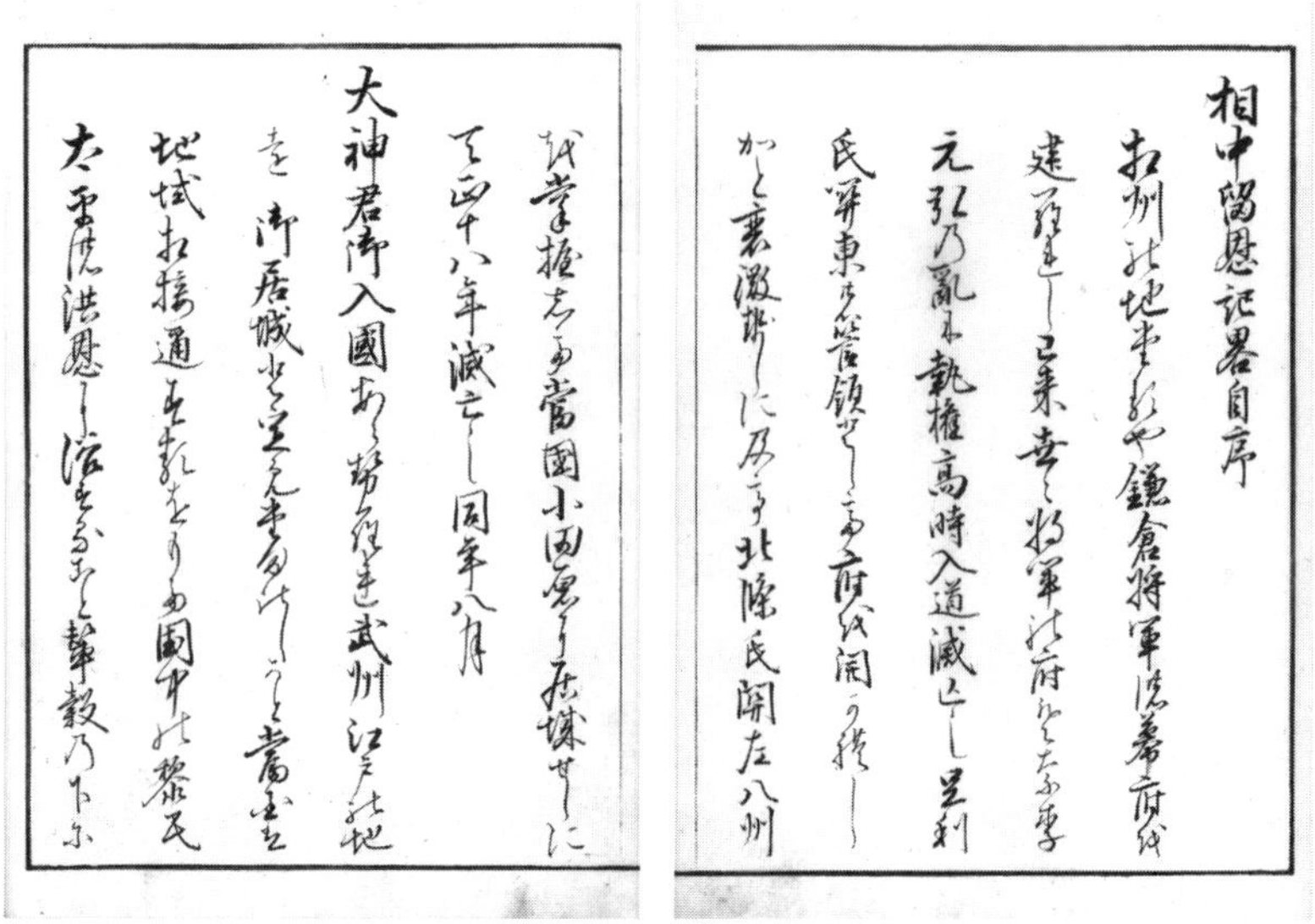
相中留恩記畧自序

序「自序」冒頭　福原家本（藤沢市文書館写真提供）

一　「自序」前半の分析

まず、「天保十年己亥年四月　玉縄福原高峰謹識」と記された高峰による③「自序」の前半部分を史料1として掲げる。

＜史料1＞

[A]相州の地たるや、鎌倉将軍の幕府を建られし已来、世々将軍の府となり、元弘の乱に執権高時入道滅亡し、足利氏関東の管領として府を開かれしかと、衰微せしに及ひて、北条氏関左八州を掌握して当国小田原に居城せしに、天正十八年滅亡し、[B]同年八月大神君御入国あらせられ、武州江戸の地を御居城と定めたまひしかと、当国は地域相接通するをもて、国中の黎民太平の洪恩に浴すること輦轂の下に異ならす、[C]殊に春は江島の佳景、鎌倉の旧墟に怡心懐古の遊人多く、夏は箱根七湯の温泉に納涼療痾の浴客少からす、秋は雨降山の祭期に緇素の群参市をなし、冬は鎌倉の十夜、

又奥羽の民鎌倉江島巡詣をなせり、かく四時の賑ひにて国中の諸民活計の余慶を受る事は、偏に大江戸の繁栄太平の余沢による処なり

「自序」の前半はさらに三つに分かれる。すなわち「自序」冒頭のＡ「相州の地たるや、鎌倉将軍の幕府を建られし已来、世々将軍の府となり、元弘の乱に執権高時入道滅亡し、足利氏関東の管領として府を開かれしかと、衰微せしに及ひて、北条氏関左八州を掌握して当国小田原に居城せしに、天正十八年滅亡し」、Ｂ「同年八月大神君御入国あらせられ、武州江戸の地を御居城と定めたまひかしかと、当国は地域相接通するをもて、国中の黎民太平の洪恩に浴すること輦轂の下に異ならす」、Ｃ「殊に春は江島の佳景、鎌倉の旧墟に怡心懐古の遊人多く、夏は箱根七湯の温泉に納涼療痾の浴客少からす、秋は雨降山の祭期に緇素の群参市をなし、冬は鎌倉の十夜、又奥羽の民鎌倉江島巡詣をなせり、かく四時の賑ひにて国中の諸民活計の余慶を受る事は、偏に大江戸の繁栄太平の余沢による処なり」である。

Ａでは、中世における相模国の地域性と歴史を武家政権・権力との関係で述べている。すなわち、「相州の地」＝相模国は、まず鎌倉に「将軍」(源頼朝)が「幕府」を「建」てて以後、「世々」「将軍の府」＝鎌倉幕府の所在地である。そして、源家の将軍が三代で終わった後は「執権」である北条氏(得宗家)九代がそれを継承した。後醍醐天皇の倒幕計画である「元弘の乱」によって「執権高時入道」＝北条高時が「滅亡」すると、今度は室町幕府を京都に開いた源家の流れを組む足利氏が「関東の管領」の「府」を開いた。この「関東の管領」の「府」とは、関東八か国に甲斐・伊豆を含めた地域を管轄する機構・組織として鎌倉に置かれた鎌倉府のことである。鎌倉府の運営は、室町幕府の将軍家である足利氏の分家(＝関東足利氏)の当主である鎌倉公方と、その補佐役で上杉氏が代々就任した関東管領によって行われた。全国支配権を持つ「将軍の府」＝「幕府」との比較において、その管轄する全国支配権のもと、関東

という一定地域の支配権を分有する権限を「関東の管領」の「府」として表現しているのであろう。ただし、関東管領上杉氏については「相中留恩記略」本文においてはほとんど記述されていない。ついで、鎌倉府が衰微すると、かわって「当国小田原」城を「居城」として執権北条氏の姓を継承した戦国大名の小田原北条氏（後北条氏）が「関左八州」＝関八州を「掌握」したとする。関東を支配する権力の所在地が鎌倉から小田原に移行したのである。

このように「自序」Aでは、中世における相模国の歴史と地域性を、鎌倉時代における「将軍の府」＝鎌倉幕府（源家将軍とそれを継承した執権北条氏）の所在地、室町時代における「関東の管領」の「府」＝鎌倉府（源家の支流である足利氏の分家である関東足利氏＝鎌倉公方）の所在地、戦国時代において「関左八州」を「掌握」して鎌倉幕府の執権北条氏の姓を継承する形で名乗った小田原北条氏の本拠地として記述している。源家による「将軍」（＝源家将軍三代）・「管領」（鎌倉公方＝関東足利氏）とそれを補佐・継承する「北条氏」（＝執権北条氏と小田原北条氏）というイメージである。この点を象徴する具体的な場所は、巻之十四の１「鶴岡八幡宮」において源頼朝が源家の「宗廟」を崇拝して造営した鎌倉鶴岡八幡宮と、巻之二の１「小田原城」で「関東武家の棟梁」と記される小田原北条氏の「居城」小田原城ということになる。ただし、小田原北条氏が鶴岡八幡宮の「造営修理」を行っているように、「関東の管領」の「府」である鎌倉府を継承して「関左八州」を「掌握」した「関東武家の棟梁」小田原北条氏の存在も、源家によって創設された鎌倉の鶴岡八幡宮を淵源としていることになる。

次にBでは、天正一八年（一五九〇）に豊臣秀吉によって小田原北条氏が「滅亡」すると、同年八月に「大神君」＝徳川家康が相模国へ「御入国」して、「武州江戸の地」＝武蔵国の江戸を「御居城」に定めた。ここでは相模国を経て「御居城」である「武州江戸」へといたる家康の行程を確認している。その上で、「当国」＝相模国は「武州江戸」＝江戸城が存在する武蔵国江戸と「地域相接通する」という関係にあり、「国中」＝相模国の「黎民」＝民衆・人民が「太平の洪恩に浴」していることは「武州江戸」と同様に「輦轂(れんこく)の下」＝徳川将軍のお膝元の地として位置づくとしている。こうした記述にもとづき、先述した鈴木氏による「江戸あっての相模といった地域的な関係」、あるいは菅根氏の「家康が構築した江戸のおかげで相模国が潤っているとする地域観念」という江戸と相模国の関係論が導き出されている。ただし、両氏とも(江戸が存在する)武蔵国と相模国との関係には触れていない。

Bにおける「相接通」という表現からは、徳川将軍家の居城とその城下町である「武州江戸」→江戸が存在する武蔵国→武蔵国に近接した外縁としての相模国、換言すれば「江戸→武蔵国→相模国」という、江戸を頂点として武蔵国→相模国といった順序で外縁部に拡散する関係論が想定される。第一節で確認した「江戸名所図会」における江戸と武蔵国の関係論をふまえれば一般的な理解ともいえよう。あるいは鈴木氏・菅根氏の理解も同様であろうか。しかし、こうした把握の仕方では、中世相模国の歴史性を記述したAとのつながりを整合的に解釈することはできず、相模国における徳川家康の「留恩」を記述することにより家康と相模国との関係を位置づけようとする高峰の編纂意図とも齟齬するように思われる。この問題は「相中留恩記略」を解読するポイントであり、いま少し「相中留恩記略」の編纂意図に即して考える必要があろう。

「自序」のAとBの記述を整合的に解釈するならば、「武州江戸」にいたる家康の行程は、天正一八年に「関東の管領」の「府」＝鎌倉府の東国支配権を継承して「関左八州」を「掌握」していた小田原北条氏の「居城」である小田原城へ入城することにより、まず関東地方の支配権を継承した。ついで、慶長五年六月末から七月初頭に鎌倉の鶴八幡宮へ参詣することにより、源家の伝統にもとづく全国支配権を継承する。こうした小田原と鎌倉が存在する相模国を経て家康は江戸城に入っており、それ故に相模国は「武州江戸」と同様に「輦轂(れんこく)の下」＝徳川将軍のお膝元の地として位置づく。いわば「江戸＝相模国」という直接的なつながりになる。上記のような中世相模国の地域性を武蔵国同様に「国魂」という文言で表現するならば、源家の伝統にもとづく鎌倉幕府以来の全国・東国の支配権を「国魂」とする相模国(=小田原城と鎌倉鶴岡八幡宮)を経由して、その「国魂」を付着させることにより、家康は幕府を開き太平の世をもたらしたということになる。したがって、その「国魂」の本来的な所在地である相模国は、「武州江戸」と直接に結びついており、江戸と相模国の関係は武蔵国を媒介することなく、「江戸あっての相模国」であると同時に「相模国あっての江戸」という直接的な結びつきということになる。なお、天正一八年における徳川家康による相模国入国と小田原城入城については足柄上郡(巻之一)と足柄下郡(巻之二～四)における、慶長五年六月末から七月初頭の鎌倉鶴岡八幡宮参詣の行程は高座郡(巻之十三)・鎌倉郡(巻之十四～十九)・三浦郡(巻之二十～二十二)・武蔵国金沢(巻之二十三)における、それぞれ主要な内容となる。

Cでは、相模国における「太平の余沢」を四季に分けて叙述する。春は「江島」の風景を愛でたり鎌倉の「旧墟」に懐古を求める「遊人」が多く、夏は箱根の七湯に納涼と治療(=湯治)を兼ねた「浴客」が少なくなく、秋は「雨降山」=「大山寺」の山開きの時期に多くの参詣人が集まる。冬は鎌倉(の浄土宗本山である光明寺)の「十夜」や「奥羽」の人々が鎌倉・「江島」を「巡詣」すると記す。こうした相模国内の名所旧跡への「四時」=春夏秋冬における「遊人」(道中をゆく旅人)の賑わいは(道中の宿場や名所旧跡において旅人が金銭を消費することにより)相模国の人々の生計の助けとなっており、そのことは徳川家康によって開かれた「大江戸の繁栄」と「太平の余沢」によるとしている。Cに記された名所旧跡の内、「江島」については鎌倉郡の第三冊である巻之十六に、光明寺を含めた鎌倉の寺社については鎌倉郡の第一冊～第四冊にあたる巻之十四～十七に、大山寺については大住郡の第三冊の巻之八に、それぞれ記述されているが、箱根七湯については該当する項目はみられない。

以上のように「相中留恩記略」の「自序」前半においては、中世相模国の歴史と地域性(A)、相模国を経て「武州江戸」へ入る家康の行程とそれをふまえた「武州江戸」と同じ「輦轂の下」＝徳川将軍のお膝元の地という近世相模国の地域性（B）、「大江戸の繁栄」と「太平の余沢」における近世相模国の現状（C）が記されている。編纂者である福原高峰の認識としては、「繁栄」と「太平」を謳歌する相模国の人々の生活が徳川家康によってもたらされたこと。そして、その「繁栄」と「太平」は徳川家康が相模国（の小田原と鎌倉）を経由することにより、鎌倉府を経て小田原北条氏へ継承された関東を支配領域とする武家権力の所在地と、鎌倉幕府における全国支配権、さらにその前提となる源家の伝統という相模国の「国魂」が徳川家康に付着した結果であり、そうした「国魂」の本来的な所在地である相模国は、「御居城」である「武州江戸」と直接結びつく「輦轂の下」＝徳川将軍のお膝元の地として位置づくという論理になる。

二　「自序」後半の分析

次に「相中留恩記略」編纂の経緯を記す③「自序」後半の部分を史料2として掲げる。

＜史料2＞

其源を尋れハいふも更なれと、大神君撥乱反正の洪績を垂たまひしに基く処なりとて、やつかれか親なる高行、常にこれを仰慕し奉り、土民の身として恐懼を省さる事なから、国中にて大神君の御芳蹟残れる処々を巡拝し奉り、其御事歴の荒増を書集んと志せしに、事ならすして病に臥ぬ、叔父なる高通、其志を継て成業せんとせしに、是また死亡し畢ぬ、やつかれ幼き頃より、その庭訓を聞居たれは、亡父の本意を達せんと、去る文政十年丁亥の春より国中の御旧蹟を捜り索て巡拝せしに、障る事のミ多くして成功すへくもあらさりしに、幸なるかな、当国地誌官選の大挙ありて、官吏巡村の事ありしかは、これ屈強の事なりとて、其人々に便を求て、かいまミえ、おのか宿志を竊に聞えあけ、且熟地の事なれは旧跡旧家なとの湮滅せしものを捜り出し、見聞の及ひしくたくを指南申せしかは、地誌捜索の便に宜しとて、巡村の人々も賞誉し給ひ、さらは汝の自力にて及ひかたき件々は力を添へてとらすへし、早く成功を促すへしとの事承りしかは、やつかれ渡に舟を得し心地にて、過にし午の年より画工長谷川雪堤を伴ひ、国中を跋渉し、御旧跡にかゝハれる古器等を模写し、且勝景の地域を描画せしめ、年ころ書集め置る草案を修飾して今年の春浄書し積年の本意漸く達しぬ、されと浅見寡聞の駑質といひ、文字の事に闇けれは、たゝ其事実を失ハさらん事のミを旨とし、少しも文飾を加へす、又体裁の鄙俗なるはもとより農人の手に出れはなり

天保十年己亥年四月　玉縄福原高峰謹識

まず前半の末尾であるCを受ける形で、「大江戸の繁栄」「太平の余沢」の「源」＝始まりは「大神君撥乱反正の洪績を垂たまひしに基く処なり」とあるように、「大神君」＝徳川家康による「撥乱反正」にもとづくとする。「撥乱反正」とは、「世の乱れを治め、正しい世の中に戻すこと」の意であり、「太平」が徳川家康によってもたらされたことをあらためて確認している。

ついで、福原高峰の父である高行が、「土民の身」（農民の身分）としては「恐懼」すべき事柄ではあるものの、こうした「繁栄」と「太平」をもたらした「大神君」＝徳川家康を「仰慕」し、「国中」＝相模国に残る「大神君の御芳蹟」＝関連する旧蹟を「巡拝」するとともに、相模国内における家康の「御事歴の荒増」を「書集」（＝書物としての編纂）めることを構想した。

羽賀祥二氏によれば、福原高行は明和元年（一七六四）に鎌倉郡東俣野村の川戸七左衛門高満の子として生まれ、天

明五年（一七八五）に福原高知の養子となり福原家を継承、二年後に渡内村の名主に就任している（『史蹟論―一九世紀日本の地域社会と歴史意識―』九八頁）。したがって、高行による「巡拝」と「御事歴の荒増」の「書集」は一八世紀末頃から開始されたことになろう。同じく羽賀氏が紹介した文政三年（一八二〇）五月一五日付の鎌倉郡城廻村久成寺縁起の奥書（『史蹟論―一九世紀日本の地域社会と歴史意識―』一〇〇頁）における「此有福原氏者、今般鎌倉誌依著述て、来問当寺之由来」という文言からは、同年以前に「福原氏」が「鎌倉誌」の編纂に着手したことがわかる。「鎌倉誌」について羽賀氏は「相中留恩記略」とは別個の書物を想定されているようであるが、むしろ「相中留恩記略」鎌倉郡（＋高座郡？）の記述内容につながる「草案」と理解すべきであろう。そして、「福原氏」を当時の福原家の当主である高行とするならば、文化年間の後半から文政年間の初めには、福原家の居村・渡内村が存在する玉縄領あるいは鎌倉郡において「書集」の調査が開始されていたことになる。

高行による「巡拝」と「御事歴の荒増」の「書集」は、巻之十八の4「名主左平太」として立項されている渡内村名主福原家に関する項目中の「天正十八年小田原落去の後、東照大神君様、上村岡〈今当村の郷名なり〉より玉縄辺御巡見の時、御路次の御案内を勤む、其時上村岡は御遠祖頼義公・義家公奥州御征伐の時、御止宿の地なれは、委しく御尋ありて、孫十郎の家に御腰を掛させたまひしかは、此地に産する梅干を奉りし時、御側の衆戯言ありしを興しさせたまひしとなり」と「祖先は三浦党佐原八郎為連の男左近四郎景連なり」という記述をふまえれば、三浦党の流れを組む福原家という家意識とその由緒をふまえた徳川家康及び（後述する「凡例」第三条後半の）「御遠祖」「御歴代」＝源家・徳川家へ直接結びつく強い「仰慕」の念といえる。そして、そうした観念を相模国全体に拡大して表現したものが「相中留恩記略」ということになる。

しかし、こうした志の半ば、文政五年に高行は死去した。さらにその志を継承して「成業せん」とした「叔父」の高通も死去してしまった。「幼き頃より、その庭訓を聞居」していた高峰にとって「亡父の本意を達」すること＝「相中留恩記略」の編纂事業は、自己が継承する福原家の家業として意識されていたと思われる。高行（・高通）の段階における編纂事業の構想とその進捗状況は明確でないが、先述した久成寺縁起の事例からは、玉縄領・鎌倉郡といった福原家の居村である渡内村の周辺においては一定の調査・執筆が行われていたが、それ以外の地域についてはほとんど進んでいなかったと考えられる。

こうした現状をふまえて高峰による編纂事業が文政一〇年の春より開始された。しかし、「国中」＝相模国内の「御旧蹟」を捜り索め巡拝したものの、「障る事のミ」が多く「成功すへくもあらさりし」と述べ、とても「成功」することはできないだろうと感じていたと記している。名主とはいえ民間の一人物が行う私的な事業であり、趣旨が理解されにくい、同意できないという事例も多々存在したのであろう。この段階では「相中留恩記略」の全体構成を計画するに足るだけの素材は蓄積されていなかったと思われる。

こうした中、高峰自身「幸なるかな」と記しているように、「当国地誌官選の大挙」＝幕府（具体的には林家とその門人によって構成される昌平坂学問所地誌調所）による「官吏巡村の事」＝「新編相模国風土記稿」編纂に伴う調査が開始されることとなった。高峰は、文政一二年に「相中留恩記略」の跋文を書いた間宮士信の推薦により、林家の門人となっており、また「新編相模国風土記稿」編纂の前提として行われる現地調査の範囲は高峰の「熟地」であり、さまざまな情報の「指南」＝提供が「地誌捜索の便に宜し」とされ、「巡村の人々」の協力を得ることができたのである。

高峰はこうした状況を「屈強の事」あるいは「渡に舟を得し心地」と記している。文字通り渡りに船という心境であろう。そこで、「過にし午の年」＝天保五年（一八三四）から絵師の長谷川雪堤を伴い相模国中を「跋渉」し、「御旧跡にかゝハれる古器等」の模写や「勝景の地域」の「描画」を行った。石井光太郎氏の「解説」によれば、この「跋渉」は全三回に及び、第一回は天保五年三月九日～二三日で鎌倉・江の島方面、第二回は同七年九月一七日～一〇月一〇日で津久井県・愛甲郡・高座郡・足柄上郡・足柄下郡・淘綾郡・大住郡・鎌倉郡、第三回は天保九年閏四月で金沢・三浦郡であった。「相中留恩記略」本文の巻数でいえば、第一回は巻之十四～十七、第二回が巻之一～十九、第三回が巻之二十～二十三ということになる。第二回における鎌倉郡は第一回の補足調査ということになろうか。この調査の順序は、同時に草稿の成立状況に対応したものであろう。

これにより「年ころ書集め置る草案」＝従来書き溜めていた草稿を推敲し、「今年」＝天保一〇年の春に「浄書」し、ようやく「積年の本意」を達することができたと結んでいる。ここからは「相中留恩記略」の本格的な編纂作業が天保五年より始められたことになる。おそらく同年には全体の構想が確定しており、長谷川雪堤を同道した「模写」「描画」の「跋渉」＝調査もそれをふまえたものであろう。

以上、「自序」後半では同書編纂にかかわる福原家の動向が記述されている。高行・高通を経てそれを継承した高峰の編纂活動は文政一〇年から開始されるが、本格化したのは天保五年である。それ以降の調査には長谷川雪堤が同道しており、その際に描写された挿絵が「相中留恩記略」に所収されている。

三　「凡例」の分析

次に編纂の要綱を示す④「相中留恩記略凡例」を検討する。まず、全五か条にわたる「凡例」の全文を史料3として掲げる。

〈史料3〉

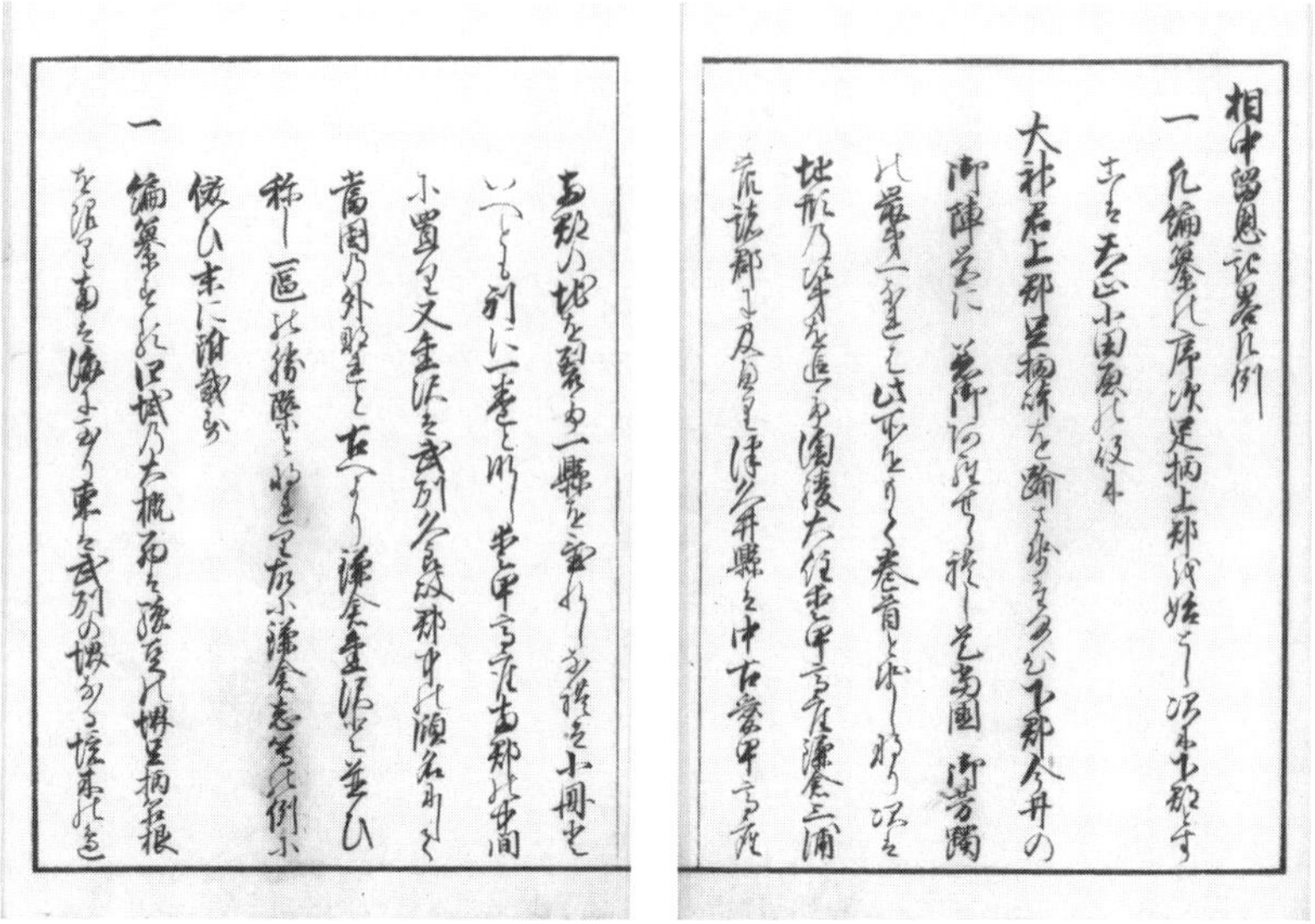

序「凡例」冒頭　福原家本（藤沢市文書館写真提供）

一、凡編纂の序次、足柄上郡を始とし、次に下郡とす、こは天正小田原の役に　大神君、上郡足柄峠を踰させたまひ、下郡今井の御陣営に着御あらせられし、是当国御芳躅の最第一なれは、此所をもて巻首とせしなり、次は地形の次第を追て、淘綾・大住・愛甲・高座・鎌倉・三浦の諸郡に及へり、津久井県は中古、愛甲・高座両郡の地を裂て、一県を置れしなれは、小冊といへとも、別に一巻となし、愛甲・高座両郡の中間に置り、又、金沢は武州久良岐郡中の領名にして、当国の外なれと、古へより鎌倉・金沢と並ひ称し一区の勝槩となれり、故に鎌倉志等の例に倣ひ、末に附載す

一、編纂する四域の大概、西は駿豆の堺、足柄・箱根を限り、南は海に至り、東は武州の堺なる境木の辺より武州金沢に及ひ、北は武甲相の界、三国峠に至る

一、天正慶長の際、大神君より賜ハりし御朱印地の寺社の類はミな採録す、是また留恩の遺躅なれはなり、且御遠祖及ひ御歴代御由緒の事も其因をもて載録せしもあり

一、神社は鎮座・勧請の荒増、寺院は開山・開基の大略を載、また古事の如きも其略を撮みて輯録せるも、あるは好古の癖やむを得さるによる所なり、されと鎌倉中の如きは、鎌倉志に譲りて洩せしも多し、且勝地のことさは留恩の地にあらすといへとも、其因に画図を描写せり、是また煙霞の痼疾に出る処なり、且覧者をして倦さらしめんことを旨とせり

一、画図の類、下図はすへて長谷川雪堤になれり、浄書に至りては、大住・愛甲の二郡のミ、水戸の藩士加藤義智の手を借て補写し、其余ハ皆雪堤の手に成る所なり

以下、逐条ごとにその内容を確認してみよう。

第一条は、「編纂の序次」＝「相中留恩記略」本文二三冊の対象範囲と構成順序を述べている。本文の構成は、先述した通り相模国に存在する九つの郡・県が足柄上郡→足柄下郡→淘綾郡→大住郡→愛甲郡→津久井県→高座郡→鎌倉郡→三浦郡の順で二二冊に構成され、これに武蔵国金沢の一冊を合わせた全二三冊となっている。

まず、「足柄上郡を始とし、次に下郡とす」というように足柄上郡と足柄下郡が冒頭に配置される理由について「こは天正小田原の役に大神君、上郡足柄峠を踰させたまひ、下郡今井の御陣営に着御あらせられし、是当国御芳躅の最第一なれは、此所をもて巻首とせしなり」と説明している。すなわち「天正小田原の役」＝天正一八年（一五九〇）の豊臣秀吉による小田原攻めに際して、「大神君」＝徳川家康は駿河国から足柄峠を越えて足柄上郡へ入り、足柄下郡の今井の「御陣営」に「着御」した。これは「当国御芳躅の最第一」＝徳川家康が始めて相模国へ入った場所であるので、「此所」＝足柄上郡・足柄下郡を「巻首」＝冒頭に配置したとする。

そして、これ以降の郡の順序は「次は地形の次第を追て」として、足柄上郡・足柄下郡を冒頭に配置した関係上、おおむね西→東の方向で「淘綾・大住・愛甲・高座・鎌倉・三浦の諸郡に及へり」としている。この国内における西

↓東の方向を具体的な経路として想定すれば、西から箱根（足柄下郡）・小田原（足柄下郡）・大磯（淘綾郡）・平塚（大住郡）・藤沢（高座郡・鎌倉郡）・戸塚（鎌倉郡）という六つの宿場が連なる東海道と、藤沢宿において東海道と分岐し江の島を経由して鎌倉へいたるルートになる。

また、足柄下郡↓淘綾郡↓大住郡の順序は西↓東であるが、大住郡↓愛甲郡↓津久井県は南↓北の方角で進む。「地形の次第」の方向が変化していることになる。さらに津久井県↓高座郡↓鎌倉郡は逆に北↓南の方角になる。この方角の変化は、大住・愛甲両郡と高座郡の境界である相模川の存在が前提となっており、特に相模川に到達する大住郡と愛甲郡では郡全体の構成に影響を与えている。ちなみに唯一「県」と表記される「津久井県」については、「津久井県は中古、愛甲・高座両郡の地を裂て、一県を置れしなれは、小冊といへとも、別に一巻となし、愛甲・高座両郡の中間に置り」と記し、「中古」に愛甲郡と高座郡の土地を割いて「一県」＝「津久井県」を設置したという経緯をふまえて、「小冊」ではあるものの「一巻」として立項し、愛甲郡と高座郡の中間に配置したとする。

以上のような理由によって、足柄上郡・足柄下郡・淘綾郡・大住郡・愛甲郡・津久井県・高座郡・鎌倉郡・三浦郡という相模国内における記述の配列が定められている。なお、「新編相模国風土記稿」における郡・県の配列は、足柄上郡・足柄下郡・淘綾郡・大住郡・愛甲郡・高座郡・鎌倉郡・三浦郡・津久井県という順序になっており、津久井県の順序が異なる。「新編相模国風土記稿」においては、律令制以来の正式な行政単位である「郡」と、愛甲郡と高座郡の一部を割くことによって成立した行政単位である「県」を比較した結果、「県」を「郡」よりも低いものと判断したため、津久井県が末尾に置かれたのであろう。これに対して、「相中留恩記略」における配列は、後述するように相模国の最後に武蔵国金沢に隣接する三浦郡を配する必要性によるものと思われる。

最後に武蔵国金沢の記載と順序について「金沢は武州久良岐郡中の領名にして、当国の外なれと、古へより鎌倉・

金沢と並ひ称し一区の勝槩となれり、故に鎌倉志等の例に倣ひ、末に附載す」と述べ、金沢は武蔵国久良岐郡に属する「領名」であり「当国」＝相模国の「外」ではあるが、古くから「鎌倉・金沢」と併称される「一区の勝槩」＝一体の景勝地であるので、「鎌倉志」等の例にならい「末」である巻之二十三に「附載」したとする。ここでは金沢の地が、本来の所属国である武蔵国だけではなく、「鎌倉・金沢」と併称されることから、相模国の一部としても認識しうる要素が強い、いわば武蔵国と相模国に両属する地域性を保持していることになる。「江戸名所図会」における武蔵国と下総国にまたがる葛飾郡と同様なあり方であろう。また、末尾に武蔵国金沢が配置されることにより、鎌倉郡から三浦郡沖合の海上を経て金沢にいたる海路と、鎌倉から朝比奈切通をぬけて金沢へ出る金沢道、さらには「相中留恩記略」の「地形の次第」を構成する東海道と金沢道を合流させる記述が必要となる。

こうした点に関連して注目したいのは、「相中留恩記略」における本文が巻之二十三である武蔵国金沢を除く相模国が全二二冊で構成されていることである。これは各冊における丁数の平均化を図るなどの目的も想定されるが、逆に津久井県が「小冊」であっても「一巻」である必要性が明記されていることは、相模国を構成する九つの「郡」「県」を独立した地域単位として少なくとも「一巻」として提示する必要があったことになる。こうした福原高峰の意識をふまえれば、相模国全体が二二冊で構成されることにも一定の意味が付与されていたことになろう。「凡例」等に具体的な指摘はないものの、おそらくは武蔵国を構成する郡が全二二郡であることとの関連と思われる。「相中留恩記略」における相模国の二二冊という数値は、それぞれの各冊が武蔵国の一郡に対応するように、あえて意図的に設定されており、「相中留恩記略」における相模国は、もう一つの武蔵国と措定されているのである。

第二条では、「編纂の序次」を記した第一条を受ける形で「編纂する四域の大概」を記している。それによれば、西は駿河国・伊豆国との国境である「駿豆の堺」の足柄・箱根まで、南は相模湾あるいは東京湾といった「海に至」

るまで、東は東海道における武蔵国との国境にあたる「武州の堺」である境木から「武州金沢」(武蔵国金沢)に及び、北は武蔵・甲斐・相模という三国の国境である「武甲相の界、三国峠」までとされている。相模国内を対象とする原則と、武蔵金沢の記述という例外が明示されるとともに、関東の入口にあたる相模国の存在からは駿河・伊豆・甲斐といった関東地方外の国々との境界も意識されていたことがわかる。ちなみに駿河国との国境については足柄上郡=巻之一、伊豆国との国境については足柄下郡の第二冊である巻之三、武蔵国との東海道の境である「境木の辺」については鎌倉郡の第六冊である巻之十九、北の「武甲相の界」=武蔵国・甲斐国・相模国の国境である三国峠については津久井県の巻之十二に、それぞれ記述されている。

第三条は「天正慶長の際、大神君より賜ハりし御朱印地の寺社の類はミな採録す、是また留恩の遺躅なれはなり、且御遠祖及ひ御歴代御由緒の事も其因をもて載録せしもあり」であり、「相中留恩記略」における項目選択と掲載内容の基準を記す。前半の「天正慶長の際、大神君より賜ハりし御朱印地の寺社の類はミな採録す、是また留恩の遺躅なれはなり」と後半の「且御遠祖及ひ御歴代御由緒の事も其因をもて載録せしもあり」に分かれる。前半では「天正慶長の際」=天正一八年~慶長年間において「大神君」=徳川家康から与えられた「御朱印地の寺社の類」は「留恩の遺躅」であるので全て採録するとしている。一定の項目数を確保する必要性によるもの。後半の「御遠祖及ひ御歴代御由緒の事」については「御由緒」の事柄の内容や必要に応じて記載するとしている。この内、「御遠祖」は巻之十八の4「名主左平太」の項目に「御遠祖頼義公・義家公奥州御征伐の時、御止宿の地」とあるように源頼義・源義家父子のこと。「名主左平太」は「相中留恩記略」の編纂者である福原高峰自身のことなので、頼義・義家父子を徳川家康の「御遠祖」とする認識が示されるとともに、「御遠祖」以来の源家と福原家の関係を強調する意図がうかがわれる。また、鎌倉幕府を開き鶴岡八幡宮を開基した源頼朝も「御遠祖」に位置づくことになろう。また「御歴代」は歴代の徳川将軍だけに限定されず、巻之十八の1「清浄光寺」における「有親公（長阿弥）」「親氏公（徳阿弥）」等の記載も含むことになる。第三条は、後述する第四条とともに「相中留恩記略」への掲載基準を明示した内容であるが、地誌としての一般的な掲載基準を記す第四条に先立ち、「大神君」＝徳川家康と「御遠祖及ひ御歴代御由緒の事」＝源頼義・義家・頼朝以来の清和源氏と歴代の松平家・徳川家に関わる「相中留恩記略」特有の掲載基準を明示した条文である。

これに対して、第四条は地誌における一般的な項目の掲載基準を示したもの。まず「神社は鎮座・勧請の荒増、寺院は開山・開基の大略を載」とあるように、神社は鎮座・勧請の、寺院は開山・開基の、それぞれ概略を記す。このため寺社については、それぞれの概要と第三条前半で触れた（主に天正一九年一一月付の）徳川家康の朱印状・判物の所収が最小限の記載内容となる。「古事」については簡潔に記すことにしたものの、編纂者である高峰の「好古の癖」が出ている箇所も存在する。ただし、鎌倉については「鎌倉志」等の先行する諸書があり、意識的に採録していない事柄も多い。「勝地」＝景勝地については、「留恩の地」ではないものの、「画図」＝挿絵を描写した。これもまた編纂者の癖である「煙霞の痼疾」に由来するとともに、「覧者」＝読者を飽きさせない工夫であるとしている。

第五条は、「画図の類、下図はすへて長谷川雪堤になれり、浄書に至りては、大住・愛甲の二郡のミ、水戸の藩士加藤義智の手を借て補写し、其余ハ皆雪堤の手に成る所なり」であり、挿絵の「下図」と「浄書」時における絵師の名を挙げており、「下図」の全てと浄書の大半は長谷川雪堤によるものであり、雪堤の協力の大きいことがわかる。なお、「校注編」翻刻文における註記によれば、この「凡例」第五条は「徳川林政史研究所所蔵本になく、福原家家蔵本・内閣文庫本にあり」と記されている。

このように「凡例」の全五か条の内、「相中留恩記略」における地域認識と関連する条文は、第一条・第二条・第三条であり、なかでも第一条がその趣旨を述べている部分である。そこでは、徳川家康の関東＝相模国への入国から武蔵国江戸への行程をふまえる形で、足柄上郡↓足柄下郡が冒頭に配置され、それ以降については徳川家康の行程に対応しておおむね西↓東の方向で各郡と津久井県を配置し、最後に武蔵国への導入として同国金沢で結ぶという、全二三巻における同書本文の構成が明示されている。また、武蔵国金沢を除く相模国全域が全二二巻で表現されている構成については、それが武蔵国の二二か郡に対応するものとして意識的に行われたものであることを指摘した。

また、相模国を構成する九つの「郡」「県」を、相模川を境として東西に二分すれば、相模川以西の足柄上郡・足柄下郡・淘綾郡・大住郡・愛甲郡は全一一冊、同じく相模川以東の高座郡・鎌倉郡・三浦郡は全一〇冊となり、おおむね均等に配分されており、意図的な結果と考えられる。また、巻之十二として本文全体の折り返し点に位置する津久井県は相模川以西から以東へ移行する際の結節点、同様に本文末尾の巻之二十三として配置されている金沢は江戸の存在をふまえた武蔵国と相模国との接点として想定される。

まとめ

以上のように「相中留恩記略」の「自序」前半では相模国の歴史と地域認識が、後半では同書編纂にかかわる福原家の動向が、「凡例」では全体の構成が、それぞれ記述されている。

「自序」前半は、中世相模国の歴史と地域性(A)、相模国を経て「武州江戸」へ入る家康の行程とそれをふまえた「武州江戸」と同じ「輦轂の下」＝徳川将軍のお膝元の地という近世相模国の地域性(B)、「大江戸の繁栄」と「太平の余沢」における近世相模国の現状(C)を対象として記述している。それによれば、徳川家康による「繁栄」と「太平」は、「御遠祖」＝源頼義・義家父子を経て源頼朝が創設した鎌倉幕府以来の源家の伝統と、中世関東の平和を維持した武家政権・権力の所在地という相模国の「国魂」が家康に付着した結果であり、それ故、「御居城」である「武州江戸」と同様に、相模国は「輦轂の下」＝徳川将軍のお膝元の地として位置づくという認識になる。

こうした「相中留恩記略」における相模国の位置づけ＝地域認識を、「江戸名所図会」における「武州江戸」と武蔵国の関係と対比すれば、日本武尊との由来が強調された武蔵国の国号や江戸の繁栄については言及せず、逆に「江戸名所図会」では記述されることがなかった中世における鎌倉幕府・鎌倉府・小田原北条氏の本拠地が相模国に存在していることに着目し、家康が江戸を居城として関東、さらには全国を支配するにいたった経緯の中で、源家に由来する中世相模国の「国魂」が付着したと理解できよう。これによって、「国魂」の本来的な所在地である相模国は、武蔵国の外縁部という地理的な近接関係ではなく、直接、江戸と結びつくという論理構成である。

「自序」後半では「相中留恩記略」編纂における福原家の動向が記されている。福原家の家業として継承した高峰の編纂活動は文政一〇年(一八二七)から開始されるが、本格化したのは天保五年(一八三四)であった。そして、天保五年における編纂事業の本格化の理由の一つとして、同年における「江戸名所図会」の刊行を想定した。また、同年以降の調査旅行の順序が「相中留恩記略」の草稿の成立時期に対応することを指摘した。

「凡例」全五か条については、特に第一条・第二条に記された、相模国の九つの「郡」「県」と武蔵国金沢という記述対象となる地域単位、及びその順序と冊数に注目した。そこでは、徳川家康の関東＝相模国への入国から武蔵国江戸への行程をふまえる形で、足柄上郡→足柄下郡が冒頭に配置され、それ以降についてはおおむね西→東の方向で各郡と津久井県を配置し、最後に武蔵国への導入として同国金沢で結ぶという、全二三巻における同書本文の構成が明示されている。また、武蔵国金沢を除く相模国全域が全二二巻とされている構成について、それが武蔵国の二二か郡に対応するものとして意識的に行われたものであることを指摘した。高峰にとって二二冊として表現される相模国は、全二二郡から構成される武蔵国との対比において、いわばもう一つの武蔵国として認識されているのである。また、第三条後半においては、徳川家康個人だけでなく、それに関連する「御遠祖」＝源頼義・義家・頼朝と「御歴代」＝松平家・徳川家についても記述するとしており、鶴岡八幡宮及び「御遠祖」である源頼義・義家と福原家との関係を述べる伏線としている。

おわりに

第一章では、「相中留恩記略」における相模国認識と比較するために、江戸・江戸城が存在する武蔵国認識を「江戸名所図会」本文の冒頭と末尾の部分から検討するとともに、「相中留恩記略」における相模国認識について「自序」と「凡例」から分析した。

まず、第一節では、「江戸名所図会」本文の冒頭と末尾の部分を対象として、同書における武蔵国と江戸の関係性について検討を加えた。その結果、「武蔵」という国号は日本武尊が「東夷征伐」の終了後に武器を秩父の岩倉山に納めたことに由来する。泰平・平和を意味する名称と「国魂」を持つ武蔵国の江戸を徳川家康が居城としたのは「天意」であり、その結果として江戸の町は繁栄しているとする。こうした「江戸名所図会」における江戸と武蔵国の関係論は、徳川将軍の居城である江戸城とその城下町である江戸→江戸城・江戸が存在する武蔵国→武蔵国に隣接する国々という同心円的な広がりとして概念化できよう。この場合、相模国は武蔵国に隣接する国の一つであり、天正一八年（一五九〇）の徳川家康の関東入国においては、新たな居城となる武蔵国江戸への通過点ということになる。

ついで、第二節はこうした江戸と武蔵国の関係をふまえた上で、「相中留恩記略」における相模国の位置づけについて、同書の「自序」と「凡例」から検討した。まず、中世から近世における相模国の地域性を述べる「自序」前半では、徳川家康によってもたらされた「繁栄」と「太平」は、中世における全国・関東の平和を維持した武家政権・権力の所在地という源頼朝と鶴岡八幡宮に淵源を持つ源家の伝統にもとづく相模国の「国魂」が家康に付着した結果であり、それ故、相模国は武蔵国とは別個の論理により、江戸・江戸城と直接結びつく徳川将軍の膝元の地である。源家の流れを組む徳川家康が武蔵国江戸に居城を構えたことは「天意」であるが、そのためには鶴岡八幡宮が存在し源家と深いつながりを有する相模国を経由する必要性があるという理解である。ついで編纂の経緯を述べる「自序」後半では、天保五年(一八三四)に本格化する編纂活動が「江戸名所図会」刊行の影響を受けた可能性と、調査旅行の行程が同書草稿の成立過程に対応することを想定した。最後に「凡例」からは、徳川家康の関東＝相模国への入国から武蔵国江戸への行程をふまえる形で、足柄上郡→足柄下郡が冒頭に配置され、それ以降はおおむね西→東の方向で各郡と津久井県を配置し、武蔵国への導入として同国金沢を末尾に配置するという、全二三巻における本文の構成を確認するとともに、武蔵国金沢を除く相模国全域が全二二巻で構成されているのは、それが武蔵国の二二か郡に対応するものとして意識的に行われたことを指摘した。

以上の点をふまえて、第二章〜第四章において「相中留恩記略」本文の検討を進めていく。この際、主要な検討課題となるのは、次の四点である。

第一に相模国における徳川家康の行程である。「相中留恩記略」において相模国の「国魂」を付着させる徳川家康の行程は、小田原北条氏の居城であった小田原城への入城と、鎌倉鶴岡八幡宮への参詣という二段階に分けて構想されている。前者は天正一八年の豊臣政権による小田原出兵時における行程であり、足柄上郡・足柄下郡を対象とする第二章が具体的な検討対象となる。後者は実質的に天下を掌握する契機となり鎌倉鶴岡八幡宮へ参詣した慶長五年(一六〇〇)六月末から七月初頭の上杉景勝征伐時における江戸への行程であり、第四章で対象とする高座郡・鎌倉郡・三浦郡・武蔵国金沢ではこれが主要な検討課題となる。また、小田原と鎌倉の中間には、家康が休泊する場所＝中原御殿・藤沢御殿と小田原北条氏の有力支城であった玉縄城が存在する。第三章の対象地域である淘綾郡・大住郡・愛甲郡・津久井県といった相模国中央部においては、中原御殿を拠点として行われた巡見・放鷹としての家康の行程が記述されている。放鷹も単なる遊興・狩猟というよりは支配地域を巡見・国見する行為として理解されよう。一方、高座郡に所在する藤沢御殿を拠点として高座郡・鎌倉郡を対象とする巡見・鷹狩も行われており、第四章で検討することになる。また、玉縄城については後述する福原家の由緒と合わせて記述が行われている。これらを重ね合わせることにより、相模国内における徳川家康の行程が完結するように編集されている。

第二にこうした徳川家康の行程をふまえて、相模国と武州江戸を結ぶ陸路として東海道とその宿場―箱根宿・小田原宿・大磯宿・平塚宿・藤沢宿・戸塚宿―が想定されており、関連項目の立項や挿絵による描写によりその存在が示されている。また、鎌倉から三浦半島の沖合を経て金沢へといたる海路の存在と合わせて慶長五年六月～七月における藤沢御殿からの家康の行程と、東海道の経路との接続については、「相中留恩記略」における後半の構成を規定する大きな要素であり、第四章の検討課題である。

第三に編纂者である福原家とそれに関わる由緒である。福原家は鎌倉郡渡内村の名主として、高座郡と鎌倉郡に跨って存在する藤沢宿に所在した藤沢御殿、さらには相模国東部を管轄した小田原北条氏の支城であった玉縄城と、強い関連がある。また、三浦党の流れを汲むという同家の由来からは三浦郡にも強い関心があったと思われる。これも第四章での検討課題である。

第四に相模国には太平の余沢を享受する場所として、多くの人々が参詣や遊山をする名所旧跡・神社仏閣が存在する。「自序」では、江の島・鎌倉・箱根七湯・「雨降山」＝大山寺等が記されており、この内、箱根七湯を除けば本文に立項されている。こうした名所地と徳川家康の関係に関する記述にも留意しておく必要がある。

第二章　本文の分析（一）——足柄上郡・足柄下郡

はじめに

第二章では、「相中留恩記略」本文の内、相模国の西部に位置する足柄上郡（巻之一）と足柄下郡（巻之二〜四）について検討する。「凡例」第一条の最初に「編纂の序次、足柄上郡を始とし、次に下郡とす、こは天正小田原の役に大神君、上郡足柄峠を踰させたまひ、下郡今井の御陣営に着御あらせられし、是当国御芳躅の最第一なれは、此所をもて巻首とせしなり」とあるように、天正一八年（一五九〇）の「小田原の役」時に「大神君」＝徳川家康が「（足柄）上郡足柄峠」を越えて「（足柄）下郡今井の御陣営」に「着御」したことが「当国御芳躅の最第一」（「当国」＝相模国への入国の「最第一」＝最初）であるため、足柄上郡と足柄下郡が「巻首」＝本文冒頭に配置されている。また、「編纂の序次」は「足柄上郡」を「始」とし、次に（足柄）下郡と述べているように、足柄上郡一冊と足柄下郡全三冊の内容は、徳川家康の相模国入国と小田原城入城というテーマのもとに一体的に構成されている。

本章における主要な検討課題は以下の二点である。第一に天正一八年における徳川家康の相模国入国と小田原城入城の行程である。「関東武家の棟梁」として「関左八州」を支配した小田原北条氏の居城である小田原城は、鎌倉とともに中世相模国の「国魂」が存在する場である。徳川家康による小田原城への入城は、徳川家康が「関東武家の棟梁」の地位を継承したことであり、武蔵国江戸にいたる相模国入国の第一段階ということになる。第二に相模国と江戸を結ぶ東海道の宿場である小田原宿と箱根宿、箱根権現の存在についても留意しておきたい。

以下、この点をふまえて第一節で足柄上郡（巻之一）の、第二節で足柄下郡（巻之二〜四）の内容をそれぞれ検討する。

第一節　足柄上郡

「相中留恩記略」本文冒頭に位置する足柄上郡は、巻之一のみの一巻構成である。「凡例」第一条に「編纂の序次、足柄上郡を始とし、次に下郡とす、こは天正小田原の役に大神君、上郡足柄峠を踰させたまひ、下郡今井の御陣営に着御あらせられし、是当国御芳躅の最第一なれは、此所をもて巻首とせしなり」と記されているように、同郡における主要テーマは駿河国から足柄峠を越えて相模国へ入る徳川家康の行程である。こうした点をふまえて、足柄上郡＝巻之一で立項されているのは、1「御陣場　矢倉沢村」、2「足柄峠　同村」、3「足柄城蹟　駿州竹之下村」、4「農民義左衛門　栢山村」、5「農民五兵衛　同村」、6「名主四郎兵衛　井ノ口村」という六項目であり、天正一八年（一五九〇）の小田原攻めにおける徳川家康の行程を扱った前半の1〜3と、関東入国以後に実施された家康の鷹狩時における案内に関わる農民を対象とする後半の4〜6の、二つに分かれる。郡域の広さからいえば、必要な項目のみを立項したということになろう。

　あわせて関連する、①「矢倉沢村　御陣場」、②「其二」、③「其三」、④「其四」、⑤「足柄峠」、⑥「足柄城蹟」、⑦「足柄峠ヨリ東面眺望」、⑧「足柄古城跡ヨリ西面眺望」、⑨「其二」、⑩「其三」、⑪「其四」、⑫「栢山村　農民義左衛門・同五郎《（ママ）》兵衛」、⑬「其二」、⑭「其三」、⑮「井ノ口村　名主四郎兵衛」という一五件の挿絵が付されている。なお、「本文編」所収の「挿図一覧」では「足柄峠ヨリ東西眺望」とされる挿絵⑦の表題の内、「東西」の「西」

の文字は、「本文編」所収の挿絵からは「西」あるいは「面」のいずれにも読みうるが、⑦の挿絵中にみえる「房州」「三崎」「江之島」等の地名と、次の⑧「足柄古城跡ヨリ西面眺望」の表題との対比からは、「東面眺望」が正しいと思われる。

巻之一

まず、前半の1〜3をみていく。

巻之一最初の項目であるとともに、「相中留恩記略」本文冒頭ともなる1**「御陣場　矢倉沢村」**は、「御陣場は矢倉沢村御関所の西方、足柄峠へ往還の傍なる小山をいふ、道を隔て番場・関場等の名あり、矢倉か嶽の麓にして、谷川を隔つ、土人は其伝を失ひたれと、管窺武鑑に、大神君様は、足柄越をなされ、小田原へ押向、天狗嶽の下、諏訪の原の上、竹の下山に御陣取なりとあり、因て按するに、天正十八年小田原御陣の時、大《(太)》閤秀吉公は箱根をこえ、大神君様は足柄越を遊ハされし時、暫し御陣を居たまひし遺名なるへし、又、天狗嶽といへるは、矢倉か嶽の事なるへし、かの嶽に今も天狗鼻の字あり、諏訪の原は、当所より小田原の方、足柄上下の郡界なる久野・三竹山両村の界に其名あり、是によれは、此足柄の御陣所より、また諏訪の原に、仮の御陣所を移し給ひ、其後、今井御陣所に移らせたまひしなるへし」が全文である。

それによれば、矢倉沢村の「御陣場」は(矢倉沢往還の)矢倉沢関所の西方に所在し、足柄峠への道筋のかたわらに位置する小山である。「土人は其伝を失ひ」とあるので地元では地名の由来が伝承されていないが、「管窺武鑑」という書物には「大神君様は、足柄越をなされ、小田原へ押向、天狗嶽の下、諏訪の原の上、竹の下山に御陣取なり」と記されている。すなわち、天正一八年（一五九〇）の小田原攻めの際、箱根を越えて小田原へ進んだ豊臣秀吉の行程とは異なり、「大神君様」＝徳川家康は足柄峠を越える「足柄越」を通って相模国に入っており、この「御陣場」こそが徳川家康が暫時「御陣」を構えた「大神君」「当国御芳躅の最第一」の場所である。これ以降、「相中留恩記略」の構成は、全体として江戸へと向かう西→東の方向となっている。

また、「管窺武鑑」にみえる「天狗嶽」は「矢倉か嶽」（矢倉嶽）のことであり、実際に「天狗鼻」という「字」＝地名が存在する。同じく「諏訪の原」は「当所より小田原の方、足柄上下の郡界なる久野・三竹山両村の界」として、足柄上郡と足柄下郡の郡境である久野村と三竹山村の境にその名が残る。家康は、まずこの「足柄の御陣所」＝矢倉沢村の「御陣場」の地へ陣取り、ついで諏訪の原に「仮の御陣所」を設けた後、さらに「今井御陣所」へ移動したとする。「凡例」第一条冒頭に示された家康の行程に対応した記述である。ちなみに「足柄下郡之三」である巻之四の冒頭の項目は「久野村の内、小名諏訪の原」に存在する1「総世寺」であり、ついで「今井村の民市郎左衛門の宅地」に所在する2「御陣場跡」の項目と続く。「箱根越」を通った秀吉の行程とは別に、「足柄峠」→矢倉沢村の「御陣場」→久野村諏訪の原の「総世寺」→今井村の「御陣所」という徳川家康による相模国入国の経路をふまえ、「巻之一　足柄上郡」から「巻之四　足柄下郡之三」へと続く構成である。

1「御陣場　矢倉沢村」に対応する挿絵が、①「矢倉沢村　御陣場」、②「其二」、③「其三」、④「其四」である。①「矢倉沢村　御陣場」には、「御陣場」自体は描かれておらず、矢倉沢往還の矢倉沢関所の建物と矢倉沢宿の町並みが描かれている。矢倉沢関所を「御陣場」との位置関係を示すランドマークとする意図であろう。②「其二」と③「其三」では、②「其二」の右下→左下→③「其三」の右下→中央の順序で、「足柄往来」＝矢倉沢往還の道筋を描写しており、②の右側上部にはそそり立つ「矢倉嶽」（矢倉岳）が、「足柄往来」の進行方向にあたる③右側奥には

「金時山」が、それぞれ配置されている。③の「足柄往来」の道筋の下部には「番場」「関場」等の地名が記されており、おおむね②③にみえる「足柄往来」の道筋より上部の小山が「御陣場」に該当するのであろう。④「其四」は独立した挿絵であり、右側に「矢倉嶽」の山容を大きく配置し、「天狗嶽」の地名がみえる。左側の山並みには「山伏平」の地名が確認でき、先述した「御陣場」から「矢倉嶽」を望んだ構図と思われる。

次の2「足柄峠　同村」と3「足柄城蹟　駿州竹之下村」は、1「御陣場　矢倉沢村」における徳川家康の行程を受けて立項されたもの。**2「足柄峠」**では「足柄峠は矢倉沢村より駿州駿東郡竹の下村まで三里の峠なり」として相模・駿河両国の国境である旨を記し、「天正十八年、小田原陣の時、大閤秀吉公は箱根こえ、大神君様は足柄越を遊ハされしこと、其頃の書にも見えたれは、当所通御ありし事しらる」と述べている。ここでも小田原陣における相模国への入国の行程を、豊臣秀吉は箱根越、徳川家康は足柄越であったとする。その典拠は「其頃の書」とされ、具体的な書名は挙げられていないが、「管窺武鑑」が該当するか。

3「足柄城蹟」については、「足柄城跡は足柄峠にあり、今は駿河国駿東郡竹之下村に属すれと、正保のころまて尚、当国の内に隷すれは、今爰に載す」として、「相中留恩記略」の作成当時は駿河国駿東郡竹之下村（静岡県駿東郡小山町）に属しているが、かつては相模国に含まれていたので所収したとする。ここでは「天正十八年、小田原の役には、氏堯、小田原の城に籠り、当城には依田大膳師治を置て守らせしに、大神君様、大軍を帥ひ、当所足柄にかゝらせ給ひ、小田原に向ハせられ、所々の支城を攻落させたまふよし聞えしかは、大膳師治も当城を開きて退散す」と記しており、足柄城には北条氏堯の配下である依田大膳師治が配置されていたが、家康の軍勢が各地の支城を攻略する情勢を受けて退城した旨が述べられている。同地からの眺望については「此城跡より眺望すれは、西北の正面に冨嶽そひへ、西は足高山に対し駿州御厨屋領の村落を眼下にし、又東面の方ハ、遠く滄海及ひ房総・三浦の遠山より、近くは当国曽我松田の山々、酒匂川の流れを望ミ、其勝景尤佳なり」と記しており、西北の正面に富士山、西には「足高山」(愛鷹山)から眼下に駿河国御厨領の村々、東の遠方には「滄海」(＝相模湾)から房総・三浦の山々、手前には曽我・松田の山々と酒匂川の流れ、といった景観を見ることができ、「其勝景尤佳なり」と結んでいる。足柄峠から東方を眺望する視点は、相模国を一望するものであり、徳川家康が足柄峠においてのぞんだ光景を彷彿とさせる。

これに対応する挿絵が⑤〜⑪である。この内、⑤と⑦は2「足柄峠」に、⑥と⑧〜⑪は3「足柄城蹟」に、それぞれ対応する表題ではあるが、実際には一体的な内容である。まず、⑦〜⑪の描写地点を示すため、⑤「足柄峠」と⑥「足柄城蹟」が配置されている。ただし、⑤「足柄峠」は山並みの中に「駿相境」(＝駿河国と相模国の国境)と「聖天社」(現在の足柄聖天)の文言がみえ、相模国側より足柄峠を遠望した構図である。また、⑥「足柄城蹟」は手前に「足柄往来」＝矢倉沢往還と「峠聖天」(足柄聖天)の堂祠が、上部の山並みに足柄城跡が、それぞれ描かれており、さらにこの山並みを一頭地抜きん出るように富士山を遠望している。⑦「足柄峠ヨリ東面眺望」は⑤の眺望地点より反転して、東方に位置する足柄平野・相模湾・房総半島を描写する。⑧〜⑪は表題通りに足柄城跡よりの眺望である。同地より西北方面を眺める⑧「足柄古城跡ヨリ西面眺望」が単独の挿絵であるのに対し、⑨「其二」、⑩「其三」、⑪「其四」は連続した構図である。⑨「其二」では西方の富士山を、⑩「其三」では足高山(愛鷹山)を、⑪「其四」では金時山が、それぞれ描写されている。徳川家康が駿河国と相模国の国境である足柄峠を越えて相模国へ入る道中において見た情景を意識しているのであろう。

以上の1〜3は、実際の行程の順序でいえば、3「足柄城蹟」→2「足柄峠」→1「御陣場」となるが、「凡例」第一条における「天正小田原の役に大神君、上郡足柄峠を踰させたまひ、下郡今井の御陣営に着御あらせられし、是当国御芳躅の最第一」の文言に対応するように、徳川家康が「当国」＝相模国に入った場所として1「御陣場」を本文全体の冒頭でもある巻之一の冒頭に配置し、そこに至る過程として2「足柄峠」→3「足柄城蹟」の順序で配置される。各郡あるいは各巻ごとの冒頭に徳川家康に関連する項目を配置する手法である。また、挿絵はこうした家康の行程、あえていえば家康が見たであろう風景を意識的に描写していると想定される。あわせて「相中留恩記略」の記述範囲を掲げた「凡例」第二条における「編纂する四域の大概、西は駿豆の堺、足柄・箱根を限り」という文言をふまえ、駿河国との国境について記述しているのであろう。

次に後半の4「農民義左衛門　栢山村」、5「農民五兵衛　同村」、6「名主四郎兵衛　井ノ口村」の三項目は、徳川家康の「放鷹」「鷹狩」時において案内した人物に関わる項目である。栢山村は現在の小田原市、井ノ口村は足柄上郡中井町に属しており、全体としては西から東の方向で叙述している。

まず、**4「農民義左衛門　栢山村」**では、「義左衛門は栢山村の民なり、先祖源太左衛門と云もの、大神君様、此辺御鷹狩の頃、路次の御案内を申あけ奉りけれは、御褒美として金子弐百疋を頂戴せしといふ」とあり、**5「農民五兵衛　同村」**では、「五兵衛は是も栢山村の民なり、先祖五左衛門といへるもの、大神君様、御放鷹の時、両度まで御馬の口取申あけ奉りしかは、金子頂戴せし由」とある。ともに天正一八年における徳川家康の入国時の事柄ではなく、関東入封後における「鷹狩」「放鷹」時に案内や馬の口取りをしたという内容である。4では天和四年(一六八四)二月一五日付で「相州西郡栢山村組頭　藤右衛門」が、5では天和四年二月一九日付で「相州西郡栢山村組頭　十右衛門」が、小田原藩士と思われる「山下次郎兵衛・今峯半右衛門」宛に先述の由緒を書き上げた「覚」が所収されている。なお、所収文書の書体は影写・模写であり、地の文とは区別されている。この点は他の所収文書についても同様である。

しかし、4「農民義左衛門　栢山村」と5「農民五兵衛　同村」に対応する⑫「栢山村　農民義左衛門・同五郎兵《(ママ)》

衛」、⑬「其二」、⑭「其三」の挿絵には若干異なった意味が込められていよう。栢山村は酒匂川右岸の低地帯に位置しており、天正一八年時の家康の行程と重ね合わせれば、矢倉沢村の「御陣場」から東へ進んだ関本において、それまでの山間から酒匂川下流域の足柄平野へ出る。これらの挿絵では、背後にあたる西方の山並みを⑫⑬で、酒匂川を隔てて大山へと続く東北方面を⑭で描写しており、「相中留恩記略」に記された天正一八年の小田原攻めにおける家康の行程に沿った挿絵である。具体的には⑫「栢山村　農民義左衛門・同五郎兵衛」と⑬「其二」は連続した構図で、酒匂川右岸の堤防付近より西方をのぞんだもの。前面＝下部に酒匂川右岸の足柄平野を、後方＝上部には山容を配置している。⑫は右端に「高松山」、左側に「矢倉嶽」と富士山が描かれている。⑫の南側に連なる⑬では、手前に「東栢山」の集落を置き、右側の上部には「金時山」の地名が確認される。⑭「其三」は、⑫⑬と反対に、酒匂川右岸より酒匂川と支流の川音川の合流地点とその背後の山並みを描き、右上方には「大山」がみえる。このように⑫〜⑭の挿絵は、①〜④と⑤〜⑪をふまえつつ、駿河国から足柄峠を越えて矢倉沢村の陣場へ進み、さらに関本から酒匂川流域の足柄平野へと出る徳川家康の行程に対応させている。

6「名主四郎兵衛　井ノ口村」は、「名主四郎兵衛は井ノ口村の民なり」「慶長十九年・元和元年、大阪《（ママ）》両度の御陣に、勝盛、御城米運送の上乗役を勤めしかは、御褒美として所持の田地六拾三石壱斗の貢税を軽くせらる〈俗に取下ケといふもの是なり〉、其後、万治三年領主稲葉美濃守殿検地の時、別に免地引と称し、高六石〈反別壱町五反〉の地を与へ、先に所持せる六拾三石余の地は相当の年貢を納むへきよしを下知せらる」（〈〉は割註。以下同じ）とあり、大坂の陣における御城米運送の上乗役を務めた由緒と、それに関連する延享二年（一七四五）四月付の代官斎藤喜六郎から発給された「覚」を所収している。

まとめ

巻之一＝足柄上郡の内容は、「凡例」第一条で記されている徳川家康の相模国入国に関する事柄を中心に立項されている。冒頭に徳川家康が相模国へ入国して最初の滞在場所となった1「御陣場　矢倉沢村」を配置する。これは、各巻・各郡の冒頭に徳川家康に関連する、あるいは地域的に中心となる項目を立項するという意図によるもの。続いて、駿河国駿東郡から矢倉沢村の「御陣場」に至る経路として、2「足柄峠　同村」と3「足柄城蹟　駿州竹之下村」が記述されている。4「農民義左衛門　栢山村」、5「農民五兵衛　同村」、6「名主四郎兵衛　井ノ口村」の三項目は、天正一八年（一五九〇）時の小田原の役に関連する記述ではないが、家康に関連する由緒を持つので所収したと思われる。また、挿絵の内⑮を除く一四件は、①〜④、⑤〜⑪、⑫〜⑭の三つに分けることができる。①〜④は1「御陣場　矢倉沢村」に対応するもので、矢倉沢村の御陣場と周辺の山容を描く。⑤〜⑪は2「足柄峠」と3「足柄城蹟」に対応し、足柄峠・足柄城跡と同所から西の駿河国と東の相模国を眺望している。⑫〜⑭は4「農民義左衛門　栢山村」と5「農民五兵衛　同村」に対応するが、実際には足柄平野から背後の矢倉沢方面と東方を描いている。いずれも立項された項目を描写するというよりは各地点における眺望を描いたものである。足柄峠を越えて駿河国から相模国へ入り、一旦、矢倉沢村の陣場に滞在し、それより矢倉沢往還を東へ向かい、関本で酒匂川下流部の足柄平野へ出て、眼下の平野と相模湾、さらには東方を望んだ家康の行程に対応したものといえよう。これ以後、徳川家康の行程は先述した「巻之四　足柄下郡之三」の1「総世寺　久野村」→2「御陣場跡　今井村」へと続くが、足柄下郡の第一冊にあたる巻之二の冒頭では小田原城が対象とされる。

第二節　足柄下郡

足柄下郡は、巻之二～四の三冊構成である。「相中留恩記略」において一つの郡が複数の巻で構成される最初の事例である。足柄下郡には、「自序」Ａにおいて鎌倉とともに中世相模国の中心地とされた小田原城と、東海道の小田原宿・箱根宿、さらには鎌倉幕府の将軍が参詣した箱根権現等が存在している。なかでも徳川家康の小田原城入城とその意義に関する事柄が最も主要なテーマである。

全三巻の構成は、第一冊の巻之二では足柄下郡の中心地である小田原城とその城下、続く巻之三は箱根を中心とする小田原の西方、最後の巻之四は小田原城より国府津へいたる小田原の東方、という範囲である。なお、「凡例」第一条の「編纂の序次、足柄上郡を始とし、次に下郡とす、こは天正小田原の役に大神君、上郡足柄峠を踰させたまひ、下郡今井の御陣営に着御あらせられし、是当国御芳躅の最第一なれは、此所をもて巻首とせしなり」という記載をふまえ、徳川家康の行程を優先するならば、「巻之四」＝「足柄下郡之三」所収の１「総世寺　久野村」と２「御陣場跡　今井村」の項目を足柄下郡の冒頭に配置することも考えられるが、実際には小田原城が足柄下郡の冒頭に置かれている。「自序」Ａで述べたように、相模国における鎌倉と小田原の位置づけは別格であり、足柄下郡においては小田原城の方がより重要度が高いという判断である。より重要な項目を各巻の冒頭に配置するという巻之一の足柄上郡の１「御陣場　矢倉沢村」の手法を郡単位で採用したものといえる。複数巻で構成される郡の場合、郡内における中心地あるいは徳川家康と特別な由縁を持つ場所を郡全体の冒頭に配置し、それをふまえて一定の方向でそれ以外の巻の順序が確定されるケースがみられる。

巻之二

「巻之二」＝「足柄下郡之一」は、1「小田原城」、2「町人半左衛門　小田原本町」、3「名主十兵衛　同山角町」、4「畳職棟梁仁左衛門　同町」、5「無量寺　同代官町」、6「誓願寺　同壱町田町」、7「町人与助　同大工町」、8「浪士山本庄左衛門　同谷津村」、9「妙光院　同村」の九項目であり、小田原城とその城下を対象とする項目編成となっている。あわせて①「小田原宿」、②「其二」、③「其三」、④「長持」、⑤「谷津村　山本庄左衛門宅・妙光院」の五件の挿絵が記されている。

足柄下郡最初の項目ともなる冒頭には1**「小田原城」**が配置されており、同城が足柄下郡全体における最重要な場所という位置づけになる。まず、「小田原城は小田原宿の北にあり」という所在地の記載から始まり、「当城は、往昔、土肥・土屋の一党居住せしこと、鎌倉大草紙等に見ゆ、後、大森氏の居城となり、四代程を経て、北条新九郎入道早雲、城主となりしより、五代左京大夫氏直に至るまで相続て当城の主となり、関東武家の棟梁たり」というように、鎌倉・室町時代における小田原城の来歴を概観した後、戦国時代における北条早雲(伊勢宗瑞)が「城主」となって以来、五代氏直にいたる「当城の主」である小田原北条氏を「関東武家の棟梁」と位置づけ、「自序」Aにおける「関左八州を掌握して当国小田原に居城」という記述に対応させている。

ついで、「天正十八年、小田原陣の後、大神君様、城中御巡見あらせらる、或書に天正十八年七月十日、大神君様、小田原の城に移らせ給ふ、十三日、秀吉公、関左八州を以て、大神君様に進せらると見ゆ」と記し、「大神君様」＝徳川家康による「城中御巡見」＝小田原城の巡見に触れる。家康による小田原城の巡見は、新たな城主としての行為であり、小田原北条氏から家康への城主の交代を象徴的に示す。これを補完するように、「或書」を根拠として、天正一八年(一五九〇)七月一〇日という小田原入城の期日と、同月一三日に秀吉より家康へ「関左八州」が「進せら」れたことを記す。鎌倉公方から小田原北条氏へと移り、小田原城に存在していた「関東武家の棟梁」の「国魂」は家康へ付着することとなり、小田原北条氏が「掌握」していた「関左八州」＝関八州が武州江戸を居城とする徳川家康の領国になったのである。その後、「御当家の御料となり、当城を大久保七郎右衛門忠世殿に賜ハれり」として、大久保忠世が城主になったことを記す。

さらに「大神君様」＝徳川家康と「台徳院様」＝二代将軍秀忠における小田原城への「御止宿」の「大畧」＝「大略」を記している。ちなみに第四章の主要テーマである慶長五年の徳川家康の行程については、「慶長五年大坂より東国御征伐の時、六月廿七日着御、又、上方の逆徒御征伐として御進発の時、九月三日藤沢より当城に着御」とあり、「東国御征伐」(陸奥国会津の上杉景勝征伐への出兵)では六月二七日に小田原城へ着陣、「上方の逆徒御征伐」(関ケ原合戦)には九月三日に藤沢から小田原城へ到着したとする。また、末尾には「元和三年久能山より日光山へ神柩遷御の時も、三月十八日、霊柩当城に御止宿となり、一日御逗留あり、廿日、中原に移らせられし」とあり、元和三年(一六一七)における家康遺骸の行程では三月一八日に小田原城へ「御止宿」して「一日御逗留」の上、中原(御殿)へ移動したとしている。

こうした徳川家康の「御止宿」の「大略」が記されている項目は、小田原城以外では大住郡の中原御殿(巻之六の4「中原御殿蹟」)と高座郡の藤沢御殿(巻之十三の14「藤沢御殿跡」)の二か所のみであり、徳川家康の宿泊・休憩地の

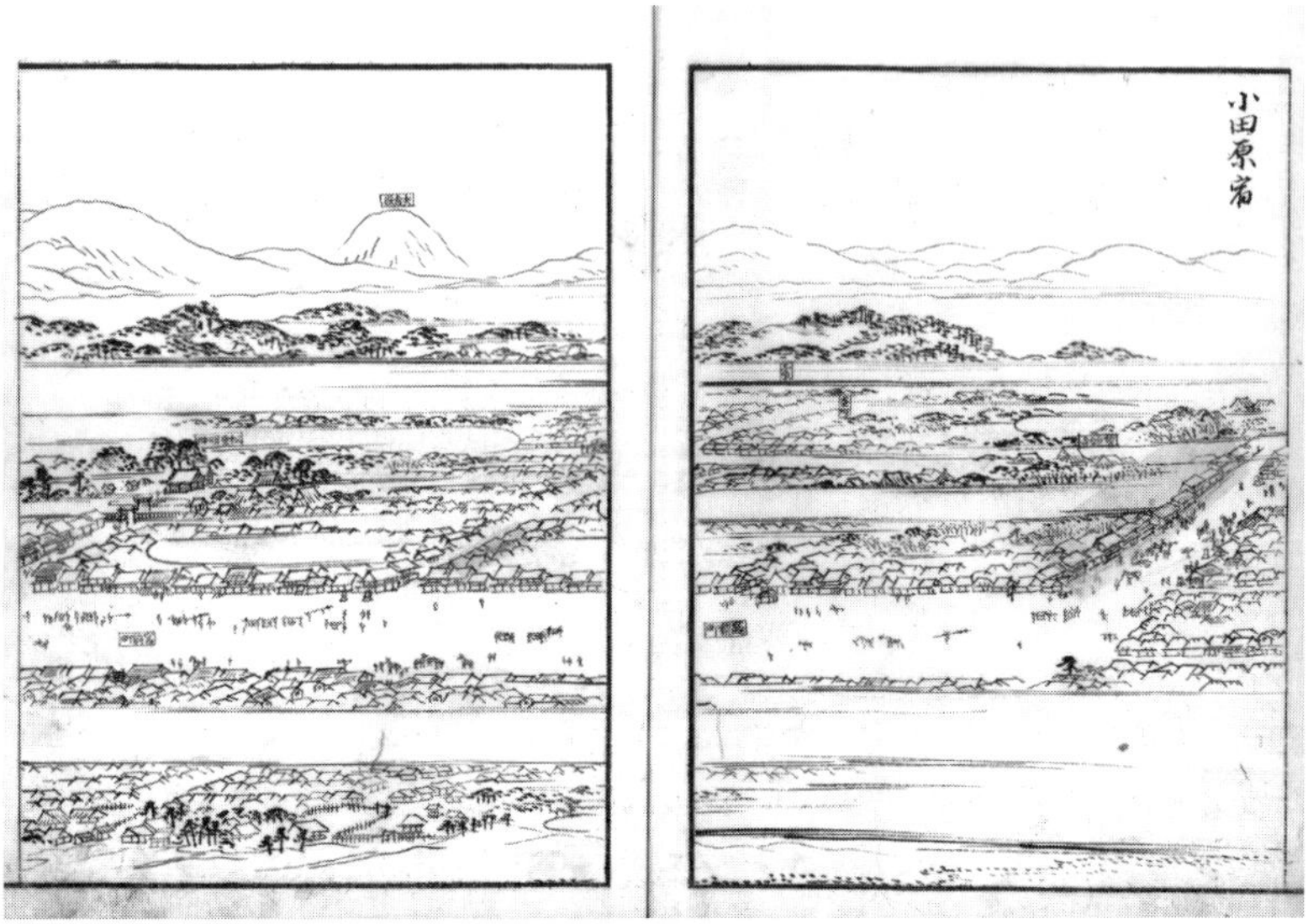

巻之二 挿絵①「小田原宿」 福原家本（藤沢市文書館写真提供）

「旧蹟」として特にこの三か所が重要視されていることになる。特定の人物が定期的に休泊する場所には、その人物の身体性が強く付着するのであり、他の場所と比べて「大神君様」の「留恩」が強く遺されている空間・場所として高峰が意識していたことになろう。あわせて「相中留恩記略」本文全体における家康の主要な行程が、東海道を媒介とした小田原城⇕中原御殿⇕藤沢御殿であることがうかがわれる。

本項目の最後には、「城主は慶長の末、御番城となり、また阿部備中守正次殿に替り、後、又御番城となり、稲葉丹後守正勝殿にたまひ、丹後守正通殿の時、所替となり、当大久保家に給はれり」として、その後の城主の変遷を記している。

1「小田原城」に対応する挿絵が①「小田原宿」、②「其二」、③「其三」である。①〜③は連続した構図で、①の右→左→②の右→左→③の右→左の順序で、東海道小田原宿を東→西の方向で描写している。全体的な視線は、海側よりの俯瞰図であり、下部＝手前に東海道を中心に小田原宿＝小田原の城下の町並みを配置し、霞をめぐらせた上部に遠方の山並みを描く。①は「矢倉嶽」、③は「明星嶽」「二子山」等の山容を背景に描写されている。「巻之一　足柄上郡」から巻之二を経て、箱根二子山を扱う巻之三への流れを意識したものであろう。なお、小田原城は②の左側から③の右側に配置されている。留意しておきたいのは、東海道の小田原宿の全体像が描かれていることである。相模国内の東海道の他の宿場についても同様に宿場の全体ないしは一部ではあるものの、挿絵が設定されている。これに対して、中原街道や矢倉沢往還といったそれ以外の主要街道では特定の宿場・町場の描写は存在するが、全ての宿場を描写対象とはしていない。相模国から江戸へと結びつく主要な経路として東海道が位置づけられていることになる。先述した小田原城・中原御殿・藤沢御殿というつながりもまた東海道の存在を前提としたものである。

巻之二における残り八項目の内、五項目は小田原城下の旧家を対象とした2「町人半左衛門　小田原本町」、3「名主十兵衛　同山角町」、4「畳職棟梁仁左衛門　同町」、7「町人与助　同大工町」、8「浪士山本庄左衛門　同谷津村」、三項目が小田原城下の寺院である5「無量寺　同代官町」、6「誓願寺　同壱町田町」9「妙光院　同村」であり、巻之二における記述内容は小田原城下に限定されている。以下、順にみていこう。

2「町人半左衛門　小田原本町」は、「半左衛門は小田原本町に住す、先祖は北面の士にて芦川右近といふ、後年、浪士となり、天正六年のころ、当所代官小路〈今、代官町といふ〉に来り住せり、同十八年十二月、右近及ひ其弟中村善四郎の二人にて、家蔵西湖の茶壺を〈或説に勢州北畠家伝来の重器といふ〉大神君様に献し奉りしかは、御褒美として永楽銭拾貫文賜ふへきよし仰出されしを、兄弟願ひあけ、右近の居屋敷、代官小路通り小路〈今の本町これなり〉およひ善四郎居屋敷壱町田小笠原町〈今壱町田町といふ〉の屋敷永代諸役御免許を願ひ上しかは、聞召分させられ、上意をもて、明る十九年正月、関東御郡代伊奈熊蔵殿宛にて板倉四郎右衛門殿・加々爪甚十郎殿より三ケ所屋敷、前年よりの御年貢とも御免、永く相違なき旨仰付らる、此書今に蔵す、翌文禄元年領主大久保七郎右衛門殿より改めありし時、かゝる御由緒により、又、加々爪氏より領主役人天野金太夫・大久保藤右衛門宛の書を与へらる、是も今此家に蔵す」と記している。すなわち半左衛門の先祖である芦川右近とその弟の中村善四郎が天正一八年一二月に家蔵の「西湖の茶壺」を家康に献上、その褒美として両人の居屋敷三か所の「永代諸役御免許」が許可された旨を述べる。あわせて関連文書として卯年(天正一九年)正月二二日付の「関東御郡代伊奈熊蔵殿宛にて板倉四郎右衛門殿・加々爪甚十郎殿」の「書」と、六月一二日付の「加々爪氏より領主役人天野金太夫・大久保藤右衛門宛の書」を載せる。

3**「名主十兵衛　同山角町」**には、「天正十八年、大神君様、石垣山太閤秀吉公の本陣へ御通行の折節、早川満水にて御渡り越遊ハされ難きとき、十兵衛、早川口〈今当町の飛地にて新久と云〉のものともを召集め、御川越恙なく勤めしを以て、御賞美あらせられ」とある。徳川家康が石垣山の豊臣秀吉本陣へと赴く途中、満水の早川で難儀していたところ、十兵衛が山角町の飛地である「新久」の人々を招集してつつがなく家康を渡すことができたという由緒が記されている。この点については、巻之三の6「早川尻　早川村」に関連する記述がみられる。

4**「畳職棟梁仁左衛門　同町」**は、「仁左衛門は同町に住し、北条早雲在城のころ、先祖弥左衛門より今に代々畳屋棟梁にて、稲葉氏領主の頃まて三人扶持を与へらる、かの扶持方のことにて、元亀二年・天正十七年の両度に北条氏より虎朱印をもて命せられし文書弐通今に蔵す、又、むかしより朱にて葵御紋を付し長持壱棹を蔵す、黒塗銅かなものあり、伝来御由緒書物等、元禄十六年十一月の大地震、其上出火にて焼失、其後の火災にも度々古書を失ひし時、前の文書、此御長持のミ漸持出し故、今その伝は失ひしか、古来御用を勤めし時の賜物なるへし」として、小田原北条氏に仕えた「畳職棟梁」の由緒と、元禄一六年(一七〇三)一一月の大地震により伝来の「御由緒書物等」を焼失、かろうじて北条氏の虎朱印状二通と「朱にて葵御紋を付し」た長持一棹のみを持ち出したことを記す。挿絵④「長持」はこの長持を描いたもの。

5「無量寺　同代官町」では、「無量寺は小田原代官町にあり、浄土宗にて京都知恩院の末に属す、天正元年の草創にて不老山寿松院と号せり、三世招蓮社善誉上人林貞和尚の時、大神君様屢御立寄ありし由を伝ふ、其後、上意により林貞江戸に一院を草創す、今浅草寿松院是なり、彼院の伝によれは、林貞は生実大巌寺道誉の弟子なり、始は鎌倉安養院住職にてその後小田原寿松院に住す、天正十八年、小田原の役に、大神君様御陣屋へ召され、十念を御授与あらせられ、また寿松院へも入御あり、其ころ、江戸へ移るへき旨の上意を蒙り、文禄三年鍛冶橋御門内にて寺地を賜ふ、其後、柳原雁淵に移り、後、又浅草に移りしとなり、かゝる御由緒あるをもて、当寺廿六世見蓮社芳誉上人定阿秀耕和尚、御神像を安置し奉れり、御束帯、木の御像〈御長八寸〉にて、今本堂中に祀奉れり」とあり、「浅草寿松院」の「伝」によれば、天正一八年の小田原攻めの際に無量寺の住職林貞が家康の「御陣屋」(陣所)に召され、その後江戸へ移るべき「上意」を受け、文禄三年(一五九四)に江戸で寺地を賜ったという。江戸の寺地は幾度かの変遷を経て、現在は江戸浅草の寿松院がそれにあたるとする。こうした由緒をふまえて、無量寺の本堂には家康の「御神像」が安置されている。

6「誓願寺　同壱町田町」は、「誓願寺は小田原壱町田町にあり、無量寺と同宗同末なり、妙香山摂取院と号す、開山摂果、永正三年同所萬町辺に建立、永禄六年、今の処に移せり、二世見蓮社東誉魯水和尚の時、大神君様上意により、文禄二年江戸に来りて、一寺を開建す、今浅草誓願寺是なり、按するに浅草誓願寺にてハ文禄元年大久保石見守殿上使にて江戸へ引移るへき旨を仰付られしと伝ふ」とあり、誓願寺についても家康の「上意」により文禄二年に江戸で一寺を開き、浅草の誓願寺がそれに該当するとしている。

7「町人与助　同大工町」では、「与助は小田原大工町に住す、先祖は鎌倉松葉ケ谷に住したる浪士なり、佐野八郎左衛門と称す、炮術に長せり、天正年中、小田原渋取に移りて後、与助と改む、同十八年、北条氏没落の後、大神君様、小田原城辺御巡見の時、家の前に御馬を立させられ、御馬廻り衆をもて、身元の儀御尋ありしに、鎌倉より先年引移りし浪士のよし申あけしかは、御馬先御案内を仰付られしとなり、其御褒美として居屋敷七反壱畝弐拾四歩を御免地になし下され、其時根笹蒔絵の御盃を下し置れ、苗字笹井と唱ふへき旨上意あり、又、渋取の支配を仰付られしとなん、其後、稲葉氏小田原城主のとき、渋取の地侍屋敷になり、其替地を府外荻窪村にて上田弐反六畝弐拾壱歩を与へしとて、今に除地となり、此家にて所持す、文化中、幼年なりし頃、拝領物・古書等は高梨町なる親類勘左衛門の方へ預け置しに、同十四年の火災に残らす焼失せりとなり」とあり、与助の先祖が家康の「小田原城辺巡見」時に「御馬先御案内」をつとめた由緒を述べる。ただし、「拝領物・古書等」については文化一四年（一八一七）の火災により焼失したという。

8「浪士山本庄左衛門　同谷津村」は、「山本庄左衛門は小田原谷津村に住居す、代々浪士なり、家伝に拠に、先祖は渡辺外記と称し、小田原北条家に仕ふ、左京大夫氏政の命により、伯母香沼女〈氏康の妹なり〉附人となれり、香沼女の所生は山本氏なり、同氏の女をも幼より側仕に給仕せしか、長するの後、外記に妻せ、山本の苗跡を継しむ、よりて山本氏となれり、大神君様の姫君、左京大夫氏直主へ御入輿あらせられし後、香沼女ことに御懇意浅からす、和歌の御贈答なと有しとなり、小田原落去の時、香沼女所持の書類、器物等多く散乱せしかと、定家卿の筆玉葉集所持の趣上聞に達し、其頃は姫君池田少将輝政殿へ御再嫁ありしか、兼て香沼女と御懇ありしをしろしめされ、姫君の方より此ことを仰遣ハされしに、御所望に任せしかは、その御褒美に知行賜ハるへきよし仰出されしを、辞退ありて、願ハくハ、住居屋敷永代諸役御免の旨願上られしかハ、其望ミにまかせ、大神君様より御印書を下されしとなり」とあり、同人の先祖山本庄左衛門が「左京大夫氏直主」＝北条氏直へ「御入輿」＝嫁した「大神君様の姫君」と懇意であった「香沼女」(北条氏康の妹)の「附人」であった由緒を記している。

9「妙光院　同村」には、「妙光院は同村(谷津村)にあり、法華宗にて光秀山浄永寺と云、鎌倉の執権北条時宗の臣、風祭大野之亮光秀入道、郡中風祭村に居住し、日蓮上人に帰依す、光秀、鎌倉へ参勤の時は屢上人の説法を聴聞あり、其後、上人身延入山の頃、弘安三年光秀登山して大曼荼羅及ひ蛇形解脱有し時の画像を授与せり、よりて屋敷内へ法華堂七面社を造営す、同五年九月上人光秀の宅へ立寄し時、乞により彼堂を光秀山浄永寺と名付、其子を弟子となして、妙音阿闍梨日行と改め開山とす、其後永正十五年北条氏綱小田原在城の時、帰依ありて、今の地谷津山に引移し再建して妙光院を通称に改む、これ妙光院日形住職の時なり、この日形は氏綱の伯父なりしとそ、元和年中、紀伊大納言頼宣卿の御母堂養珠院様、御信仰ありて天下長久御祈願のため寺宝の大曼荼羅蛇形解脱の画像とも、大神君様御召の御装束の切をもて、御表装を改め給ひ、二重の箱まて御寄附あらせらる、是当院第一の什宝なり、この御由緒により今に紀州家の御祈願をも勤むといふ」とある。元来は風祭村に所在していたが、永正一五年(一五一八)に現在の地へ移ったという。元和年間に紀伊頼宣の母養珠院(家康の側室)が「天下長久御祈願」として日蓮由来の「大曼荼羅」「蛇形解脱の画像」を「大神君様御召の御装束の切」で表装し直した。これが「当院第一の什宝」であるとしている。

8「浪士山本庄左衛門　同谷津村」と9「妙光院　同村」に対応する挿絵が⑤「谷津村　山本庄左衛門宅・妙光院」であり、表題通りに谷津村の山本庄左衛門屋敷と妙光院を描写している。

以上のように、足柄下郡の第一冊である巻之二の中心的な項目は1「小田原城」であり、それ以外の2～9は小田原城下の町人・寺院・浪士を扱った項目である。「関左八州を掌握」し「関東武家の棟梁」である小田原北条氏の居城であった小田原城へ徳川家康が入城したことは、中世相模国の「国魂」が家康へ付着する第一段階であり、相模国を経て武州江戸へいたる家康の行程においてきわめて重要な事柄であったという高峰の認識を示している。あわせてその城下町でもある東海道小田原宿の情景が①～③という挿絵に描写されている点についても留意しておきたい。

巻之三

「巻之三」＝「足柄下郡之二」は、板橋村から箱根を経て江之浦村にいたる小田原西方を対象としている。現行の行政区域でいえば、小田原市より一旦、足柄下郡箱根町へ入った後、再び小田原市域へ戻っている。1「石屋善左衛門　板橋村」、2「二子山　箱根」、3「箱根三社権現社　元箱根」、4「御殿蹟　箱根宿」、5「鷹巣城跡　底倉村」、6「早川尻　早川村」、7「石垣山　同村」、8「天正庵蹟　江之浦村」の八項目から構成され、小田原城下の延長である1と、そこから西方の箱根へ向かう2～4、それより東へ向かい小田原城の西方にあたる5～8の三つに区分される。ただし、「自序」Cで記された「箱根七湯」に関する記述はみられない。あわせて①「板橋村　石屋善左衛門」、②「其二」、③「箱根　二子山」、④「箱根権現」、⑤「箱根宿　御殿跡」、⑥「底倉村　鷹巣城跡」、⑦「其二」、⑧「早川村　早川尻・石垣山」、⑨「其二」、⑩「其三」、⑪「其四」、⑫「江之浦村　天正庵跡」、⑬「其二」、⑭「碁盤」という一四件の挿絵が所収されている。

最初の項目は1**「石屋善左衛門　板橋村」**である。石屋の棟梁として江戸城の普請等に尽力した旨が詳細に記述されるが、意図的な冒頭への配置というよりは小田原から箱根へ向かう最初の項目と理解すべきであろう。まず「善左衛門は板橋村に住す、先祖は甲州の浪士なり、駿州田中に住居し田中を氏とす、暫し渡世のため、石切職を習ひ得て、関八州の山々を走廻りしかは、其国々の山川士風を熟知せり、明応中、北条早雲、小田原城主たりし頃、善左衛門当所に住し、石職棟梁となり、又、遠近の地理案内、及ひ国々隠密の用をも承りしとなり、元亀三年、駿州喜瀬川にて拾壱貫五百文の地を与ふ〈此文書、今に蔵す〉其頃、専、土肥山より小田原山辺に入、采石の棟梁をなし、城普請等の勤労多し、其時々、北条家より与へし朱印数通あり、又、当村にて屋敷千八百四拾三坪を与ふ」として小田原北条氏に「石職棟梁」として仕えていた事柄を記す。

ついで「天正十八年、小田原落去の後、大神君様、城中御巡見の時、小田原石を以て畳あけし塩焇蔵を上覧あそハされ、その職人御尋のとき、中興先祖善左衛門御前へ召出され、板倉四郎左衛門殿御取次にて、始て御目見仰付られ、其時、四郎左衛門殿、田中善左衛門と披露ありしを聞しめされ、石屋善左衛門歟と上意により、已後、田中を改めて、石屋を家号となせり、後、駿州小幡山石切出しを仰付られ、其地にありしとき、青山伯耆守殿見分として来臨あり、善左衛門折しも青木の葉にて日覆をせしを、伯耆守殿一覧あり、向後、青木氏を名乗へしと有しかと、石屋の上意ありしより、忰善七郎よりの氏とす」として、小田原城中巡見の際に小田原石で築いた「塩焇蔵」（煙硝蔵）を家康が褒め、召し出された由緒が記されている。

あわせて「上意にて北条家の頃、石方棟梁勤方等の事御尋ありしより、早雲已来の勤方を具に言上せしかは、諸事先例のことくたるへきよし上意を蒙り、永く御扶持方弐人扶持をたまひ、又、本多新八郎殿御取次にて、北条家より与へし板橋村屋敷元坪の如く下し置れ、八州の石切、其外諸国の石切を集め置、配下のものにも地を裂てあたへ、御用向を勤む」として、北条氏における「石方棟梁勤方等の事」を尋問され、「諸事先例のことくたるへきよし」の「上意」を蒙り、「御扶持方」と「板橋村屋敷」を与えられたとする。

さらに「江戸御城御普請の時、石切番子召連在府し、日本橋において壱町四方の屋敷をたまふ〈今の小田原町なり〉

棟梁善左衛門、諸国の石切を置て、御城中御天守下辺埋、御門水道、下水、穴蔵等は関東の配下に命し、其余は他国の石切に命す」として、「江戸御城御普請」に際しては関「八州の石切」や「他国の石切」を配下として「御用向」を勤めたという。これに関連して、所蔵する「駿府御城御普請、又、駿豆相三国より石切出し等の事にて、道中御伝馬、御朱印御証文、又、急御用の時、御奉行所御役人中より、板橋村并山方まで贈られし書類数通、及拝領屋敷の事に付ての古書等」といった十数点の文書を所収している。末尾には「先祖より屋敷鎮守稲荷社の内に御宮を石祠にて造り置、朝暮拝礼すとなり」として、屋敷内に「御宮」を建立し朝暮に拝礼しているとする。

これに対応する挿絵が①「板橋村　石屋善左衛門」、②「其二」である。①と②は連続した構図で、東海道に面した板橋村の家並みから西へと続く松並木と、②の左下には早川の流れを描いている。小田原宿より西へと伸びる東海道を描く意図であろう。

これより東海道に沿って西の箱根へと向かう。**2「二子山　箱根」**では、「二子山は箱根諸山の内、東海道の側に突兀として二峯並ひ秀たり、上二子・下二子と呼ふ、天正十八年小田原御陣の頃、坂部三十郎殿・久世三四郎殿の両士、大神君様の仰をうけ、軽卒をひきひ、山上に登り、細やかに敵兵の有無を斥候して言上に及ハれし事、彼家の譜に見えたり」とある。小田原陣の際に徳川家の家臣である坂部三十郎・久世三四郎の両名が山上に登り、敵情を視察したという。挿絵③「箱根　二子山」では、右の「上二子」と左の「下二子」を中央上部に配置し、川に沿って箱根山中へ入る東海道を描いており、①②に続く描写である。

3「箱根三社権現社　元箱根」は、まず「箱根三社権現社は元箱根にあり」と所在地を示している。ついで「鎌倉全盛のころは、伊豆・箱根両所権現と称し、将軍家しは〳〵参詣せられ」「小田原北条氏の頃も社頭造営等の事あり、然るに、天正小田原の兵乱に、社領已下兵火に罹り、御当代に至り、文禄三年二月、社領弐百石并社地不入の御朱印を御寄附あり」として、鎌倉幕府の将軍が「伊豆・箱根両所権現」と称して参詣したことや、小田原北条氏による「社頭造営」を記す。あわせて文禄三年(一五九四)二月付の社領二〇〇石の朱印状を載せる。ついで「其後、慶長十七年十一月、社頭已下御造営あり」として「其御棟札の図」を掲出するとともに、造営に関連する「本多上野介正純殿・井出志摩守正次殿等の書翰」を所収する。「箱根三社権現社」＝箱根権現は、鎌倉幕府以来、相模国の統治者が保護しており、慶長一七年(一六一二)の徳川家康による造営もその文脈に位置づくという流れである。鎌倉幕府将軍の参詣と小田原北条氏による「社頭造営」、さらに徳川家康による「造営」という事柄は、後述する巻之十四における鶴岡八幡宮と同様な位置づけになろう。

末尾には「御殿跡　箱根権現大門の北側にあり、広さ凡六拾坪許、石垣の形、尚存せり」と「御茶屋跡　同所横大門の西側にあり、東西弐拾間・南北拾五間程の地なり、爰にも石垣の形残れり」という文言を記し、「此弐所は、箱根新駅未開けさる已前、大神君様御休憩のために御建ありしと云伝へり」として、御殿と御茶屋の二か所は「箱根新駅」＝箱根宿の開設以前、箱根権現参詣時における家康の休憩のために建設されたとする。これも鶴岡八幡宮参詣時の休憩場所として設置された巻之十四の2「御茶屋蹟」に対応するものである。

3「箱根三社権現社　元箱根」に対応する挿絵が④「箱根権現」であり、上方からの視点で芦ノ湖畔に立地する箱根権現と箱根宿を描写している。

4「御殿蹟　箱根宿」は、まず「御殿跡は箱根宿小田原町の南の方、山上にあり、海道より壱町程入て一の御門の跡あり、爰より四拾間程往て二の御門の跡あり、此御門の内、高き処を御殿跡といふ、東西凡四拾七八間、南北は弐拾四五間もあるへし、東のかけの下に御下小屋と呼へる所あり、東西四拾四五間、南北弐拾五六間の場所なり」として、その所在地と構造を記す。ついで、「建始りし年代を伝へされと、大猷院様御上洛の頃、御休息の御茶屋に補理しなるへし、寛永十一年御上洛の頃、当所にての御詠あり」として建設の年次は不明とするが、箱根宿の新設後に設置された御殿であり、家康の利用は無かった。また、「抑箱根宿は新駅にして、昔は小田原より直に豆州三嶋へ人馬の継立をなせしに、かゝる嶮難の路、人民の艱苦を思召あらせられ、大神君様の御遺命を以て、元和四年松平右衛門大夫正綱殿、台徳院様の仰を奉り、山野を開き、三島・小田原両駅の民を遷され、宿駅を置給ひしと伝へり」と記している。「嶮難の路」を通る小田原宿〜三島宿間の人馬の継立を「人民の艱苦」と「思召」した「大神君様の御遺命」により、箱根宿は「新駅」として元和四年(一六一八)に開設されたとして、徳川家康の仁徳を讃えている。この「大神君様の御遺命」と「台徳院様の仰」を受けて実務を担当した松平正綱については、福原家の居村である鎌倉郡渡内村の領主である旨が巻之十八の5「玉縄城跡　城廻村」、6「松平甚右衛門正次屋敷跡　同村」で記述されている。「御遺命」を受けるほど家康に近しい人物であることを示す具体的な記述である。

4「御殿蹟　箱根宿」に対応する挿絵が⑤「箱根宿　御殿跡」であるが、実際には箱根関所の描写となっている。先述の④「箱根権現」と合わせて東海道箱根宿を対象とした挿絵ということになる。

以上で小田原城から西へ向かう行程は終わり、項目は再び東へ向かう。「凡例」第二条の「編纂する四域の大概、西は駿豆の堺、足柄・箱根を限り」に関連していえば、駿河国との国境である「足柄」は巻之一の2「足柄峠」で記載されているが、相模国と伊豆国の国境については項目が設定されていない。あるいは3「箱根三社権現社　元箱根」における「伊豆・箱根両所権現」や4「御殿蹟　箱根宿」の「昔は小田原より直に豆州三嶋へ人馬の継立をなせしに、かゝる嶮難の路、人民の艱苦を思召あらせられ、大神君様の御遺命を以て、元和四年松平右衛門大夫正綱殿、台徳院様の仰を奉り、山野を開き、三島・小田原両駅の民を遷され、宿駅を置給ひし」という文言が、それに対応するものになろうか。

次の5～8は箱根から早川へと東に向かっている。

5「鷹巣城跡　底倉村」は、「鷹巣城跡は底倉村の内、鷹巣山にあり、南方を大手とし、東北を搦手とせり、山上、則筥根の古往還にして、小田原陣の時、北条左京大夫氏直、出城を設けしを、松平周防守殿・牧野右馬允殿両勢にて此城をせめ落され、御当家の御手に入、大神君様暫く御陣所と遊されしと見ゆ」として、箱根の「古往還」に位置する北条氏の出城であった鷹巣城は、徳川勢が攻略した後、家康がしばらく「御陣所」にしていたという。また「此地、宮ノ下の湯宿なる藤屋勘右衛門の所蔵せる先祖安藤隼人の置文といふものに拠に、隼人、此城に罷登り、大神君様の仰をうけ、豆州山中太閤秀吉公の本陣に至り、制札を賜ハりしと見ゆ」として壬辰(天正二〇年〈一五九二〉)二月一〇日付の安藤隼人置文を載せる。この文書には天正一八年四月付の制札を下賜されるにあたり、鷹巣城に在陣していた家康の仰せを請け、伊豆国山中城の秀吉の本陣に至ったとする。挿絵⑥「底倉村　鷹巣城跡」、⑦「其二」では鷹巣城付近の情景を描いている。

6「早川尻　早川村」は、「早川尻は早川村と小田原府内山角町の枝郷、小名新久との界にて、早川海に落入る所をいふ、又、早川口とも唱ふ」とあり、早川の河口である。ついで「山角町名主十兵衛の家伝に、先祖十兵衛肝煎〈今の名主役是なり〉を勤めし時、天正十八年大神君様、石垣山豊臣家の本陣御通行の折から、早川増水にて、御渡り越え御難儀遊ハされしを見奉り、早川口〈今云新久〉のものをめし連来り、御川越いたせしを神妙に思召され、早速走参りし御褒美として、山銭永々御免許仰付られしと伝へり」と記し、巻之二の3「名主十兵衛　同山角町」に記された徳川家康の早川渡河における故事を再度記している。

7「石垣山　同村」は、「石垣山は早川村の西にあり、今、小田原侯の林となる、当所は天正十八年太閤秀吉公小田原陣の時、仮の城地とせられ、暫し本陣を居られし所なり、其ころ大神君様にも屢成らせられしとなり〈戦記及山角町名主家伝にも見ゆ〻今に早川村の方より山上への細道あるは、昔の大手通りなりとぞ、山上の林中に其ころの城跡も正しく残れりとなり」とあり、現在は小田原藩主の「林」(御林)であるが、かつては天正一八年の小田原攻めにおいて豊臣秀吉の本陣が置かれた石垣山城(一夜城)であり、徳川家康もたびたび訪れたとする。

6「早川尻　早川村」と7「石垣山　同村」に対応する挿絵が⑧「早川村　早川尻・石垣山」、⑨「其二」、⑩「其三」、⑪「其四」である。⑧～⑪は連続した構図で、早川河口の左岸から対岸の石垣山を経て相模湾の西岸から伊豆半島と伊豆諸島の「利島」「大島」まで描写している。「凡例」第二条における「編纂する四域の大概」の内、「南は海に至り」に対応するとともに、小田原滞陣中に家康が見た情景をイメージしたものであろうか。

8「天正庵蹟　江之浦村」は、「天正庵跡は江之浦村の民五郎兵衛の屋敷内にあり、天正十八年五月のころ、大閤秀吉公、小田原長陣の徒然を慰めんかため、景地なれは爰に数寄屋を営ミ、石垣山の本陣より山頂の閑路を経て、しは〳〵此数寄屋に来臨あり、大神君様を初とし、織田信雄卿以下の人々を饗応せられしといへり、其頃より天正庵の号を唱ふとぞ、今多く竹林中に入て、礎石弐間半四方ほと、又仮山なとの形も少しく残れり、又、秀吉公馬蹄の跡とて、其形付たる長八九尺、横四尺程の石あり」とあり、小田原の役における長陣の疲れを癒すために秀吉が「江之浦村の民五郎兵衛の屋敷内」に「数寄屋」を造営、秀吉本人だけでなく、家康などもしばしば来訪したという。また「其ころ秀吉公より先祖五郎兵衛へ給ひし御盃も今に伝来し、領主代替の節は一覧に備ふとなり、又、碁盤一面あり、豊太閤、大神君様と御対奕遊ハされし時、用ひ給ひしと云伝ふ」と記されている。これに対応する挿絵が⑫「江之浦村　天正庵跡」、⑬「其二」、⑭「碁盤」である。⑫⑬は「天正庵跡」の風景図、⑭は秀吉と家康が対局した前記の碁盤を描く器物図である。

以上のように、足柄下郡における第二冊の巻之三は、巻之二に引き続いて小田原城下の延長ともいえる1「石屋善

左衛門　板橋村」に始まり、2「二子山　箱根」、3「箱根三社権現社　元箱根」、4「御殿蹟　箱根宿」までは東海道を西へ向かい、足柄下郡の西端にいたる。その後、5「鷹巣城跡　底倉村」までは箱根を対象としているが、これより東へ反転し再び小田原周辺へ戻り、小田原城の西方に所在する6「早川尻　早川村」、7「石垣山　同村」、8「天正庵蹟　江之浦村」を記している。足柄下郡の第一冊目である巻之二では小田原城とその城下を対象としたが、「相中留恩記略」全体の方向は西→東であるので、巻之三では小田原より東海道に沿って西へ向かい伊豆国との最近接地点である箱根宿まで進む。それより東へ反転し7「石垣山」を経て巻之二冒頭の小田原城へ戻ることになる。

本巻で注目される項目は、3「箱根三社権現」と4「御殿蹟」である。3「箱根三社権現」では鎌倉幕府の将軍による参詣と小田原北条氏による社頭造営、さらには慶長一七年(一六一二)の徳川家康による造営を記述している。箱根三社権現に対する武家権力による信仰と保護のあり方は、巻之十四の1「鶴岡八幡宮」と同様な事柄である。4「御殿蹟」は箱根宿における箱根御殿を対象とする表題であるが、実質的に箱根宿を扱った項目。小田原宿〜三島宿間の人馬継立の負担を「人民の艱苦」として箱根宿を新設した「大神君様の御遺命」から徳川家康の仁徳を讃えている。なお、「御遺命」の執行担当者が松平正綱であることには留意しておきたい。また、挿絵④「箱根権現」と⑤「箱根宿　御殿跡」により、全体ではないものの箱根宿が描写されている。

巻之四

「巻之四」＝「足柄下郡之三」は、小田原の東方に所在する地域を対象としている。いずれも現在の小田原市域に含まれる範囲である。1「総世寺　久野村」、2「御陣場跡　今井村」、3「酒井左衛門尉陣所跡　町田村」、4「荒神

社　荻窪村」、5「天桂院様御墓　中島村」、6「山王社　山王原村」、7「大久保七郎右衛門陣屋跡　網一色村」、8「酒匂川」、9「勝地院　飯泉村」、10「宝金剛寺　国府津村」、11「農民幾右衛門　同村」の一一項目から構成されており、家康の陣所である1・2とそれに関連する3、小田原城の東方に所在する4～7、酒匂川を越えて東海道を東へ向かった飯泉村・国府津村の8～11の三つに区分される。

徳川家康の陣所とされる1「総世寺　久野村」と2「御陣場跡　今井村」において、巻之一における矢倉沢村の御陣所から続く家康の行程と、巻之三から続く東海道のルートが合流し、「相中留恩記略」全体の流れに戻ることになる。あわせて関連する①「御盃　御紋金蒔絵」、②「御盃裏」、③「久野村　総世寺・諏訪ケ原」、④「今井村御陣場跡・町田村酒井左衛門尉忠次陣所跡・荻窪村荒神」、⑤（御刀・御鎗）、⑥「中島村　福厳寺・天桂院様御墓」、⑦「山王原村　山王社」、⑧「其二」、⑨「網一色村　大久保七郎右衛門忠世陣所跡」、⑩「酒匂川図」、⑪「其二」、⑫「飯泉村　勝地院」、⑬「国府津村　宝金剛寺」、⑭「国府津村　幾右衛門宅」という一四件の挿絵から構成されている。

巻之四の冒頭には天正一八年（一五九〇）の小田原陣において徳川家康の陣所となった1「総世寺　久野村」と2「御陣場跡　今井村」が配置されている。巻之一の1「御陣場　矢倉沢村」の項目につながるものである。1→2の順序は家康の行程に合わせたもの。

1「**総世寺　久野村**」は、「総世寺は久野村の内、小名諏訪の原にあり、曹洞宗にて阿育王山と号す」「什宝に朱塗にて葵御紋金蒔絵の御盃あり、賜物なりとのミ伝へて来由を詳にせす、按するに管窺武鑑に大神君様、足柄越をなされ、小田原へ押向、天狗嶽の下、諏訪の原の上、竹の下山に、御陣取なりと見ゆ、今、隣村に三竹山村あり、此辺仮に御陣を居させたまひし頃、時の住持に賜ひしにや、また、其後、小田原御宿城にて、此辺屢御放鷹ありし事あれは、その頃の賜物なるもしるへからす」と記している。ここでは総世寺が所在する「小名諏訪の原」を「管窺武鑑」

における「諏訪の原の上」に比定し、あわせて同寺伝来の「賜物」である「葵御紋金蒔絵の御盃」を根拠として、同寺周辺に徳川家康が「仮」の「御陣」を構えたと推定している。対応する挿絵の内、①「御盃　御紋金蒔絵」と②「御盃裏」は、先述した「葵御紋金蒔絵の御盃」を描く器物図、③「久野村　総世寺・諏訪ケ原」が景観図ということになる。

2「御陣場跡　今井村」は、まず「御陣場跡は今井村の民市郎左衛門の宅地是なり、東西凡壱町半、南北弐町余、廻りに土手あり、其高さ壱丈余にして、敷は八間あり、土手の外に御堀跡あり、幅拾弐間余にて、今は水田となれり、又、西南の方、数拾間を隔て惣御構の土手跡あり、今は畔道となれり、東の入口を御馬入場と唱へ、西の出口を御馬出し場と呼ふ、又東入口の外、南寄に御馬立場あとあり、此処、今は畠を開けり、西の御馬出場の辺に御馬繋松といへるあり、古松は枯て近き頃植継しものなり、こは御馬を繋留給ひし処なり、また、御宮の傍に御旗懸松と名付る老樹あり、囲み壱丈三尺六寸余、こは御籏を立置およひし処なり」として、家康の陣場跡が今井村の市郎左衛門の宅地に存在することと、御陣場の構造やそれに関わる「御馬入場」「御馬出し場」「御馬繋松」「御旗懸松」等の名称の由来が記されている。

ついで「この地は市郎左衛門か先祖柳川和泉守泰久住居せしところ、天正十八年大神君様小田原表御出陣の頃、御陣所に定め給ひ、一百余日御滞留あらせ給ふ御旧蹟なり、或書に、秀吉公陣中の浮説を聞て、四月十五日僅に侍童五六人を率して、大神君様及ひ織田信雄卿の陣営に入られ、各半日にして彼二亭に於て終日を着さる、是より諸臣疑を散して静なり、同月廿一日北条左衛門大夫氏勝、染衣の姿となりて、大神君様の御陣営に参候し、大神君様に供奉して、秀吉公の陣営に至りて、則、秀吉公に謁せし事見ゆ、則、当所の御陣所なるへし」と記されており、小田原の役において徳川家康が「一百余日」「御滞留」した「御陣所」＝「御陣場跡」＝「御旧蹟」としている。この間の出来事として四月二一日に玉縄城主北条氏勝が徳川家康のもとに「参候」したことを挙げ、「当所の御陣所」滞在時の事柄としている。なお、北条氏勝の降伏の経緯については巻之十八の5「玉縄城跡」の項目で詳述されている。

また、「御陣場跡にあり、尊影を安置し奉る、元和三年和泉守泰久の子忠兵衛、御旧跡たるを以て御宮を造立し奉るといふ、其頃、松平右衛門大夫正綱殿・伊丹播磨守康勝殿参拝し、驪て台聴に達せしかは、同八年領主阿部備中守正次殿へ御宮御造営の事を命せられ、御本社・覆殿・御拝殿まて御造立ありしに、元禄十六年の大地震に破損せし後、市郎左衛門の家にて、仮に御本社・覆殿〈拝殿ハ造りこミなり〉を御再建し奉りしより今に至る、御祭礼ハ四月十七日、神酒・赤飯を供し、参詣の諸人に賜ハらしむ、正九の両月十七日には神酒等を供し、毎月十七日に村内妙経寺の住職を招待して部経を転読せり」として、「御旧跡」である「御陣場跡」に和泉忠兵衛が元和三年に「御宮」＝東照宮を建立した。この「御宮」に松平正綱・伊丹康勝が参詣して、その存在が将軍秀忠の元に達し、同八年に「御造営」が命じられて「御本社・覆殿・御拝殿」が造立された。元禄一六年（一七〇三）の大地震により破損し、市郎左衛門家が仮の「御本社・覆殿」を再建し、今に至っている。毎年四月一七日には祭礼が行われ、参詣の人々に神酒・赤飯が供されている。正月一七日と九月一七日には神酒を供え、毎月一七日には村内妙経寺の住職による読経が執行されているという。なお、ここでも松平正綱の名前が記されていることには留意しておきたい。また「御宮」の前には「小田原侯大久保加賀守忠真」が天保七年（一八三六）に建立した「神祖大君営趾碑」があり、その銘文を載せる。

3「**酒井左衛門尉陣所跡　町田村**」は、「酒井左衛門尉殿陣所跡は町田村の民形助の宅地是なり、小田原御陣に、左衛門尉忠次殿、此家を陣所とせらるといひ伝ふ」と記されており、家康の家臣酒井忠次がこの地を「陣所」にしたとする。

2「御陣場跡　今井村」と3「酒井左衛門尉陣所跡　町田村」に対応する挿絵が④「今井村御陣場跡・町田村酒井

左衛門尉忠次陣所跡・荻窪村荒神」と⑤(御刀・御鎗)である。④は斜め上方からの俯瞰で、今井村陣場跡を中心に配置し、その左側に酒井忠次の陣所跡が見える。⑤は家康より拝領した「御刀・御鎗」の図面である。

巻之一の1「御陣場　矢倉沢村」を出立した徳川家康は、「仮」の「陣所」である1「総世寺　久野村」を経て、2「御陣場跡　今井村」において「一百余日」「御滞留」、ここから巻之二の冒頭の1「小田原城」へ入城したということになる。徳川家康の相模国入国の過程を中心とする巻之一の足柄上郡、小田原城への入城とその意義を述べる足柄下郡の第一冊である巻之二、小田原城の西方から箱根権現・箱根宿へいたり東へ反転し小田原へ戻る足柄下郡の第二冊の巻之三、といった各巻の流れが、この巻之四冒頭の記載で一つにまとまるという構成である。徳川家康の行程を意識しつつ全体の順序が西→東へと組み立てられる「相中留恩記略」の構成が如実に表されている。

次に4〜7をみる。

4「荒神社　荻窪村」は、「荒神社は荻窪村の内、安楽寺の境内にありて、別に門を設く、神躰は天文五年の鋳造にして、鉄の鏡面に鋳出せし三寸余の立像なり、江戸に住る陰陽師の触頭なる藪兵庫といへる者の家伝に拠るに、先祖ハ当社の社職にて、師職をも兼しとそ、或時、大神君様、小田原辺へ成らせられし頃、当社へ御参詣あらせられしに、偶暦日の御用ありて兵庫所持せる暦を捧け奉りしに、城取評定吉といふ良日をトさせ給ひ、御機嫌に思召され、金子を兵庫に給ハり、明る年の御社参にも、暦日の御尋ありて捧けしかは、同しく金子をたまひ、且荒神の縁日により卅日宮太夫と名乗へきとの上意を蒙りしなと見えたり」と述べている。すなわち江戸陰陽師触頭である藪兵庫の家伝によれば、同人の先祖は同社の社職であり、家康が同社を参詣した際に、たまたま所持していた暦を捧げたところ、「城取評定吉」という文言があったので、家康より金子を賜ったという。「城取評定吉」という文言からは天正一八年の出来事として想定される。

5「天桂院様御墓　中島村」は、「天桂院様御墓は中嶋村福厳寺境内にあり、五輪塔にて長壱尺五寸はかり、寺伝に天桂院様は大神君様の御妹君にて、高瀬君と称し奉り、松平玄番頭〈初与次郎と称す〉家清殿の御内室とならせたまふ、天正十八年小田原御陣のころ、十月十七日隣村今井の御陣屋にて逝去したまふ時に、曹洞宗の寺院に葬るへき御遺言により、当寺に葬り奉り」と記されている。「天桂院」は徳川家康の妹であり、理由は不明であるが、天正一八年一〇月一七日に先述した今井村の陣屋で死去。遺言により曹洞宗の寺院に葬ることとなり、中島村の福厳寺に墓所を構えたという。挿絵⑥「中島村　福厳寺・天桂院様御墓」では同寺の境内を描く。

6「山王社　山王原村」は、「山王社は山王原村にあり、社の傍に芦子川といふ川あり、此河辺、小田原陣の時、御当家の御攻口なりとなん、其ころ大神君様、日々当社へ御参詣遊せられしこと縁起に見えたり、則、当村の鎮守にして、同村宗福寺の持なり」と記されており、小田原陣の際に家康が毎日参詣した由緒を述べる。挿絵⑦「山王原村山王社」、⑧「其二」では同社の境内を描いている。

7「大久保七郎右衛門陣屋跡　網一色村」は、「大久保七郎右衛門陣屋跡は網一色村名主四郎右衛門か宅地是なり、広さ三千百坪余の処なり、小田原御陣に七郎右衛門忠世殿陣所とせられしといふ」として、「網一色村名主四郎右衛門」の屋敷が家康の家臣大久保忠世の陣所であったとされている。挿絵⑨「網一色村　大久保七郎右衛門忠世陣所跡」では、網一色村の町並みと中央部に名主四郎右衛門の屋敷を、右側上部に家康の陣所であった「今井村」の文言がみえる。

4〜7は、2「御陣場跡　今井村」に家康が滞在していた際の出来事を中心に構成されている。これより小田原の地を離れて、「相中留恩記略」の本筋の流れである東海道に沿うように東へと向かうことになる。

8「酒匂川」は、「酒匂川は東海道酒匂村の西を流れて海に入れり、こゝに川越場あり」とある。酒匂川は相模川に次ぐ国内第二の大河であり、その河口部には東海道が渡河する「川越場」＝渡場が存在する。また、「天正十八年小田原の御陣に、御当家旗下の諸士仰を奉り、此川のほとりに伏兵を置、北条方諸城の軍兵小田原城に籠らんと赴援せしを生捕、或は討取て高名を顕ハせし事、当時の記録に見えたり」として、同地において徳川家の軍勢が戦功を挙げたとする。これに対応する挿絵が⑩「酒匂川図」、⑪「其二」である。⑩では海へ流れ込む河口部を、⑪ではそれより若干上流に位置する東海道の渡し場を俯瞰的に描く。

9「勝地院　飯泉村」は、「勝地院は飯泉村にあり、坂東第五番の札所飯泉観音の供僧なり、古義真言宗、国府津村宝金剛寺の末、弓削道鏡の開闢といふ、大神君様より賜りし御書翰を蔵す」として、坂東三十三観音の第五番札所である旨と、九月六日付の徳川家康書状を載せる。挿絵⑫「飯泉村　勝地院」では同寺の境内を描いている。

10「宝金剛寺　国府津村」は、「宝金剛寺は国府津村にあり、古義真言宗、京都東寺宝菩提院の末、国府津山医王院と号す」として、天正一九年一一月付の寺領二三石の判物を載せる。挿絵⑬「国府津村　宝金剛寺」では同寺の境内を描く。

11「農民幾右衛門　同村」は、「幾右衛門は同村（国府津村）の舟主なり、先祖を村野惣右衛門といふ、北条家の頃より舟主にて、魚類の用をたしけれは、漁船の諸役を除かる、慶長十九年、大坂御陣に舟止の事を仰付らるゝ時、捧くる所の案書を蔵せり」として、幾右衛門家が国府津村の「舟主」であることと、寅年（慶長一九年〈一六一四〉）一一月一九日付の「指上申一札之事」を載せる。挿絵⑭「国府津村　幾右衛門宅」では国府津村の砂浜の海岸を描いている。国府津村は、足柄下郡で立項された項目の内、相模湾に面した東海道沿いでは、最も東に位置しており、これより巻之五の淘綾郡へと続く流れを明示している。

以上のように、足柄下郡における第三冊にあたる巻之四は、巻之一における1「御陣場　矢倉沢村」に継承する形で、家康の陣所があった1「総世寺　久能村」、2「御陣場跡　今井村」と、それに隣接した3「酒井左衛門尉陣所跡　町田村」へと続く。4「荒神社　荻窪村」、5「天桂院様御墓　中島村」、6「山王社　山王原村」、7「大久保七郎右衛門陣屋跡　網一色村」までは、いずれも今井村に家康の本陣が置かれていた際の事柄である。8「酒匂川」、9「勝地院　飯泉村」、10「宝金剛寺　国府津村」、11「農民幾右衛門　同村」は小田原よりも東方に位置しており、次の淘綾郡へと続く方向となっている。

まとめ

以上、足柄下郡は巻之二～四の三巻構成である。最も重要な項目は郡冒頭に立項されている巻之二の1「小田原城」である。徳川家康による小田原城への入城は、家康が小田原北条氏より「関左八州」の支配権を継承して「関東武家の棟梁」の地位に就いたことを意味しており、相模国の「国魂」が付着する第一段階となる。また、鎌倉鶴岡八幡宮と同様に鎌倉幕府の将軍による参詣と小田原北条氏による「社頭造営」が行われた巻之三の3「箱根三社権現社」と、東海道の小田原宿・箱根宿も主要な対象項目である。第一冊となる巻之二の冒頭には1「小田原城」が配置され、あわせて小田原城の城下町であり東海道の宿場である小田原宿が対象とされている。第二冊である巻之三では、小田原から西へ向かい、箱根三社権現と箱根宿を記述した後、東へ反転して小田原に戻る。最後の巻之四の冒頭に、家康の陣所が置かれた1「総世寺　久能村」、2「御陣場跡　今井村」を立項して、巻之一の矢倉沢村陣所からの流れを受けている。その後、小田原東方の地域を扱い、さらに酒匂川を越えて郡域東端の国府津村へ進んでいく。

おわりに

第二章では、相模国の西部に位置する足柄上郡（巻之一）と足柄下郡（巻之二〜四）について検討した。足柄上郡一冊と足柄下郡三冊の合計四冊は、「凡例」第一条の記載からは一体のものとして構成されている。本文二三冊の導入部であると同時に、天正一八年（一五九〇）時における徳川家康の相模国入国と小田原城への入城を主要なテーマとしている。前者については足柄上郡を対象とする第一節において、後者については足柄下郡を扱った第二節で、それぞれ検討した。

第一節で検討した足柄上郡は、1「御陣場　矢倉沢村」、2「足柄峠　同村」、3「足柄城蹟　駿州竹之下村」、4「農民義左衛門　栢山村」、5「農民五兵衛　同村」、6「名主四郎兵衛　井ノ口村」という六項目から構成され、天正一八年の小田原攻めにおける徳川家康の行程を扱った前半の1〜3と、関東入国以後に実施された家康の鷹狩時における案内に関わる農民を対象とする後半の4〜6の、二つに分かれる。郡域の広さから考えれば、必要な項目のみを立項したことになろう。この点は以下の郡・県においても同様である。ここでは天正一八年の小田原攻めにおける豊臣秀吉の行程が箱根越えであるのに対し、徳川家康については足柄峠を越えるルートを想定している。秀吉と家康の上下関係を明示することなく、相対化する意図があろう。

内容としては、「凡例」第一条で記された徳川家康の相模国入国に関する事柄を中心に立項されている。冒頭に徳川家康が相模国へ入国して最初の滞在地となった1「御陣場　矢倉沢村」を配置する。これは各郡・各巻の冒頭に、徳川家康に関連するあるいは地域的に中心となる項目を立項するという意図によるもの。続いて、駿河国駿東郡から矢倉沢村の「御陣場」にいたる経路として、2「足柄峠　同村」と3「足柄城蹟　駿州竹之下村」が記述されている。後半の4「農民義左衛門　栢山村」、5「農民五兵衛　同村」、6「名主四郎兵衛　井ノ口村」の三項目は、天正一八年時の小田原攻めに関連する記述ではないが、家康に関連する由緒を持つので所収したもので、むしろ後述の挿絵を導き出す意図であろう。

⑮を除く一四件の挿絵は、①〜④、⑤〜⑪、⑫〜⑭の三つに分かれる。①〜④は1「御陣場　矢倉沢村」に対応するもので、矢倉沢村の御陣場と周辺の山容を描く。⑤〜⑪は2「足柄峠」と3「足柄城蹟」に対応し、足柄峠・足柄城跡と同所から西の駿河国と東の相模国を眺望している。⑫〜⑭は4「農民義左衛門　栢山村」と5「農民五兵衛同村」に対応するが、実際には足柄平野から背後の矢倉沢方面と東方を描いている。いずれも立項された項目を描写するというよりは、各地点における眺望を描いており、足柄峠を越えて駿河国から相模国へ入り、一旦、矢倉沢村の陣場に滞在し、それより矢倉沢往還を東へ向かい、関本で酒匂川下流部の足柄平野へ出て、眼下の平野と相模湾、さらには東方を望んだ家康の行程に対応させている。他の巻とはやや異なる挿絵の設定意図がうかがわれる。

第二節で検討した足柄下郡は巻之二〜巻之四の三巻構成である。「相中留恩記略」において一つの郡が複数の巻で構成される最初の事例である。足柄下郡には、「自序」Aにおいて鎌倉とともに中世相模国の中心地とされた小田原城と、鎌倉幕府の将軍による参詣と小田原北条氏による「社頭造営」が行われた「箱根三社権現」、さらには東海道の小田原宿と箱根宿が主要項目として存在する。全三巻は、第一冊である巻之二が足柄下郡の中心地である小田原城とその城下、続く巻之三は箱根を中心とする小田原の西方、最後の巻之四は小田原城より国府津へいたる小田原の東方、という構成である。

各巻の項目と挿絵数は、巻之二が九項目・挿絵五件、巻之三が八項目・挿絵一四件、巻之四が一一項目・挿絵一四件の、合計二八項目・挿絵三三件で、足柄上郡よりは大きく増加しているが、こちらも小田原城下における町人・寺院などの存在をふまえれば必ずしも項目・挿絵数が多いとはいえず、「相中留恩記略」の編纂意図に対応する項目のみを選択したと思われる。小田原城が足柄下郡の冒頭に置かれているのは、徳川家康の小田原城入城が、小田原北条氏の保持する「関左八州」の支配権と「関東武家の棟梁」の地位を継承したことを意味しており、足柄下郡の項目の中で最も重要性が高いという判断である。行程の前後にかかわらずより重要な項目を各巻の冒頭に配置するという巻之一の足柄下郡の1「御陣場　矢倉沢村」の手法を郡単位で表現したものといえる。

複数巻で構成される郡の場合、郡内における中心地あるいは徳川家康と特別な由縁を持つ場所を郡全体の冒頭に配置し、それをふまえて一定の方向でそれ以外の巻の順序が確定されるということになる。その結果、第一冊となる巻之二の冒頭には先述したように1「小田原城」が配置され、さらに挿絵①「小田原宿」、②「其二」、③「其三」により小田原城の城下町であるとともに東海道の宿場でもある小田原宿が描写されている。第二冊である巻之三では、小田原から西へ向かい、箱根三社権現と箱根宿を記述した後、東へ反転して小田原に戻る。なかでも3「箱根三社権現社」は鎌倉幕府の将軍による参詣と小田原北条氏におる社頭造営、さらには慶長一七年(一六一二)における徳川家康の造営を記している。箱根三社権現に対する武家権力による信仰と保護のあり方は、巻之十四の1「鶴岡八幡宮」と同様である。また4「御殿蹟　箱根宿」は実質的には箱根宿を扱った項目で、家康死後における箱根宿の新設が「大神君様の御遺命」であることとその担当者が松平正綱であるとする。また挿絵④「箱根権現」と⑤「箱根宿　御殿跡」により全体ではないものの箱根宿が描写されている。最後の巻之四では、冒頭に家康の陣所が置かれた1「総世寺　久能村」、2「御陣場跡　今井村」を配置しており、巻之一の矢倉沢村陣所からの行程と合流することになる。

その後、小田原東方の地域を扱い、さらに酒匂川を越えて郡域東端の国府津村へ進み、次巻の淘綾郡の記述へつながる。

以上、足柄上郡・足柄下郡を対象とした巻之一～四は、徳川家康の相模国入国と小田原城入城とそれに伴う行程を主要なテーマとして構成されており、あわせて「相中留恩記略」の構成順序の前提となる西→東の方向づけを規定する東海道とその宿場である小田原宿と箱根宿を挿絵で描写するとともに、箱根三社権現に対する武家権力の保護のあり方を記して鶴岡八幡宮への伏線としている。

第三章　本文の分析（二）——淘綾郡・大住郡・愛甲郡・津久井県

はじめに

第二章で対象とした足柄上郡・足柄下郡では、徳川家康の相模国入国と小田原入城を主要な対象とした。これに次ぐ二つ目のまとまりが、第三章で検討する相模川の西側に位置する淘綾郡(巻之五)・大住郡(巻之六〜九)・愛甲郡(巻之十・十一)・津久井県(巻之十二)である。構成の順序は、「凡例」第一条に「次は地形の次第を追て、淘綾・大住・愛甲・高座・鎌倉・三浦の諸郡に及へり」とあるように「地形の次第」にしたがい、足柄下郡の記述を引き継ぐ形で東海道が通る相模湾沿いの淘綾郡から大住郡へいたる。それよりは国内第一の大河である相模川に沿って大住郡→愛甲郡→津久井県と北上する。東海道と相模川が構成順序のポイントとなっている。

本章で対象とする淘綾郡・大住郡・愛甲郡・津久井県には、「自序」A・Bに記されていないが、家康の利用を記した「大略」がみられるように小田原城に匹敵する家康の休泊地点として、大住郡中原上宿に中原御殿(巻之六の4「中原御殿蹟」)が存在する。家康は中原御殿を拠点として周辺各地において鷹狩を実施しており、本章における家康来訪記事の多くはそれに伴うものになる。また、東海道の宿場としては、淘綾郡の大磯宿(巻之五の7「御茶屋蹟　大磯宿」)と大住郡の平塚宿(巻之六の1「阿弥陀寺　平塚宿」、2「八王子権現社　同宿」、3「八幡宮　平塚新宿」)が存在する。あわせて東海道における相模川の渡河地点として馬入の渡し(巻之六の8「御宮　馬入村」)が記述されている。

これに対応するように他の主要街道における相模川の渡河地点については、中原街道の巻之七の1「岡田渡場　岡田村」と、矢倉沢往還の巻之十の1「厚木渡船場　厚木村」がそれぞれ各巻冒頭に配置されており、相模川の存在が本章所収の各郡・各巻の構成におけるポイントであることがわかる。この他、「自序」Cに触れられた名所である巻之八の1「大山寺　大山」、津久井県三国峠における家康の「御遠見」を扱う巻之十二の1「三国峠　佐野川村」、治水・治山における家康の「御仁徳」を讃える巻之八の13「金目川大堤　同村」と巻之十一の3「御炭山　中・下荻野村」、18「塩河山　同村(角田村)」、19「御炭山　三増村」、21「三増峠　同村(三増村)」などが注目される。

以上の点に留意しつつ、第一節では淘綾郡を、第二節では大住郡を、第三節では愛甲郡を、第四節では津久井県を、それぞれ検討していく。

第一節　淘綾郡

淘綾郡は巻之五の一巻のみで、1「二宮明神社　山西村」、2「大応寺　二宮村」、3「天神社　虫窪村」、4「鷹取浅間社　生沢村」、5「総社六所宮　国府本郷村」、6「十二所権現社　西小磯村」、7「御茶屋蹟　大磯宿」、8「高麗寺　高麗寺村」、9「正八幡宮　山下村」、10「粟津明神社　出縄村」の一〇項目である。巻之四の10「宝金剛寺　国府津村」と11「農民幾右衛門　同村」を引き継ぐように、1「二宮明神社　山西村」を最初の項目とする。淘綾郡の郡域は相模国の中でも狭小であり、全体として東海道に沿うように西→東の方向で進む。現行の行政区域では中郡二宮町から同郡大磯町を経て平塚市西部へいたる範囲である。

相模国の二宮である1「二宮明神社　山西村」、同じく惣社の5「総社六所宮　国府本郷村」、東海道大磯宿に所在する7「御茶屋蹟　大磯宿」、寺領一〇〇石を持つ8「高麗寺　高麗寺村」等が存在するが、足柄上郡＝巻之一の「御陣場　矢倉沢村」や足柄下郡の巻之二の1「小田原城」のように、巻・冊の冒頭に配置する項目は存在しない。このため、「相中留恩記略」全体の方向性である西→東に沿う形で組み立てられている。あわせて①「山西村　二宮明神社」、②「二宮村　大応寺」、③「虫窪村　天神社」、④「生沢村　浅間社」、⑤「国府本郷村　六所宮」、⑥「其二　祭礼図」、⑦「西小磯村　十二所権現社」、⑧「大磯宿　御茶屋蹟」、⑨「其二」、⑩「其三」、⑪「高麗寺村」、⑫「其二　高麗寺」、⑬「山下村　正八幡宮」、⑭「其二」、⑮「出縄村　粟津明神社」という一五件の挿絵が付されている。

巻之五

冒頭の1**「二宮明神社　山西村」**は、郡域の西端に位置する。「二宮明神社は山西村にあり、延喜式神名帳に載る所、相模十三座の内、川匂神社是なり、祭神三座にして、衣通姫命・大物忌命・級津彦命なり、建久三年・同四年等、当社に神馬奉納ありし事、東鑑に見ゆ、祭礼は五月五日・六月晦日の二度なり、川匂村・山西村・二宮村の内塩海・中里村・一色村・西ノ久保村等の鎮守なり」として、同社が相模国式内社十三座の一つであり、同国の二宮である旨を記している。項目中に記述はないが、後述する5「総社六所宮　国府本郷村」における五月五日の祭礼に参加している。あわせて天正一九年(一五九一)一一月付の社領五〇石の朱印状を載せる。また、同社の神主「二見神太郎」の「神太郎」の名乗は、「左門の時、名護屋御陣中へ罷出、大神君様の御機嫌を伺ひ奉りしかハ、其のち、御黒印を給ハれり」、「神太郎の名は、此ころ、大神君様より下し置れし名なりと伝へ、代々通称とす」とあるように、豊臣政権の朝鮮出兵により家康が肥前名護屋へ在陣していた際、御機嫌伺いに罷出て家康からの黒印状を下された。この時に家康より与えられたもので代々の通称にしたという。これに関連して名護屋在陣時に発給した正月二日付の家康黒印状と正月一二日付の「全阿弥殿よりの添簡」を所収する。挿絵①「山西村　二宮明神社」は、同社と境内地の叢林を正面から描いている。

2**「大応寺　二宮村」**は、「大応寺は二宮村にあり、妙見山盛唇庵と号す、曹洞宗にて、豆州加茂郡宮上、最勝院の末」として、天正一九年一一月付の寺領一〇石の朱印状を記載する。挿絵②「二宮村　大応寺」では、参道入口から境内の建物を右上方よりの構図で描く。

3「天神社　虫窪村」は、「天神社は虫窪村にあり、村の鎮守にて、祭礼九月廿五日」として、天正一九年一一月付の社領一石の朱印状を載せる。挿絵③「虫窪村　天神社」では、小高い場所に位置する同社とその参道の石段を描写している。

4「鷹取浅間社　生沢村」は、「鷹取浅間社は生沢村の内、鷹取山の頂にあり、此山、郡中の高山にして、麓より頂上まで拾壱弐町あり、祭礼は六月八日なり」として、天正一九年一一月付の社領二石の朱印状を載せる。挿絵④「生沢村　浅間社」は、最下部に松並木の東海道を配し、その上に「生沢村」「(浅間社の別当である)観音寺」、上部に高く聳える鷹取山の山頂付近の「浅門《ママ》社」の文字がみえる。やや引き気味の遠景表現である。

5「総社六所宮　国府本郷村」は、「総社六所宮は国府本郷村にあり」として、文字通り相模国の総社である。ついで「崇神天皇の御宇、甲申年鎮座する所」という創建の由来を記す。また「国府本郷・同新宿・生沢・虫窪等、四村の惣鎮守」であるとともに、相模国の惣社として「例祭五月五日には、国中、一宮・二宮・三宮・四宮・平塚新宿の八幡の神輿、当所神揃山に集り、当社より三種と号せる鉾のごときものを持出、其先へ守公神と号して、榊を持行、神揃山の下、高天原に至る、彼五社の神輿、次第に山を下りて、爰に会し神事あり、これ当国第一の祭祀にして、諸人湊ひ来りて群参す、かゝる古社なるをもて、天正十九年、社領五拾石の御朱印を御寄附あり」として、相模国内の一宮〜四宮と平塚新宿の八幡社の神輿が集まる「当国第一の祭祀」である五月五日の祭礼(現在の相模国府祭)の賑わいを述べるとともに、天正一九年一一月付の社領五〇石の朱印状を載せる。挿絵⑤「国府本郷村　六所宮」は東海道越しに六所宮の建物・境内を描いたもの。挿絵⑥「其二　祭礼図」は各宮の神輿が結集する五月五日の祭礼の様子を描く。

6「十二所権現社　西小磯村」は、「十二所権現社は西小磯村にあり、村の鎮守にて、祭礼正月七日、流鏑馬の式あり」として、天正一九年一一月付の社領一石の朱印状を載せる。挿絵⑦「西小磯村　十二所権現社」では東海道の並木越しに同社を描いている。

7「御茶屋蹟　大磯宿」は、「御茶屋蹟は大磯宿地福寺の辺なり、本陣才三郎宅地の辺に、今も御馬屋道といへる字残れり、また当宿、寛文頃の水帳にも高三石程、御茶屋替地なと記せしとなり、或書に文禄四年七月関白秀次陰謀の聞えありて、大神君様、御上洛の時、大磯に御寓宿あらせられし事見ゆ、則、此御茶屋なるへし」と記し、大磯宿における「御茶屋蹟」の存在に触れる。しかし、小田原城・中原御殿・藤沢御殿にみられる「大略」の記述はなく、これらより低い位置づけである。これに対応する挿絵が⑧「大磯宿　御茶屋蹟」、⑨「其二」、⑩「其三」である。⑧「大磯宿　御茶屋蹟」と⑨「其二」は連続した構図で、⑧の右→左→⑨の右→左の順序で大磯宿を描いている。これに対して、⑩「其三」は海越しに「江島」を望む構図である。

8「高麗寺　高麗寺村」は、「高麗寺は高麗寺村にあり、鶏足山雲上院と号す、天台宗、東叡山の末にて、高麗権現の別当なり、当寺の草創はいと古き世のこと」として、天正一九年一一月付の寺領一〇〇石の朱印状を載せる。あわせて「高麗権現は、所祭、神皇産霊尊にて、神武天皇の御宇勧請する所なり、その丶ち神功皇后の時、武内大臣の奏聞により、御神璽《(神)》を勧請あり、安閑天皇にいたりて、右に応仁天皇、左に神功皇后を勧請したまひ、合て高麗三社権現と崇む、例祭三月十七日より十九日に至る」として高麗権現の由緒と祭礼を記している。また、高麗権現からの眺望については「山上より眺望すれは、東方は房総の遠山、近くハ三浦・鎌倉を眼下に見、西方は豆州の山岳・島嶼を望み、勝景尤佳なり」と記されているが、その眺望を示す挿絵はない。挿絵⑪「高麗寺村」は、東海道が花水川を渡る「花水橋」周辺を描いている。⑫「其二　高麗寺」は東海道の大磯宿よりの参道と高麗寺の境内を描く。背後には高麗寺山が配置かれている。

９「正八幡宮　山下村」は、「正八幡宮は山下村の内、小名上山下にあり、祭礼八八月十五日なり」として、天正一九年一一月付の社領一石の朱印状を載せる。これに対応する挿絵⑬「山下村　正八幡宮」と⑭「其二」は連続した構図で、山下村の情景を描く。遠方に丹沢山地の山々を望んでいる。

10「粟津明神社　出縄村」は、「粟津明神社は出縄村にあり、祭礼六月十五日」として、天正一九年一一月付の社領一石五斗の朱印状を載せる。挿絵⑮「出縄村　粟津明神社」では同村を遠望している。

まとめ

以上、巻之五の一冊のみで構成される淘綾郡は、全一〇項目の内、７「御茶屋蹟　大磯宿」を除けば、いずれも寺社であり天正一九年（一五九一）一一月付の朱印状を載せるが、徳川家康の来訪記事等の記載はない。わずかに１「二宮明神社」における神主「二見神太郎」の名乗りが家康より与えられたものであること、５「総社六所宮」における「当国第一の祭祀」である五月五日の祭礼、８「高麗寺」における創建の由緒等が、やや詳細に叙述されるのみであり、「凡例」第三条前半と第四条に対応する記述内容ということになる。また７「御茶屋蹟　大磯宿」についても徳川家康の休泊の内容を示す「大略」はなく、小田原城・中原御殿・藤沢御殿と比べるとその位置づけは低い。ただし、挿絵⑧「大磯宿　御茶屋蹟」、⑨「其二」、⑩「其三」では東海道大磯宿を描写しており、東海道の宿場を紹介・描写する流れは継続している。全体として、小田原城が存在し巻之二～巻之四の全三巻で構成される足柄下郡から、中原御殿や大山寺が所在する巻之六～巻之九の大住郡へとつなぐように、西→東の方向で記述されている。

第二節　大住郡

大住郡は巻之六～巻之九の四巻構成であり、相模川以西において最も巻数の多い郡である。大住郡には中原御殿と東海道の平塚宿の他、「自序」Cにおいて名所とされた「大山寺」＝「雨降山」が存在しており、本郡における主要な項目は平塚宿と中原御殿、及び大山寺である。

全四巻の内、第一冊の巻之六では郡域の東南に位置する東海道平塚宿と中原御殿を冒頭に配置し、東海道における相模川の渡場である馬入村からおおむね相模川に沿って北上していく。続く第二冊の巻之七は、中原街道における相模川の渡場である「岡田渡場」から始まる。それより西方へ向かい、日向薬師の所在地である日向村で終わる。第三冊である巻之八は「大山寺」を冒頭に配置している。それより南下し淘綾郡に隣接する上大槻村へいたる。最後の巻之九は郡域の西方にあたる秦野盆地を扱う。「相中留恩記略」全体の方向性は西→東であるので、それとは逆の向きになるが、高座郡との郡境となる相模川を起点とする方向性ということになる。この点は続く愛甲郡も同様である。

あるいは全四巻を巻之六・七と巻之八・九に二分し、それぞれの冒頭に平塚宿・中原御殿と「大山寺」という主要項目を配置する構成を意図したものか。あわせて巻之六の冒頭に平塚宿と、巻之七の冒頭に中原街道の渡し場である岡田村を、それぞれ配置していることは、相模川を境として相模国が二分されることとの関係であろう。巻之九・十の二巻で構成される愛甲郡の冒頭が、矢倉沢往還の相模川の渡し場である厚木村が配置されているのも、相模川の位置づけと関わるものであろう。

巻之六

巻之六では、1「阿弥陀寺　平塚宿」、2「八王子権現社　同宿」、3「八幡宮　平塚新宿」、4「中原御殿蹟　中原上宿」、5「青雲寺　豊田本郷村」、6「大智寺　宮下村」、7「八幡宮　同村」、8「御宮　馬入村」、9「四之宮明神社　四之宮村」、10「妙楽寺　田村」、11「駒返シ橋　同村」、12「鷹落シ橋　同村」、13「八幡宮　小稲葉村」、14「真芳寺　大神村」という一四項目からなり、1〜3の平塚宿、4の中原御殿、それ以外の5〜14の三つに区分される。東海道の平塚宿より始まり、中原御殿跡が存在する中原上宿を経て、おおむね相模川に沿って北上し、大神村にいたっている。ただし、項目の順序は平塚宿→中原御殿→馬入川（相模川）となっている。小田原城とは異なり、御殿については各巻の冒頭ではなく、該当・近接する宿場の項目の次に立項されるのが「相中留恩記略」における原則のようで、巻之十三＝高座郡における藤沢御殿のあり方と同じである。

挿絵は、①「平塚宿　阿弥陀寺」、②（御茶碗・御茶筅）、③「霰釜図」、④「平塚宿　八王子権現社」、⑤「平塚新宿　八幡宮・御宮」、⑥「其二」、⑦「中原上宿　御殿跡・御宮」、⑧「豊田本郷村　青雲寺・大智寺・八幡宮」、⑨「其二」、⑩「其三」、⑪「御盃」、⑫「御紋・御銚子」、⑬「馬入村　渡船場・御宮」、⑭「其二」、⑮「四之宮村　四之宮明神社」、⑯「田村　妙楽寺・駒返シ橋・鷹落シ橋・小稲葉村八幡社」、⑰「其二」、⑱「大神村　真芳寺」の一八件である。

まず平塚宿関係の1〜3からみていこう。

1「阿弥陀寺　平塚宿」は、「阿弥陀寺は平塚宿にあり、報恩山来迎院と号す、浄土宗、鎌倉光明寺の末」とあり、同寺が平塚宿に所在する旨が記されている。東海道の平塚宿を冒頭に配置する意図である。また「相伝ふ、東照大神君様、天正十八年、関東御打入の時、当寺に御立寄あらせられ、昼の御膳を召上られしとそ」として、天正一八年(一五九〇)の「関東御打入」の際に昼食の場所として同寺に立ち寄ったとしており、小田原城からの行程と平塚宿との接点という位置づけになろうか。あわせて天正一九年一一月付の寺領一〇石の朱印状を載せる。さらに「慶長のころ、中原御殿より此辺御放鷹の節も、当寺に御立寄あり、御茶を召上られしとそ、其節住僧に賜ハりし御茶碗弐ツ・御茶入壱ツ・御茶筌壱ツ・霰釜壱ツの四品を今に寺宝となせり、霰釜は中ころ破損せり」とあり、中原御殿周辺を「御放鷹」した際に同寺へ立ち寄り「御茶碗弐ツ・御茶入壱ツ・御茶筅壱ツ・霰釜壱ツの四品」を住僧へ賜った。天正一八年の小田原入城から、中原御殿とその周辺地域における「御放鷹」へと、家康来訪記事の内容が変化していくことを示す記述である。なお、「放鷹」＝鷹狩は鷹を使用した武家の遊興であるが、鷹狩を行う範囲を見分するので、先述した小田原城への入城と同様に地域の支配を確認・象徴する行為でもある。

これに対応する挿絵が①「平塚宿　阿弥陀寺」、②(御茶碗・御茶筅)、③「霰釜図」である。①は阿弥陀寺の本堂と参道を近景で描いたもの。②③は前述した寺宝の器物を描いている。

2「八王子権現社　同宿」は、「八王子権現社は同宿の内、拾八軒町にあり、抑当社は東照大神君様、此辺御放鷹のころの御旧蹟にや、又は久能山より日光山へ御神柩御遷座ありし頃、御小休にもなりし地にや、今慥なる伝へは失ひたれと、古へより御神号を木牌に記し社内に勧請し奉れり、されと村民等憚り奉りて八王子権現と唱ふ、年々四月十七日には御神事を執行し奉り、近隣のもの参詣をなせり」として、放鷹時に徳川家康が立ち寄った「御旧蹟」、あるいは久能山より日光への「御神柩御遷座」時における「御小休」の地として、家康に関連した場所とする。「慥なる伝へ」は失われたが、「御神号」を木牌に記して社内に勧請した。社名は村民たちが憚り「八王子権現」と称しているが、毎年四月一七日に神事が行われ、近隣の人々が参詣している。挿絵④「平塚宿　八王子権現社」では、海側からみた平塚宿と八王子権現をやや遠景で描いている。

3「八幡宮　平塚新宿」は、「八幡宮は平塚新宿にあり、本地仏弥陀如来は木像にして、聖徳太子の作といふ、祭礼は五月五日・八月十五日の両度なり、八幡村・馬入村・平塚新宿等の鎮守とす」として、天正一九年一一月付の社領五〇石の朱印状を載せる。項目中に記載はないが、「総社六所宮」の五月五日の祭礼へ参加している。また「御宮」＝東照宮が「本社の東に勧請し奉れり」と記している。あわせて「別当等覚院」の「中興法印実雄は、慶長十年、大山寺八大坊へ転住の仰を蒙りし僧なり」としており、巻之八「大山寺」へとつながる記述である。挿絵⑤「平塚新宿八幡宮・御宮」では平塚宿からの参道の入口となる鳥居が、⑥「其二」では同社の境内を描いている。

以上の1～3は東海道平塚宿に関連した項目である。宿場自体を対象とした項目は存在しないが、挿絵①④⑤により平塚宿を描写している。

巻之六の中心的項目である**4「中原御殿蹟　中原上宿」**は、「中原御殿跡は中原上宿にあり、今御林となり、松樹生茂れり、長八拾間に、横六拾間程あるへし、四方に御堀蹟残れり、抑、当御殿は東照大神君様御放鷹のころ、御仮宿りに設け給ひし御殿にして、或は雲雀野の御殿とも唱へしとなり、こは此辺雲雀の名所なる以てなり、当御殿へ度々成らせられし事は、其頃の書にも見えたり」と記す。それによれば、中原上宿の「中原御殿跡」は現在は「御林」となっているが、かつては徳川家康が「御放鷹」＝鷹狩の「御仮宿り」＝休泊のために設置した御殿であり、「此辺」が「雲雀の名所」であるため「雲雀野の御殿」とも呼ばれたとする。また、家康による江戸からの行程のため、江戸と中原をほぼ直線状で結ぶ中原街道＝「江戸青山往来新道」が存在していた。

ついで、家康が中原御殿を利用した事蹟を記述する「大略」を記す。家康による中原御殿利用の基本的な行程は、西の小田原城⇕中原御殿⇕東の藤沢御殿であるが、七里〜一〇里とされる一日の移動距離からは小田原〜中原間と中原〜藤沢間はやや短いので、中原御殿に立ち寄ることなく小田原〜藤沢間を一日行程で移動する場合もあり、慶長五年(一六〇〇)六月〜七月の江戸下向においては中原御殿へは休泊していない。東海道から外れた中原御殿の立地条件が影響していよう。「大略」の最後には「元和三年二月、神柩久能山より日光へ遷御あらせられし時、廿日当御殿に御滞留あり、明る廿一日武州府中に遷らせたまふ」とあり、家康遺骸の通行時には二月二〇日に中原御殿で「御滞留」して翌二一日に府中へ移動した。また、「成瀬五左衛門殿、当所の御代官たりし頃、此地にて酢を醸し、江戸御城へ奉れり、其風味格別なるをもて成瀬酢と呼ひ、御賞翫ありしとなり、今の江戸青山往来新道は其ころ御酢運送ありしをもて御酢海道なと呼なせり」として、成瀬代官が中原において醸造した酢である「成瀬酢」は「風味格別」として「江戸青山往来新道」＝中原街道を通り江戸城へ運ばれた。末尾には「御宮　御殿地の内にあり、御殿御取払の後、村民等甘棠の思ひ忘しかたく、御宮を御建立申あけ奉りしよし、年々四月十七日には、御神酒・御供を備へ、鎮守山王の別当得願寺を招きて、御法楽を奉れり」として、中原御殿の「御取払」＝撤去後、御殿跡地に村民たちが「御宮」＝東照宮を建立し、毎年四月一七日には御神酒などを供えて「御法楽」を執行している。こうした「東照大神君様御放鷹」の記述に対応するように、中原御殿周辺の範囲を扱う巻之六以降においては、徳川家康の行程の目的が中原御殿を拠点とする「御放鷹」へと次第に変化していく。

4「中原御殿蹟　中原上宿」に対応する挿絵が⑦「中原上宿　御殿跡・御宮」であり、上中原宿の町並みと御殿蹟の御林を鳥瞰する構図である。上部の遠景には富士山と二子山が配置されている。

5「青雲寺　豊田本郷村」は、「青雲寺は豊田本郷村にあり、豊年山と号す、臨済宗にて鎌倉寿福寺の末なり」と

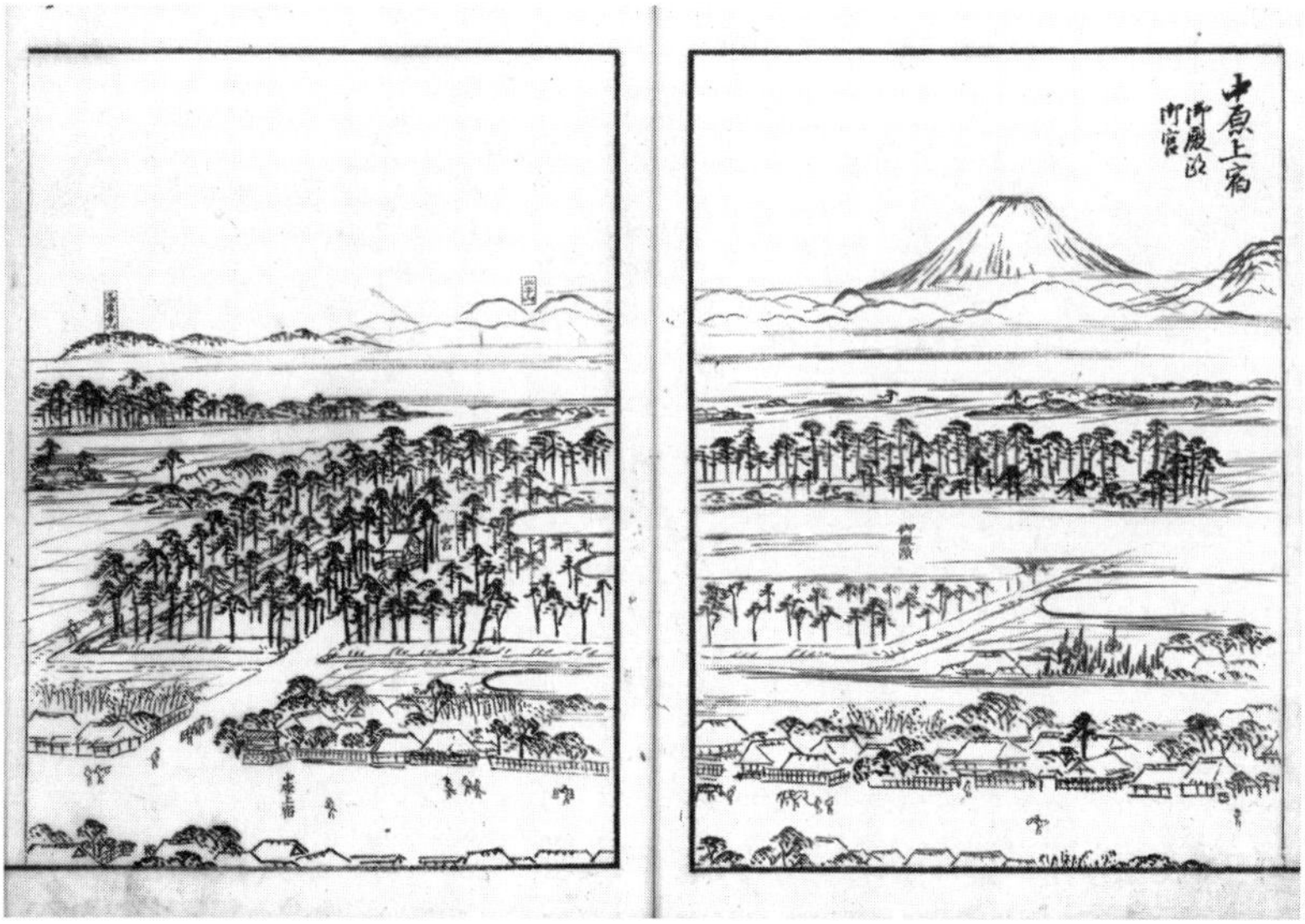

巻之六 挿絵⑦「中原上宿」 福原家本（藤沢市文書館写真提供）

して、慶長四年二月一〇日付の寺領一〇石の朱印状を載せる。また、「相伝ふ、東照大神君様此辺御放鷹のころ、当寺へ御立寄あらせられ、寺内の井戸、名水なるをもて御茶を召上られしとなり、その時、御盃・御銚子・御丼等の三品を賜ハりしが、御丼は先年失ひ、いま弐品のミを寺宝とす」とあるように、鷹狩時に、家康が同寺へ立ち寄り、名水として知られた寺内の井戸の水で御茶を召し上がったという由緒を記し、その時に下賜された三品の器物の内、現存する二品を「寺宝」としている。挿絵⑪⑫はその「御盃」（⑪）と「御銚子」（⑫）を描いたもの。

6**「大智寺　宮下村」**は、「大智寺は宮下村にあり、最勝山と号す、曹洞宗にて吉沢村松岩寺の末なり」として、天正一九年一一月付の寺領三石の朱印状を載せる。

7**「八幡宮　同村」**は、「八幡宮は同村（宮下村）にあり」として、天正一九年一一月付の社領三石の朱印状を載せる。

5「青雲寺　豊田本郷村」、6「大智寺　宮下村」、7「八幡宮　同村」に対応する挿絵が⑧「豊田本郷村　青雲寺・大智寺・八幡宮」、⑨「其二」、⑩「其三」、⑪「御盃」、⑫「御紋・御銚子」である。⑧〜⑩は豊田本郷村の情景を描くが、⑧は八幡宮を、⑨は青雲寺と大智寺を、それぞれ中心としている。⑪と⑫は先述した青雲寺の寺宝の器物を描く。

8「御宮　馬入村」では、まず「御宮は東海道馬入川の渡頭、蓮光寺〈古義真言宗、須賀村長楽寺の末〉の境内に安置し奉る、勧請し奉る由緒はつたへされと、或書に慶長十六年十月十日大神君様中原御殿に成せられ、同十二日相模川辺に出御、雨ふりしにより、御殿に還御あらせられし事見ゆ、相模川は則馬入川にして、渡場のところのミ此名あり、然れは、其頃の御旧蹟なるをもて、御宮を勧請し奉りしにや」と記されている。馬入川の「渡頭」＝渡船場にある蓮光寺境内に「御宮」があり、勧請の由緒は伝わっていないが、「或書」によれば、慶長一六年一〇月一〇日に徳川家康は中原御殿へ御成り、一二日に相模川へ出たが、降雨のため中原御殿に戻ったという。相模川の内、渡し場の場所のみ「馬入川」と呼ばれており、おそらくはその頃の「御旧蹟」を由縁として「御宮」を勧請したのであろうとしている。この点、4「中原御殿蹟」の「大略」では「慶長十六年辛亥十月十日当所に着御あらせられ、同十二日のころまで御滞留あり」と記されている。また「むかし御上洛の頃は渡船場に船橋をかけ渡されし事、藤沢宿の民、吉右衛門家蔵の古書にも見ゆ」と記し、かつて上洛時においては馬入川渡し場へ「船橋」を架けたとして、それに関わる二月付の服部惣左衛門宛の「松伊豆」「酒讃岐」「土大炊」「酒雅楽」連署書状を載せる。挿絵⑬「馬入村　渡船場・御宮」、⑭「其二」では、相模川の河口部を描写している。

9「四之宮明神社　四之宮村」は、「四之宮明神社は四之宮村にあり、式内当国十三座の内、前取神社是なり」「例祭五月五日、八月廿八日」として、式内社で相模国の四宮の旨と、天正一九年一一月付の社領一〇石の朱印状を載せる。同社も「総社六所宮」の五月五日の祭礼に参加している。挿絵⑮「四之宮村　四之宮明神社」では同社の境内を描く。

10「妙楽寺　田村」は、「妙楽寺は田村にあり、祥雲山と号す、臨済宗、鎌倉建長寺の末」として文禄三年（一五九四）一一月付の寺領一〇石の朱印状を載せる。

11「駒返シ橋　同村」は、「駒返シ橋は同村（田村）の内、大山往来にある石橋を云、相伝ふ、東照大神君様、中原御殿より御鷹野として此辺へ成らせられし頃、折せつ路次悪けれは、村民等おのか家々の畳、或は菰莚なとをもて、道に敷、通御し奉らむとせしかは、そのさま御覧ありて土民の煩ひとならん事を思召され、御馬を俄に返し給ひ、此橋より帰御ましませしとそ、よりて橋の名となれりといふ」として、中原御殿からの鷹狩時に悪路の道を村民たちが修復しているのを見た家康が、「土民の煩ひ」を避けるため、俄に「御馬」（＝駒）を返したことが橋の名前の由来とする。家康の仁徳を示す故事である。

12「鷹落シ橋　同村」は、「鷹落橋は同村（田村）の内、八王寺道にあり、こは大神君様御放鷹の頃、御鷹それて此橋に落しといふ」として、家康の鷹狩時に御鷹が逸れてこの橋付近に落ちたことを由来とする。また、「田村は鎌倉繁栄の頃、三浦駿河前司義村山荘ありしところにて、将軍家渡御ありし事なと、東鑑に往々見ゆ」とあり、田村の地には三浦義村の山荘があり、鎌倉将軍がたびたび来訪した場所としている。

13「八幡宮　小稲葉村」は「八幡宮は小稲葉村にあり、本地仏三尊弥陀」「例祭八月十四日、当村の惣鎮守なり」として、天正一九年一一月付の社領二石の朱印状を載せる。

10「妙楽寺　田村」、11「駒返シ橋　同村」、12「鷹落シ橋　同村」、13「八幡宮　小稲葉村」に対応する挿絵が⑯「田村　妙楽寺・駒返シ橋・鷹落シ橋・小稲葉村八幡社」、⑰「其二」である。⑯⑰は連続した構図で、上空より田村周辺の情景を描いている。

14「真芳寺　大神村」は、「真芳寺は大神村にあり、大上山と号す、曹洞宗、津久井県根小屋村功運寺の末なり」として、天正一九年一一月付の寺領一〇石の朱印状を載せる。挿絵⑱「大神村　真芳寺」は同寺の境内を描く。

巻之六の全一四項目の内、中心となるのは1「阿弥陀寺　平塚宿」、2「八王子権現社　同宿」、3「八幡宮　平塚新宿」といった平塚宿関係と、4「中原御殿蹟　中原上宿」、及び東海道の相模川渡河地点である8「御宮　馬入村」である。それ以外の項目は淘綾郡同様に「凡例」第三条前半と第四条に対応するものといえよう。平塚宿そのものを扱った項目は存在しないが、挿絵①④⑤により部分的ではあるが描写されており、大磯宿を描写する巻之五の挿絵⑧「大磯宿　御茶屋蹟」、⑨「其二」、⑩「其三」を引き継ぐように、東海道の宿場が取り扱われていることが確認できる。また、4「中原御殿跡　中原上宿」には家康の行程を示す「大略」が記され、小田原城・藤沢御殿に匹敵する家康の「留恩」の地ということになる。本章で扱う淘綾郡・大住郡・愛甲郡・津久井県の中心という位置づけであろう。さらに8「御宮　馬入村」と挿絵⑬「馬入村　渡船場・御宮」は先述した東海道平塚宿に続く内容であり、東海道における相模川の渡河地点を扱う。相模川の渡河地点は高座郡との郡境であり、中原街道と矢倉沢往還における渡河地点である巻之七の1「岡田渡場　岡田村」と巻之十の1「厚木渡船場　厚木村」と対応する。

巻之七

巻之七では、1「岡田渡場　岡田村」、2「八幡宮　下嶋村」、3「浄心寺　城所村」、4「神明宮　平間村」、5「天王社　沼目村」、6「御嶽権現社　同村」、7「子安明神社　石田村」、8「若宮八幡社　下糟屋村」、9「八幡宮　同村」、10「富士浅間社　同村」、11「龍散寺　東富岡村」、12「八幡社　同村」、13「第六天社　粟窪村」、14「洞昌

院　上糟屋村」、15「山王社　同村」、16「熊野権現社　同村」、17「子安明神社　同村」、18「薬師堂　日向村」、19「熊野権現白鬚明神合社　同村」20「石雲寺　同村」の二〇項目が立項されている。これを村名で並べると、岡田村→下嶋村→城所村→平間村→沼目村→石田村→下糟屋村→東富岡村→粟窪村→上糟屋村→日向村となり、中原街道の相模川渡河地点である1「岡田渡場　岡田村」から、西の丹沢山地へ進む方向である。項目の多くは天正一九年（一五九一）一一月付の寺社領寄進状の紹介であり、「凡例」第三条前半と第四条に対応するもの。徳川家康による来訪の記述例もいくつか見出せるが、中原御殿に近いため、いずれも「御放鷹」の途次とされる。

挿絵は、①「岡田村　渡船場」、②「大島村土手より一覧之図　下島村八幡宮・城所村浄心寺」、③「平間村　神明宮」、④「沼目村　天王社・御嶽社」、⑤「石田村　子易明神社」、⑥「下糟屋村　若宮八幡社」、⑦「八幡宮社地」、⑧「下糟屋村　富士浅間社」、⑨「東富岡村龍散寺・八幡宮　粟窪村第六天社」、⑩「上糟屋村　洞昌院」、⑪「上糟屋村　山王社」、⑫「上糟屋村　熊野社」、⑬「上糟屋村　子安明神社」、⑭「日向村　薬師堂・御宮・熊野権現・白鬚明神」、⑮「其二」、⑯「日向村　石雲寺」の一六件である。巻之六の一四件よりも多いが、逆にいえば中心的なものが存在しないことになる。

1**「岡田渡場　岡田村」**は、「岡田渡場は相模川にあり、岡田村一村の持なり、相伝ふ、東照大神君様、中原御殿より江戸新道御通輿の砌、相模川へ橋をかけし御用を勤しとそ、今も年々十月より翌春三月まて橋をかけ、人馬の往来を通し、四月より九月まては渡船をなせり」が全文である。「江戸新道」は中原街道のことであり、「岡田渡場」は中原街道における相模川の渡河地点である。東海道の相模川渡河地点である巻之六の8「御宮　馬入村」に対応させた立項である。岡田村が一〇月〜三月の渇水期に橋を架け、四月〜九月の増水期に渡船を運用しており、その淵源は家康が相模川を渡る際に同村が橋を掛けたことによる。挿絵①「岡田村　渡船場」では相模川の渡し場を描写している。

2「八幡宮　下嶋村」は、「八幡宮は下島村にあり、祭神弐座、応神天皇・仁徳天皇なり、例祭九月十三日、村内の鎮守とす」として、天正一九年一一月付の社領一石五斗の朱印状を載せる。また「社地にかけたる大鐘の銘によるに、東照大神君様、当所御放鷹の折から、御鷹それて神木にとまりしを、当社に御立願ありしかは、御鷹忽ち御拳の上に飛来たりし」として、同社に関わる家康の鷹狩時の故事を記している。

3「浄心寺　城所村」は、「浄心寺は城所村にあり、明王山不動院と号す、曹洞宗、同郡吉沢村松岩寺の末」として、天正一九年一一月付の寺領二石の朱印状を載せる。

2「八幡宮　下嶋村」と3「浄心寺　城所村」に対応する挿絵が②「大島村土手より一覧之図　下島村八幡宮・城所村浄心寺」であり、大島村の土手より一望した風景が描かれている。

4「神明宮　平間村」は、「神明宮は上・下平間村の鎮守にて、則、両村の境にあり、例祭九月廿一日、神楽を興行す」として、天正一九年一一月付の社領一石の朱印状を載せる。挿絵③「平間村　神明宮」では同社の境内を描く。

5「天王社　沼目村」は、「天王社は沼目村の内、小名萱野にあり、則、此地の鎮守なり」「例祭六月十五日」として、天正一九年一一月付の社領七石の朱印状を載せる。

6「御嶽権現社　同村」は、「御嶽権現社は同村の内、小名池端にあり、則、この所の鎮守とす」「祭礼毎年八月廿二日」として、天正一九年一一月付の社領三石の朱印状を載せる。

5「天王社　沼目村」と6「御嶽権現社　同村」に対応する挿絵が④「沼目村　天王社・御嶽社」であり、沼目村の情景を描いている。

7「子安明神社　石田村」は、「子安明神社は石田村にあり」「例祭六月十二日、東照大神君様、此辺御放鷹の時、御鷹それて行方を失ふ時に、名主半右衛門、当社へ祈誓しけれは、程なく御鷹戻りし」として、同社に関わる家康の鷹狩時の出来事を記すとともに、天正一九年一一月付の社領三石の朱印状を載せる。挿絵⑤「石田村　子易明神社」では同社の境内を描く。

8「若宮八幡社　下糟屋村」は、「若宮八幡社は下糟屋村にあり」「例祭四月五日」として、天正一九年一一月付の社領一石五斗の朱印状を載せる。挿絵⑥「下糟屋村　若宮八幡社」では同社の境内を描写する。

9「八幡宮　同村」は、「八幡宮は同村（下糟屋村）にあり、当社は当国式内拾三座の内、高部屋神社なり、例祭七月七日」として、相模国式内社一三座の一つであるとともに、天正一九年一一月付の社領一〇石の朱印状を載せる。挿絵⑦「八幡宮社地」では同社の境内を描いている。

10「富士浅間社　同村」は、「富士浅間社は同村（下糟屋村）にあり、当社も天正十九年十一月社領弐石の御朱印を賜ハり、それより御代々御朱印を賜ハりしに、寛政二年正月五日の夜、別当所より出火し、御朱印残りなく焼失せしかは、同年四月六日御朱印御序之節相違なく下さるへき旨を仰渡されしとなり、されと今に御朱印は賜ハらすといへと、社領は元のことく所務せり」として、天正一九年一一月付の朱印状を与えられたものの、寛政二年（一七九〇）の火事により焼失したことを記している。挿絵⑧「下糟屋村　富士浅間社」では同社の境内を描く。

11「龍散寺　東富岡村」は、「龍散寺は東富岡村にあり、金鳳山と云、愛甲郡三田村清源院の末」として天正一九年一一月付の寺領三石の朱印状を載せる。

12「八幡社　同村」は、「八幡社は同村（東富岡村）にあり」として、天正一九年一一月付の社領二石の朱印状を載せる。

13「第六天社　栗窪村」は、「第六天社は栗窪村にあり」として、天正一九年一一月付の社領一石の朱印状を載せる。末尾に「神主多田勘解由」の項を立て、「東照大神君様、御放鷹の折から、和泉の屋敷内に御床机居りしことあり、御朱印も其砌賜ハりしなといふ、御床机居りし跡へ石地蔵を建立し、其像の背に天正十九年十一月と彫り、これは御朱印頂戴の日を記せしなり」として、鷹狩時に家康が同社へ立ち寄った旨が記されている。

11「龍散寺　東富岡村」、12「八幡社　同村」、13「第六天社　栗窪村」に対応する挿絵が⑨「東富岡村龍散寺・八幡宮　栗窪村第六天社」であり、東富岡村・栗窪村の情景を描く。

14「洞昌院　上糟屋村」は、「洞昌院は上糟屋村の内、小名秋山にあり、蟠龍山公所寺といふ、曹洞宗、津久井県根小屋村功運寺の末」「天正の度、御朱印を賜ハりしか、寛永六年九月九日夜、出火にて御朱印焼失せしに、御側衆岡田淡路守殿推挙によりて、大猷院様の御時、寛永十九年九月廿四日御書替を給ハりし」として、寛永一九年(一六四二)九月二四日付の寺領三石の朱印状を載せる。挿絵⑩「上糟屋村　洞昌院」では同寺の境内を描く。

15「山王社　同村」は、「山王社は同村(上糟屋村)にあり」「例祭六月廿二日」として、天正一九年(一五九一)一一月付の社領一石五斗の朱印状を載せる。挿絵⑪「上糟屋村　山王社」では同社の境内を描く。

16「熊野権現社　同村」は、「熊野権現社は同村(上糟屋村)の内、小名渡打にあり、例祭八月十六日、鐘楼に建久七年鋳し鐘をかく、当国第一の古鐘といふへし」として、天正一九年一一月付の社領二石の朱印状を載せる。挿絵⑫「上糟屋村　熊野社」では同社の境内を描く。

17「子安明神社　同村」は、「子安明神社は同村(上糟屋村)にあり、祭神吾多鹿葦津姫命なり、例祭六月十五日・七月七日なり、大山石尊祭礼の頃は参詣の僧俗多し」として、大山寺への参詣の道筋に位置しているため、「大山石尊祭礼」時における賑わいとともに、天正一九年一一月付の社領二石の朱印状を載せる。挿絵⑬「上糟屋村　子安明神社」では同社の境内を描く。

18「薬師堂　日向村」は日向薬師のことであり、「薬師堂は日向村にあり、日向山霊山寺といふ、元正天皇の霊亀二年行基菩薩の開闢と伝ふ、薬師は座像にして、台座を合せ長五尺八寸、行基四十九歳の時、一刀三礼して作る所といふ、日光・月光長各五尺、これも同作なり、東鑑にも日向霊山寺、又は日向薬師堂なと往々見え、頼朝卿及ひ政子御前参詣せられ、また御祈禱のため御代参を立てられしなと見ゆ、されは古き宝物等数多し」として、行基による開闢や源頼朝による参詣といった同寺の由緒を紹介するとともに、天正一九年一一月付の寺領六〇石の判物を載せる。また「御宮　堂後の山上に祀り奉る」として「御宮」＝東照宮の所在と、「別当宝城坊　古義真言宗、高野山無量寿院の末、行基の開く所と云ふ」として別当の宝城坊の存在を記している。

19「熊野権現白鬚明神合社　同村」は、「熊野権現・白鬚明神は同村(日向村)にあり、古社なりと伝ふ、神躰は長、各壱尺四寸八分の座像なり、当社は村内宝城坊兼帯す」として、天正一九年一一月付の社領四石の朱印状を載せる。

18「薬師堂　日向村」、19「熊野権現白鬚明神合社　同村」に対応する挿絵が⑭「日向村　薬師堂・御宮・熊野権現・白鬚明神」、⑮「其二」である。⑭では右下に熊野権現白鬚明神合社を配置し、街道から同社の左側から「仁王門」へいたる参道を描いている。⑮では参道を登りきった地点にある「薬師堂」「御宮」「宝城坊」等を描写している。

20「石雲寺　同村」は、「石雲寺は同村(日向村)にあり、医王山雨降院といふ、曹洞宗、足柄上郡塚原村長泉院の末なり、開山天溪、延徳元年正月廿四日卒す、本尊は薬師なり」として、天正一九年一一月付の寺領五石の朱印状を載せる。挿絵⑯「日向村　石雲寺」では、18「薬師堂　日向村」と19「熊野権現白鬚明神合社　同村」よりも同じ谷筋の奥に存在する同寺の境内を描く。

以上、巻之七は、中原街道の相模川の渡河地点である1「岡田渡場」から始まり東→西の方向で次第に丘陵部から丹沢山地へといたっている。天正一九年一一月付の寺社領朱印状と各寺社の故事に関わる事柄が主要なものであり、「凡例」第三条前半と第四条に対応する内容である。18「薬師堂　日向村」のみは行基開創と源頼朝による参詣の記事を載せるが、徳川家康との関わりの記述はなく、後述する巻之八の1「大山寺」と比較すると、その位置づけは低いことになる。

巻之八

巻之八は、1「大山寺　大山」、2「三之宮明神社　三之宮村」、3「三島明神社　善波村」、4「矢劔明神社　落幡村」、5「牛頭天王社　真田村」、6「山王社　寺田縄村」、7「金剛頂寺　大畑毛村」、8「駒形権現社　丸島村」、9「八幡社　南矢名村」、10「龍法寺　同村」、11「不動院　北金目村」、12「熊野社　同村」、13「金目川大堤　同村」、14「雷電社　片岡村」、15「熊野社　公所村」、16「矢劔明神社　同村」、17「松岩寺　下吉沢村」、18「矢劔明神社　上吉沢村」、19「大乗院　土屋村」、20「熊野社　同村」21「天神社　上大槻村」の二一項目の立項である。冒頭に「自序」Cで記された相模国有数の名所である「大山寺」を配置し、その後、次第に南下する構成である。

挿絵は、①「大山」、②「其二」、③「其三」、④「其四」、⑤「其五」、⑥「大山麓　大瀧」、⑦「三之宮村　三之宮明神社」、⑧「善波村　三嶋明神社」、⑨「落幡村　矢劔明神社」、⑩「真田村　天王社」、⑪「真田村天王社前ヨリ眺望　寺田縄村山王社・大畑毛村金剛頂寺・丸島村駒形社」、⑫「其二」、⑬「南矢名村　八幡社・龍法寺」、⑭「北金

目村　不動院・熊野社・金目川大堤」、⑮「其二」、⑯「南金目村」、⑰「片岡村雷電社・御宮」、⑱「御茶盌」、⑲「公所村　熊野社・矢劔社」、⑳「下吉沢村　松岩寺」、㉑「上吉沢村　矢劔明神社」、㉒「土屋村　大乗院・熊野社」、㉓「其二」、㉔「大槻村　天神社」の二四件である。

巻之八の中心的な項目は、「自序」Cに「秋は雨降山の祭期に緇素の群参市をなし」と記されている1「大山寺大山」と、金目川の堤防普請に関わる徳川家康の「御仁徳」を讃える13「金目川大堤　同村」である。

巻冒頭に配置される1**「大山寺　大山」**は、「大山にあり、雨降山と号す、本尊不動尊は銅の座像にして長三尺七寸、二童子長三尺壱寸、共に中興開山願行上人の作なり」とあるように、「雨降山」の別名でも知られる。まず、「不動堂まては女人の参詣を許せり、是より二拾八町の危磴を攀登りて山頂にいたる、爰に石尊社あり、是を本宮といふ、則、延喜式に載せたる当国十三座の内、阿部利神社なり」と記し、不動堂と山頂の「石尊社」=「本宮」の存在に触れるとともに、女人の参詣は不動堂まで、それより二八町の行程を経て山頂にいたるとする。

また、「例祭六月廿七日より七月十七日までの間は、本宮へ参詣せることを許す、平日は禁足の地なり、祭礼中といへとも女人は禁制にして、登山を許さす、祭礼のころハ江戸の衆人は申に及ハす、諸国の道俗群参すること櫛の歯をひくか如し、中にも盆中ハ殊に賑へり、世俗にこれを盆山といふなり、山頂より山麓に至るまて道程凡三里の間、諸堂社、別当坊、並に諸寺院より師職等の居宅、商賈の店舗まて軒を並へしさま、その繁栄いはんかたなし」とあるように、山頂の本宮は「禁足の地」=立入禁止の聖地であるが、毎年六月二七日から七月一七日に限り参詣が許されている。ただし、女人は「禁制」なので立ち入ることはできない。この期間には江戸だけでなく諸国より僧俗が「群参」する。なかでも「盆山」と称される七月の「盆中」の期間は、山麓から山頂にいたる三里の道筋に商売の店舗が軒を連ねて特に賑わうとし、「自序」Cにおける記述をより詳細に述べている。

また「か丶る霊場なれと、中古は肉食妻帯の修験道、山上に居住し不潔の域となりしを、東照大神君様関東御打入の後、慶長十年正月修験等を下山仰付られ、清僧の地とさため玉ひ、且伽藍御再興の上意あり、伊奈備前守殿を奉行として諸堂御造替あり、同十四年御条目御黒印を下し賜ハれり」として、中世の大山は肉食妻帯の修験者たちが居住した「不潔の域」であったが、慶長一〇年(一六〇五)に家康が修験者の下山を命じたことにより「清僧の地」に定められたとする。あわせて「伽藍御再興の上意」を示して「伊奈備前守」忠次を「奉行」とする「諸堂御造替」を行ったことと、慶長一四年八月二八日付の「大山寺別当八大坊」宛の「御条目御黒印」=「定」を掲載する。さらに「其後大猷院様御代、寛永十五年伽藍御再興の上意あり、同十七年八月釿始めあり、春日局御代参、同二十年四月、御建立成就、春日局御代参あり、此頃大鐘をも鋳させたまひ、御寄附あり、其後御修復度々成給ふとなり」として、三代家光の代に伽藍の再興が行われるなど、歴代の徳川将軍家によって保護されていることを記す。多くの人々が参詣する大山寺の賑わいは、家康が中世における「不潔の域」を「清僧の地」に変革したことと、家康以来歴代の徳川将軍家の信仰・保護に依拠するという論理である。

ついで「別当八大坊」の項目があり、「古義真言宗、紀州高野山末にて関東五ケ寺の一なり、中興開基実雄、当国八幡村成事智寺に住職のころ、東照大神君様の仰を蒙り、慶長十年当山の住職となれり」として、別当八大坊の「中興開基」である実雄が慶長一〇年に「東照大神君様の仰」=家康の指示により大山寺の住職になったとする。ついで慶長一三年一〇月四日付の「大山寺実雄碩学領」五七石と、同一五年七月一七日付の寺領一〇〇石の黒印状を掲載している。また「寺宝に頼朝卿寄附状已下、古文書および什宝類多くあり、此地より東方を望めハ、江之嶋・鎌倉・三浦三崎等の山嶽、眼下に見おろし佳景なり、山中所々に茶店あり、中にも当所より前不動へ下る中程にあるは、眺望の勝れたりとて、参詣の旅人多く休憩せり、世に島見の茶屋と唱ふるは是なり」として、八大坊からの東方への眺望の良さが記されている。「島見」の「島」は江の島であり、後述される鎌倉郡・三浦郡に関する記述への導きの意味が込められているのかもしれない。

これに関連する挿絵が①「大山」、②「其二」、③「其三」、④「其四」、⑤「其五」、⑥「大山麓　大瀧」である。連続した構図ではなく、山麓より山頂にいたる行程中のポイントとなる場所を継起的に描いている.

次に2以降の項目は前巻同様に寺社が多く、天正一九年(一五九一)一一月付の寄進状に関する内容が多い。

2「三之宮明神社　三之宮村」は、「三之宮明神社は三之宮村にあり、当国式内十三座の内、比々多神社なりといふ」として、相模国式内社一三座の中でも三宮である旨を記す。また「当村・栗原村・神戸村・白根村惣鎮守なり、毎年五月五日、淘綾郡国府本郷神揃山へ当国一之宮を始として、国中旧社の神輿揃ひたまふ時、当社も同しく遷輿あり、其時は往古よりの道筋なりとて、郡中二十二村の内は山川田畠のいとひなく渡すを例とす、又六月十六日にも小祭あり」として、「総社六所宮」の五月五日の祭礼に参加するとともに、天正一九年一一月付の社領一〇石の朱印状を載せる。また、「元和四年四月、末社太神宮の御相殿に東照大神君を祀り奉り、四月十七日には御膳・神酒を備へ奉れり」として、元和四年四月に末社太神宮に東照大神君を相殿したと記している。さらに「神宝に鶉甕と唱ふるものあり、口差渡し六寸五分、高サ壱尺五分、往古よりの神器と云伝へ、旱魃の時、雨請には神職身を清めて、手洗川〈土人は栗原川といふ〉、鈴川〈村民大山川と唱ふ〉の二水を汲来り、此器に入て祈り、また、霖雨のときは本社四隅の土を入て祈れはかならす其験あるとなり」として、神宝の「鶉甕」の霊験を述べる。挿絵⑦「三之宮村　三之宮明神社」では同社の境内を描く。

3「三島明神社　善波村」は、「三島明神社は善波村の鎮守なり、八幡・御嶽を相殿とす、各、本地仏薬師・弥陀・愛染を安す、社伝に三島明神は往古の領主善波太郎重氏の舅、紀州熊野新宮の社人六郎兵衛某の霊なり、八幡社は則、重氏の霊、御嶽社は重氏の室竹美姫の霊にて、文治元年丙午〈丙午は二年の誤なるへし〉九月廿九日重氏夫婦卒して、其臣、葬所の塚上に祠を営ミ祀る所なりといふ、三島八幡は元相殿、御嶽は谷を隔て祠ありしなり」として、天正一九年一一月付の社領一石の朱印状を載せる。末尾には「社地山中なれと、東南打ひらけて、眺望尤佳なり」と述べ、同所の眺望を「尤佳」と記している。挿絵⑧「善波村　三嶋明神社」では同社の境内を描く。

4「矢剱明神社　落幡村」は、「矢劔明神社は落幡村にあり、村の鎮守にして、尤古社なり、例祭六月八日」として、天正一九年一一月付の社領三石の朱印状を載せる。挿絵⑨「落幡村　矢劔明神社」では同社の境内を描く。

5「牛頭天王社　真田村」は、「牛頭天王社は真田村にあり、村の惣鎮守にて、例祭は六月七日なり」として、天正一九年一一月付の社領一石五斗の朱印状を載せる。末尾に「村民彦右衛門先祖より進退せしを、延享三年四月より村内曹洞宗天徳寺に預けしより、同寺にて別当を兼ぬ、同寺も慶安の度、寺領の御朱印を賜ハれり、此寺地は治承のむかし、真田与一義忠の城跡なり、義忠は石橋山の役に頼朝の先陣承ハり戦功を著せし人なり」として、牛頭天王社の別当である村内の天徳寺が三浦党の真田義忠の城地であるとする。

6「山王社　寺田縄村」は、「山王社は寺田縄村の惣鎮守なり」として、天正一九年一一月付の社領二石の朱印状を載せる。

7「金剛頂寺　大畑毛村」は、「金剛頂寺は岡崎郷大畑毛村にあり、古義真言宗、如意山密厳院と号す、院家地なり、開山法印賢秀は明応五年三月十三日卒す、末寺三十余ケ寺ありしか、今は潰寺ありて国中に二十五院あり」として、天正一九年一一月付の寺領五石の朱印状を載せる。末尾に「岡崎郷の内、無量寺地は治承の昔、岡崎四郎義実居住せし処にて、鎌倉管領の頃は三浦陸奥守義同入道道寸居城とせしなり」と記している。

8「駒形権現社　丸島村」は、「駒形権現社は丸嶋村にあり、惣鎮守にして、往古は和田宮と唱ふ」として、天正一九年一一月付の寺領一石の朱印状を載せる。

5～8に対応する挿絵が⑩「真田村　天王社」、⑪「真田村天王社前ヨリ眺望　寺田縄村山王社・大畑毛村金剛頂寺・丸島村駒形社」、⑫「其二」である。⑩は天王社の境内を、⑪⑫は天王社からの眺望を描く。

9「八幡社　南矢名村」は、「八幡社は南矢名村にあり、旧社と伝ふ、南・北矢名村の惣鎮守なり」「例祭九月廿九日、神楽あり、また鳥居前に馬三疋乗いれ三度乗廻すを旧例とす」として、天正一九年一一月付の社領六石の朱印状を載せる。

10「龍法寺　同村」は、「龍法寺は同村（南矢名村）にあり、曹洞宗にて下吉沢村松岩寺末、亀谷山と号す」として天正一九年一一月付の寺領五石の朱印状を載せる。また「当寺境内続きに高山あり、弘法山といふ、往昔、弘法大師当国巡行のとき、山上にて千座の護摩を修行ありし旧跡と云伝ふ、則、大師堂あり、前に大師の加持水あり、また鐘楼あり、宝暦七年より時の鐘を報す、此山上南方の海面より山川の眺望ありて勝地なり、毎年三月廿一日の縁日には近郷より登山のもの多し」として、弘法大師の旧跡である旨が記されている。

9「八幡社　南矢名村」と10「龍法寺　同村」に対応する挿絵が⑬「南矢名村　八幡社・龍法寺」であり、南矢名村の情景が描写されている。

11「不動院　北金目村」は、「不動院は北金目村にあり、古義真言宗、大畑毛村金剛頂寺の末、弘法山薬師寺と号す、弘法大師初開の地といひ伝ふ」として、天正一九年一一月付の寺領二石の朱印状を載せる。

12「熊野社　同村」は、「熊野社は同村（北金目村）の惣鎮守なり」として、天正一九年一一月付の社領二石の朱印状を載せる。

13「金目川大堤　同村」は、「金目川大堤は北金目村にて進退す、長五町拾八間、高壱丈余、此処は殊に水難繁きをもて、昔より堤を設しか、慶長十三年満水のとき押切て数村の民家、梁上まで水湛しとなり、其のち東照大神君様、豊田本郷清雲寺に御休ミありし時、此ことを聞しめされ、翌年中原御殿御造営ありて同所に入らせて、数村の民の水災を委しく糺らせ給ひ、御下知ありて此堤を厳重に御普請仰付られしより、御仁徳を仰き奉りて御所様堤と唱ふなり、満水ニて堤の破損度々ありしか、此時の御例により御役人御見分にて御料・私領とも御入用をたまひ、又は御手伝等にて御普請なし給ふ所となれり、又下流にも堤あり、合て此辺二十八村組合持にて普請人足を出せり」と記している。それによれば、慶長一三年に金目川が決壊し大きな被害を受けた。その後、徳川家康が豊田本郷の清雲寺に来訪した際に上聞に達した。翌年に中原御殿の造営があり再度来訪した際に実情を調査した上で、金目川の堤防を強固に普請することを指示した。村民たちはこの家康の「御仁徳」をふまえて「御所様堤」と呼んでいる。その後も、満水により何度か破損したが、幕府の御入用による御普請で修復されているとする。

11〜13に対応する挿絵が⑭「北金目村　不動院・熊野社・金目川大堤」、⑮「其二」、⑯「南金目村」である。⑭⑮は金目川の堤防とその周辺を、⑯南金目村の情景を、それぞれ描いている。

14「雷電社　片岡村」は、「雷電社は片岡村にあり」「祭礼は八月九日」として、天正一九年一一月付の社領二石の朱印状を載せる。また「社地に御宮を勧請し奉り、御石祠を安置す、相伝ふ、大神君様御入国の節、神主宮川丹後の屋敷内に御床机居りしと、其御跡へ御宮を建置しか、恐れありとて文化七年極月十七日爰に遷座し奉れり、其御跡には今法華経供養碑を建置り、丹後は吉田殿の配下なり、御紋附御茶盌一ツを家宝とせり、これは御床机居りしころ拝領せし御品なりと伝ふ」として、徳川家康が天正一八年の御入国の際に神主の宮川丹後の屋敷に立ち寄った由緒をふまえ「御宮」を建立したが、「恐れあり」という理由で文化七年（一八一〇）一二月一七日に遷座したという。挿絵⑰「片岡村雷電社・御宮」では同社の境内を、⑱「御茶盌」では徳川家康からの拝領品である「御紋附御茶盌一ツ」を描いている。

15**「熊野社　公所村」**は、「熊野社は公所村にあり」「祭礼正月七日・三月七日」として、天正一九年一一月付の社領二石の朱印状を載せる。

16**「矢劔明神社　同村」**は、「矢劔明神社は同村(公所村)にあり」「祭礼は熊野神社と同日なり」として、天正一九年一一月付の社領一石の朱印状を載せる。

15「熊野社　公所村」と16「矢劔明神社　同村」に対応する挿絵が⑲「公所村　熊野社・矢劔社」であり、両社の境内を描く。

17**「松岩寺　下吉沢村」**は、「松巌寺は下吉沢村にあり、万年山と号す、曹洞宗、能州普蔵院末」として、天正一九年一一月付の寺領八石の朱印状を載せる。末尾には「此境内、山上より東面ハ江之島・鎌倉・三崎の山嶽、西面は冨士・足柄の山々、眼前に見え渡り、其勝景いハんかたなし」と眺望の良さを記している。挿絵⑳「下吉沢村　松岩寺」では同寺境内を描く。

18**「矢劔明神社　上吉沢村」**は、「矢劔明神社は上吉沢村にあり」「祭礼九月七日」として、天正一九年一一月付の社領一石五斗の朱印状を載せる。挿絵㉑「上吉沢村　矢劔明神社」では同社境内を描く。

19**「大乗院　土屋村」**は、「大乗院は土屋村にあり、星光山弘宣寺と号す、天台宗にて武州入間郡仙波中院の末」として、天正一九年一一月付の寺領一〇石の朱印状を載せる。

20**「熊野社　同村」**は、「熊野社は同村(土屋村)にあり」「祭礼は九月廿九日」として、天正一九年一一月付の社領五石の朱印状を載せる。

19「大乗院　土屋村」と20「熊野社　同村」に対応する挿絵が㉒「土屋村　大乗院・熊野社」、㉓「其二」である。㉒では中央に大乗院の境内を、その上部に熊野社を遠景で描いている。
21「天神社　上大槻村」は、「天神社は上大槻村にあり」「例祭正月廿五日、社地に槻の朽木二株あり、神木にして村名の起るところといふ、村の鎮守なり」として、天正一九年一一月付の社領二石五斗の朱印状を載せる。挿絵㉔「大槻村　天神社」では同社の境内を描く。

以上、巻之八では大山寺から南下して上大槻村にいたる。主要項目である1「大山寺」と13「金目川大堤」を除けば、天正一九年一一月付の寺社領安堵の朱印状の紹介が多い。1「大山寺」では「盆山」を中心とした賑わいを記すとともに、それは中世における「不潔の地」を「清僧の地」とした家康の意志と歴代にわたる徳川将軍家の保護の結果であるとしている。また、13「金目川大堤」では「御所様堤」と称される金目川の堤防普請を命じた徳川家康の「御仁徳」を讃えている。

巻之九

巻之九は、1「八幡社　尾尻村」、2「観音堂　今泉村」、3「若宮八幡社　渋沢村」、4「井明神社　曽屋村」、5「金蔵院　同村」、6「名主佐市　同村」、7「八幡社　落合村」、8「大日堂　簑毛村」、9「金剛寺　東田原村」、10「八幡社　西田原村」、11「香雲寺　同村」、12「天王社　羽根村」、13「唐子明神社　横野村」、14「八幡社　戸川村」、15「八幡社　堀山下村」、16「白山社　千村」の一六項目が立項されている。巻之九の対象地域は、現在の秦野市域に属しており、1「八幡社　尾尻村」に「八幡社は波多野郷尾尻村にあり」「以下、千村に至る迄、皆この郷に属す」とあるように、「波多野郷」に属する範囲として構成されている。その多くは天正一九年（一五九一）一一月付の寺社領宛行の朱印状の紹介が多い。

挿絵は、①「尾尻村　八幡社」、②「今泉村　観音堂」、③「渋沢村　八幡宮」、④「曽屋村井明神社・金蔵院・落合村八幡社」、⑤「曽屋村　名主佐市」、⑥「簑毛村　大日堂」、⑦「東田原村　金剛寺」、⑧「西田原村　八幡社・香雲寺」、⑨「堀山下村ヨリ眺望　羽根村天王社・横野村唐子社・戸川村八幡社・堀山下村八幡社」、⑩「御太刀図」、⑪「千村　白山社」の一一件である。

1「八幡社　尾尻村」は、「八幡社は波多野郷尾尻村にあり〈以下、千村に至る迄、皆この郷に属す、按するに、和名抄淘綾郡中の郷名、幡多の遺名なるへし、藤原秀郷の末裔、筑後権守遠茂の次男義通、保延三年父の譲を受け、当郷を領し、波多野次郎と称す、保元・平治の乱に源義朝に属し戦功ありし人にて波多野氏の祖なり、其頃は庄名に唱へしなり、今、波多野大根・波多野多葉粉とて、郷中の名産なり、又、古の原野のさまは菩提・戸川・三屋の三村に隣りて残れり、こは曽屋村一手の進退にて反別三十七町余あり〉、鶴疇山と号す、社地凡壱万三千三百坪といふ、当村・大竹両村の鎮守とす」として、天正一九年一一月付の社領三石五斗の朱印状を載せる。割註の部分は、巻之九全体の総論ともいうべき内容で、地名の由来や名産品を述べ、「郷中の名産」として「波多野大根・波多野多葉粉」を挙げている。こうした地域の名産品の記述は「相中留恩記略」においては珍しい。祭事については「祭事八月十五日、相撲興行あり、又、正月七日弓始、六月十五日虫干の開扉に麦酒を供し、九月廿九日牛の舌餅・洗芋等を供するを例とす」と記している。末尾に「神職高橋長門勝吉　同村の名主にて長七郎と称し、八幡社の神職を兼帯す」「東照大神君様、当村へ成らせられし時、此家の門に御腰を掛させられしと云伝ふ、今も両柱はかりはその頃のものといふ」という文章があり、尾尻村の名主で八幡社の神職を兼帯していた高橋家へ徳川家康が立ち寄ったという伝承を記している。挿絵①「尾尻村　八幡社」では同社の境内を描く。

2「**観音堂　今泉村**」は、「観音堂は今泉村にあり、本尊十一面観音の立像、長四尺五寸、行基の作、脇立日光仏・月光仏・十二神将・多門天・持国天等を安置す」として、天正一九年一一月付の寺領一石五斗の朱印状を載せる。末尾に「堂前の左右に地蔵堂・十王堂・鐘楼・仁王門あり、別当を光明寺と号す、古義真言宗にて箱根山金剛王院の末、中尾山慈眼院といふ、村内に白笹稲荷社あり、霊験著し」という記述がみられる。挿絵②「今泉村　観音堂」では観音堂と別当の光明寺、白笹稲荷社を描いている。

3「**若宮八幡社　渋沢村**」は、「若宮八幡社は渋沢村にあり、鎮守とす、神躰銅像、例祭六月十五日、村内喜叟寺の縁起に、霊夢によりて鶴岡若宮八幡宮を勧請せんことを思ひ立、建保六年潜に勧請し奉りし事見ゆ、社内に弘治三年・元亀四年の棟札あり」として、天正一九年一一月付の社領一石五斗の朱印状を載せる。挿絵③「渋沢村　八幡宮」では同社の境内を描く。

4「**井明神社　曽屋村**」は、「井明神社は曽屋村の鎮守なり、祭礼九月九日」として、天正一九年一一月付の社領三石五斗の朱印状を与えられたが、寛永二年（一六二五）に盗まれた旨を記す。

5「**金蔵院　同村**」は、「金蔵院は同村（曽屋村）にあり、天台宗東叡山末にて光明山龍門寺と号す」として、天正一九年一一月付の寺領五石の朱印状を載せる。末尾に「什宝の内に、東照大神君様の御神影一幅を蔵す」とある。

6「**名主佐市　同村**」は、「名主佐市は同村（曽屋村）の民なり、代々当村に住して、先祖を中村彦左衛門といひしと、古より梁に結付たる物あり、大切のものとのミ伝へて、其品を弁せす、然るに祖父の代に大切のものなりとて、其儘にさしおかは火災の時焼失なハん、今より改めて大切に納め置へしとて、おろし開き見るに、東照大神君様より先祖中村彦左衛門へ賜ひし御書なり、それより箱に納めて秘蔵す」と記されている。それによれば、同家には「古より梁に結付たる」「大切のもの」があり、祖父の代にその内容を確認すると、「関ケ原御陣のとき」に「東照大神君様より先祖中村彦左衛門へ賜ひし御書」であったとして、八月四日付の「御書」を載せている。末尾には「同人持なる阿弥陀堂に、昔より東照大神君様の尊牌を安置する」と記している。

7「八幡社　落合村」は、「八幡社は落合村の鎮守なり」「祭礼八月三日」として、天正一九年一一月付の社領一石の朱印状を載せる。

4～7に対応する挿絵が④「曽屋村井明神社・金蔵院・落合村八幡社」、⑤「曽屋村　名主佐市」である。④は秦野盆地の中心地ともいうべき曽屋村の「十日市場」周辺の町並みを中心に、同村の井明神社・金蔵院、さらには落合村と八幡社を鳥瞰的に描いている。最上部には「善波峠」の文字がみえる。⑤は曽屋村「名主佐市」の屋敷と同人持の「熊野社」「阿弥陀堂」が描かれている。

8「大日堂　簔毛村」は、「大日堂は簔毛村にあり、本尊は座像にて行基の作なり、又、堂内境内等に行基・毘羯摩作の霊仏多し、天正十九年十一月大日堂・春日社合て弐石の御朱印を附せらる」として、天正一九年一一月付の二石の朱印状を載せる。挿絵⑥「簔毛村　大日堂」は見開きの構図で、街道を下部に配置し、画面中央に大日堂の仁王門・観音堂・不動堂が描かれ、階段の「大山道」を挟んだ右側に春日社が描かれている。

9「金剛寺　東田原村」は、「金剛寺は東田原村にあり、臨済宗、鎌倉建長寺末、大聖山と号す、鎌倉右大臣実朝公の御首を葬りし処なりしと、よりて当寺の開基とす、実朝公の木像を安す」として、源実朝との由縁を述べるとともに、天正一九年一一月付の寺領五石の朱印状を載せる。挿絵⑦「東田原村　金剛寺」では同寺の境内を描く。

10「八幡社　西田原村」は、「八幡社は西田原村にあり、鎮守とす、祭祀八月十五日、此余三月四日・五月九日・七月廿二日等に少しの神事あり」として、天正一九年一一月付の社領一石五斗の朱印状を載せる。

11「香雲寺　同村」は、「香雲寺は同村(西田原村)にあり、曹洞宗、下総国府台総寧寺末、大珠山春窓院といふ」

として、天正一九年一一月付の寺領五石の朱印状を載せる。

10・11に対応する挿絵が⑧「西田原村　八幡社・香雲寺」であり、隣接する西田原村の八幡社と香雲寺の境内を描いている。

12 **「天王社　羽根村」**は、「天王社は羽根村の鎮守なり、祭礼六月七日」として、天正一九年一一月付の社領一石の朱印状を載せる。

13 **「唐子明神社　横野村」**は、「唐子明神社は横野村の鎮守とす」「明応年中、北条早雲崇敬ありて、宮社を建立し、それより繁栄すとなり」として、北条早雲による崇敬と宮社の建立を記すとともに、天正一九年一一月付の社領一石の朱印状を載せる。また「同村組頭安右衛門の先祖、今井兵部、村民井沢小六とはかりて当社を勧請し、それより代々鍵取にてありしか、同郷左衛門利広の時、天正十九(八カ)年小田原御征伐にて狼藉人多く、よりて神像を負ひ深山に隠れ、其後、又仮に社を営ミ置り、然るに翌十九年十一月十一日東照大神君様、中原御殿へ郷左衛門を召よせられ、御尋により明神の由来を上聞に達す、其時社領の御朱印を賜しより旧に復するとなり、此事慶長十九年縁起に載せたり」とあり、慶長一九年(一六一四)の同社の縁起に依拠して、小田原攻めの時に「狼藉人」が多く、神像を深山に隠し仮の社を営んだという。天正一九年一一月一一日に徳川家康が中原御殿へ郷左衛門を召して同社の由来を尋ねて、前記の社領朱印状を賜うとともに旧地に復したとする。ただし、「中原御殿蹟」の項目にこの記述はみられない。

14 **「八幡社　戸川村」**は、「八幡社は戸川村にあり、当村及ひ三屋村の鎮守とす」「例祭十一月十五日」として、天正一九年一一月付の社領一石の朱印状を載せる。

15 **「八幡社　堀山下村」**は、「八幡社は堀山下村にあり、堀郷四ケ村〈堀山下、同斎藤、同川村、同沼城〉の鎮守なり」「毎年小祭礼六月朔日、小麦飯を供し、大祭礼七月十六日には神輿を村内、小名関の旅所神楽殿に移し、同十八日帰宮、古例の行列あり、又十一月朔日小祭礼、神酒に甘酒を造りて氏子参詣の者に出す」として、祭礼の日程と内容を記すとともに、天正一九年一一月付の社領五石の朱印状を載せる。また「神宝に御太刀一振あり、こは東照大神君様、小田原御陣の節、当社へ御奉納ありしものと云伝ふ」とあり、小田原陣の際に徳川家康が同社へ「御太刀一振」を奉納したとする。

12～15に対応する挿絵が⑨「堀山下村ヨリ眺望　羽根村天王社・横野村唐子社・戸川村八幡社・堀山下村八幡社」、⑩「御太刀図」である。⑨は実際には三枚の個別の挿絵からなっている。一枚目は羽根村・横野村を遠望したもの。二枚目は戸川村を遠望したもの。三枚目は堀山下村の八幡社境内を中心に描いたものである。⑩は15で記述された徳川家康奉納とされる堀山下村八幡社の「神宝」の「御太刀一振」を描いたもの。

16「白山社　千村」は、「白山社は千村にあり、鎮守とす」として、天正一九年一一月付の社領一石五斗の朱印状を載せる。挿絵⑪「千村　白山社」では同社の境内を描いている。

以上、巻之九は大住郡の西部にあたる秦野盆地を対象としている。冒頭の1「八幡社　尾尻村」は、割註において秦野の地名の由来や名産品を述べており、巻之九全体の序論的位置づけとなっている。全一六項目の内、6「名主佐市」を除く一五項目が寺社であり、それぞれの概要とともに天正一九年一一月付の朱印状が掲載されており、「凡例」第三条前半と第四条に対応する記述である。

まとめ

以上のように、大住郡は巻之六～九の全四巻で構成されている。その項目と挿絵数は、巻之六が一四項目・一八件、巻之七が二〇項目・一六件、巻之八が二二項目・二四件、巻之九が一六項目・一一件の、合計七一項目・六九件となるが、中心的な項目は、巻之六の1「阿弥陀寺　平塚宿」、2「八王子権現社　同宿」、3「八幡宮　平塚新宿」、4「中原御殿蹟　中原上宿」、8「御宮　馬入村」、巻之七の1「岡田渡場」、巻之八の1「大山寺」13「金目川大堤」である。それ以外の項目は淘綾郡同様に「凡例」第三条前半と第四条に対応するものといえよう。

まず巻之六では、東海道の平塚宿と相模川の渡河地点である馬入の渡しを扱う。平塚宿そのものを扱った項目は存在しないが、1「阿弥陀寺　平塚宿」、2「八王子権現社　同宿」、3「八幡宮　平塚新宿」に対応する挿絵①「平塚宿　阿弥陀寺」、④「平塚宿　八王子権現社」、⑤「平塚新宿　八幡宮・御宮」により部分的ではあるが描写されており、大磯宿を描写する巻之五の挿絵⑧「大磯宿　御茶屋蹟」、⑨「其二」、⑩「其三」に続いて、東海道の宿場が描写されている。これを引き継ぐのが馬入の渡しを対象とする8「御宮　馬入村」と挿絵⑬「馬入村　渡船場・御宮」であり、東海道における相模川の渡河地点を示している。また、4「中原御殿蹟　中原上宿」では家康の行程を示す「大略」が記され、小田原城・藤沢御殿に匹敵する家康の「留恩」の地という位置づけになる。

次に巻之七では、中原街道の相模川の渡河地点である1「岡田渡場」と挿絵①「岡田村　渡船場」が主要項目である。ここでは巻之六の8「御宮　馬入村」と挿絵⑬「馬入村　渡船場・御宮」に対応させるように、中原街道における相模川の渡河地点である「岡田渡場」を対象としている。相模川を起点として西側へと項目が記されている。

巻之八では、1「大山寺」から南下して上大槻村にいたる。「自序」Cに記された名所である「大山寺」=「雨降山」を除く寺社については天正一九年(一五九一)一一月付の寺社領安堵の朱印状の紹介が主要な内容である。1「大山寺」では「盆山」を中心とした賑わいを詳細に記すとともに、それが中世における「不潔の地」を「清僧の地」とした家康の意志と、歴代にわたる徳川将軍家の保護の結果であるとしている。また、13「金目川大堤」では「御所様堤」と称される金目川の堤防普請を命じた徳川家康の「御仁徳」を讃えている。

巻之九は、大住郡の西部にあたる秦野盆地を対象としている。全一六項目の内、6「名主佐市」を除く一五項目が寺社であり、それぞれの概要とともに天正一九年一一月付の朱印状が掲載されている。特に目立つ項目は存在しない。

以上のように、大住郡は巻之六〜巻之九の全四巻構成である。東海道に沿って西↓東へ進んだ巻之五の淘綾郡の方向性を引き継ぎながらも、相模川を隔てて高座郡と接するという大住郡の郡域の特性をふまえ、冒頭に東海道平塚宿と徳川家康が休泊した中原御殿を配置している。ついで、東海道における相模川の渡河地点である馬入の渡しから中原街道の渡し場である岡田渡場へいたる。それからは相模川沿いの低地から郡域西部の丘陵地帯を経て丹沢山地・秦野盆地へ進んでいる。東海道と相模川の存在にもとづく構成である。主要な項目としては、東海道平塚宿を対象とする巻之六の1〜3と、家康の行程である「大略」が記されているように、小田原城・藤沢御殿に匹敵する拠点である4「中原御殿蹟」、「自序」Cに触れられている相模国を代表する名所である巻之八の1「大山寺」が挙げられる。

第三節　愛甲郡

愛甲郡は、「相中留恩記略」においては、相模川以西における最後の郡であり、巻之十と巻之十一の二巻構成である。大住郡の北側に位置する郡域の内、巻之十では相模川に面した厚木村を起点として、相模川とその支流である中津川に沿って北上していく。おおむね郡域の東部に位置する相模川沿いの平地部が対象とされている。これに対して、巻之十一は1「妙見社　下荻野村」を起点として、郡域西側の丘陵・山間地帯を記述して津久井県との境にあたる21「三増峠」を末尾とする。愛甲郡全体の冒頭となる巻之十の1「厚木渡船場　厚木村」を起点として、大住郡と同様に郡域を東↓西の方向で記述する。内容としては、天正一九年(一五九一)一一月付の寺社領安堵の朱印状の紹介と、家康来訪に関する記事が主要なもの。

巻之十

「巻之十　愛甲郡之一」は、1「厚木渡船場　厚木村」、2「三社明神社　林村」、3「柳明神社　妻田村」、4「薬師堂　同村」、5「農民孫右衛門　厚木村」、6「智音寺　同村」、7「三島社　恩名村」、8「熊野社　愛甲村」、9「八幡社　三田村」、10「清源院　同村」、11「農民久右衛門　同村」、12「八幡社　及川村」、13「冨士浅間社　中依

知村」、14「赤城社　上依知村」、15「第六天社　山際村」、16「八菅山　八菅村」の一六項目である。厚木村と周辺を対象とする1～7と、それ以外の8～16の二つに分かれる。主要な項目は1「厚木渡船場　厚木村」、5「農民孫右衛門　厚木村」、16「八菅山　八菅村」であろう。

あわせて①「厚木渡船場　林村三社明神・妻田村柳明神・同村薬師堂」、②「厚木村孫右衛門宅・智音寺・恩名村三島社」、③「其二」、④「御茶臼図」、⑤「愛甲村　熊野社」、⑥「三田村　清源院・八幡社」、⑦「及川村　八幡社」、⑧「中依知村　冨士浅間社」、⑨「上依知村赤城明神社・山際村第六天社」、⑩「八菅山図」、⑪「其二」という一一件の挿絵が所収されている。

1～7は、1「厚木渡船場　厚木村」と5「農民孫右衛門　厚木村」を中心に、矢倉沢往還の相模川渡河地点である厚木村と周辺の村々を対象としている。

1**「厚木渡船場　厚木村」**は、「厚木渡船場は相模川にあり、往古は厚木村の民孫右衛門のミ進退するところにして、渡守・船頭屋敷の除地壱畝を今に孫右衛門所持せり、抱の船頭に鴨之助と呼るものあり、かれか先祖は東照大神君様当所を御渡り越の折しも水中に溺れしもの有しかは、直に飛入て其物を取得たり、其さま鴨に似たりとて呼名に免されしより、代々字に唱へ来れりとなり、今は孫右衛門及ひ対岸高座郡河原口・中新田両村の持となれり」が全文である。それによれば、厚木渡船場は、「往古」厚木村の孫右衛門が単独でその権利を「進退」しており、今も「渡守・船頭屋敷」の除地一畝歩は孫右衛門の所持地となっている。また、孫右衛門配下の船頭「鴨之助」の名乗りは、徳川家康の渡河時に同人の先祖が川で溺れたものを発見、直ちに水中に飛び込んで助けた様子が「鴨」に似ているとして家康が名づけた「呼名」であり、代々の「字」＝名前にしているという。渡船場の権利は、現在、孫右衛門と相模川対岸の高座郡河原口村・中新田村両村との所持になっている。厚木渡船場に対応する街道名の記述はないが、矢倉沢往還の相模川渡河地点に当たる。相模川の渡河地点として、東海道の巻之六の8「御宮　馬入村」と、中原街道の巻之八の1「岡田渡場　岡田村」に対応する立項であるとともに、愛甲郡全体における冒頭の項目として、相模川沿いの東から西へと向かう郡全域の記載順序を確定する位置づけである。

2「三社明神社　林村」は、「三社明神社は林村にあり、鹿嶋・三島・住吉の三神を合祀す、延享年中・安永年中御免勧化願の時、書出したる社伝に、景行天皇廿五年七月武内宿禰、北陸及ひ東国の地形を定めらるゝ時、東夷守護のため相州東林山に勧請あり、世に愛甲の神社と号したるよしを伝ふれと、其正しきを知らす、今、古棟札の写とて書付あり、文中に土人長野市之丞在原業秀檀那にて、天正三年二月、合奉再造三所大明神とあれは、此頃合祀して一社としたることしらる、村の鎮守にて祭礼九月廿九日、神楽修行あり、社地松杉繁茂して神さひたり、神木、楠の廻り壱丈八尺はかりもあるへし」と記されている。すなわち、延享・安永年間の御免勧化時に書出した「社伝」によれば、景行天皇二五年に武内宿禰が「北陸及ひ東国の地形」を定めた際に「東夷守護」として勧請されたとするが、福原高峰は「其正しきを知らす」と懐疑的である。あわせて天正一九年（一五九一）一一月付の社領一石五斗の朱印状を所収する。

3「柳明神社　妻田村」は、「柳明神社は妻田村の鎮守とす、祭神を伝へす、本地仏大日を安す、例祭九月廿九日なり」とあり、天正一九年一一月付の社領一石五斗の朱印状が記されている。

4「薬師堂　同村」は、「薬師堂は同村（妻田村）にあり、本尊は聖徳太子の作といふ、日光・月光の二菩薩は運慶の作なり、縁起に拠に、天平宝字五年良弁僧正此堂に通夜の時、奇瑞あり、永禄十二年武田信玄当国へ乱入の時、兵火に罹りて堂宇悉く焼失し、天正七年武州の住人長野伊予介と云もの再建ありしとなり」として、天正一九年一一月付の寺領一石五斗の朱印状が記されている。

1〜4に対応する挿絵が①「厚木渡船場　林村三社明神・妻田村柳明神・同村薬師堂」であり、厚木渡船場の風景を、対岸の相模川左岸からやや引き気味に描写している。

5「農民孫右衛門　厚木村」は、1「厚木渡船場　厚木村」に記された厚木村の孫右衛門のこと。「孫右衛門は厚木村に住し、領主大久保佐渡守殿の割元を勤め、呉服を鬻くを家業とす、溝呂木氏なり、先祖式部太輔氏重は足利左兵衛督高基の子にて、当国溝呂木に居住して氏とす〈此地名今詳ならす、此辺の古名なるにや〉」とあるように、孫右衛門家は溝呂木姓で、厚木村で呉服商を営み、「領主大久保佐渡守」の「割元」を勤めている。ついで「九郎右衛門良勝の時、東照大神君様中原御殿〈大住郡〉より此辺御放鷹の頃、良勝の宅に御腰を掛させたまひ、御茶なと奉れり、其頃賜ひし御茶臼とて、年々正月三ケ日には神酒を備へ、七五三を引祀れり、御腰懸跡は塚となし、上に御宮を造立し奉れり、文化の末、建替て御棟札を収め、御茶臼も其内に安し、金毘羅を御相殿に祀れり」と記し、九郎右衛門良勝の代に徳川家康が中原御殿から鷹狩に来た際に、同家へ立ち寄り御茶などを献じたという。その頃、家康より下賜された「御茶臼」へ、正月三が日に神酒を供え注連縄を張り祀るとする。また、家康が腰掛けた「御腰懸跡」は、塚状に盛り上げてその上に「御宮」を造立した。文化年間の末に建て替えた際に、御茶臼もその中に安置したという。挿絵④「御茶臼図」では家康より下賜された「御茶臼」を描いている。

6「智音寺　同村」は、「智音寺は同村(厚木村)にあり、古義真言宗にて、摂光山往生院と号す、本尊阿弥陀は行基菩薩の作、脇立観音・勢至は運慶の作といふ」とあり、天正一九年一一月付の寺領三石の朱印状を載せる。

7「三島社　恩名村」は、「三島社は恩名村にあり、則、村の鎮守とす、相殿に諏訪・山王を祀れり」とあり、天正一九年一一月付の社領一石の朱印状を載せる。

5〜7に対応する挿絵が②「厚木村孫右衛門宅・智音寺・恩名村三島社」、③「其二」である。②③は連続した構図で描かれており、厚木村の対岸である相模川東岸上空より、相模川に沿って南北に延びる厚木村の町並みを俯瞰している。中央上部に大山が描かれている。

以上、1~7では、1「厚木渡船場　厚木村」、5「農民孫右衛門　厚木村」と、挿絵①「厚木渡船場　林村三社明神・妻田村柳明神・同村薬師堂」、②「厚木村孫右衛門宅・智音寺・恩名村三島社」③「其二」により、相模川西岸に位置し、矢倉沢往還の渡場のみならず、地域の中心地である在郷町としての厚木村を扱っている。特に5「農民孫右衛門　厚木村」では、「往古」に厚木渡船場を単独で「進退」し、呉服商を営み「領主大久保佐渡守」の「割元」をも勤める溝呂木孫右衛門家を対象として、中原御殿からの鷹狩時における家康の来訪を記している。しかし、厚木村以外の矢倉沢往還の宿場は立項されておらず、東海道とその宿場とは異なり、「相中留恩記略」全体の構成に影響するものにはなっていない。

8~16は相模川沿いから西側の丘陵部へと次第に入っていく。

8「熊野社　愛甲村」は、「熊野社は愛甲村の鎮守なり、社前に康暦三年の石灯籠あれは、古き社なる事しらる」として、天正一九年一一月付の社領四石の朱印状を所収している。挿絵⑤「愛甲村　熊野社」では愛甲村の風景を描き、右中央に「高麗寺山」の文言がみえる。

9「八幡社　三田村」は、「八幡社は三田村の鎮守にて、束帯の神像なり、神鏡の裏に、八幡宮文安二年九月十五日二橋伊豆守、三田村とあり、当社は鎌倉将軍頼朝卿の御代、領主安達藤九郎盛長勧請と云伝ふ、例祭ハ六月十七日湯立神楽、九月十五日祓執行」とあり、天正一九年一一月付の社領一石五斗の朱印状を掲載する。

10「清源院　同村」は、「清源院は同村(三田村)にあり、東福山と号す、曹洞宗にて、開山を天巽慶順和尚といふ、明応七年遷化す、本尊薬師を安置す、村内に安達藤九郎盛長の墓にて五輪の石塔あれと文字見えす」とあり、天正一九年一一月付の寺領四石の朱印状を載せる。

11「農民久右衛門　同村」は、「久右衛門は同村（三田村）の民なり、家蔵に北条氏の古文書数通あり、その内、癸未七月、虎の印判をもて当村百姓中に下知するの書あり、その文意を按するに、癸未は天正十一年なり、去年、御当家北条氏と御和睦ありしにより、今年七月、東照大神君様の姫君、督姫君様と申奉りし御方、北条左京大夫氏直公へ御入輿あらせたまひしかは、北条氏より当村等に人夫を課して駿州沼津駅にいたり、御荷物をうけとり、小田原まて持運ふへき旨を下知せしものなり」と記し、家康の娘督姫が北条氏直へ「御入輿」した際に発給された、荷物受取の人夫徴発に関わる「癸未」（天正一一年）七月四日付の北条氏印判状を掲載している。

9〜11に対応する挿絵が⑥「三田村　清源院・八幡社」であり、三田村の清源院と八幡社の境内を描写している。

12「八幡社　及川村」は、「八幡社は及川村の鎮守なり、祭礼八月十五日、縁起及ひ棟札に拠るに、弘法大師勧請ありて、正八幡及ひ本地仏阿弥陀如来を彫刻す、建久年中、本多七郎道本といふ者、当社を信仰ありて、或時敵に向ひしに危き命を助りしと、後年入道して堂社を再建なし、如来堂に入て念仏三昧となりし頃、盗賊来りて道本の首を打たりと覚えしに、弥陀の像の首落て見えす、尋ねしに在所しれされは、運慶に命し新に御首を作りて継しむ、其後、前なる川に霊光おりて元の御首出現す、依て其首を腹籠となす、後年北条時頼入道此所に詣て霊験を聞、それより身代八幡、身代弥陀と名付しと、弘治三年中尾丹波守なるもの再建す」として、八幡・阿弥陀像の由来を記すとともに、天正一九年一一月付の社領一石の朱印状を載せる。挿絵⑦「及川村　八幡社」は同社境内を描く。

13「冨士浅間社　中依知村」は、「冨士浅間社は中依知村にあり、神躰は秘封にて本地仏阿弥陀を腹籠とすとなり、熊野権現・赤城明神を相殿とす、社辺に布目の古瓦数多あり、中・下依知村の鎮守」として、天正一九年一一月付の社領二石の朱印状を載せる。また、「社地の鐘は貞和六年の銘文にて、相州東郡依知郷中村冨士宮法器なる事を彫し、追銘は長禄三年のものなり、旱魃の時は、此鐘を相模川に浸せはかならす雨ふるとす」として、旱魃時に相模川に浸せば雨が降るという鐘の功験を記す。挿絵⑧「中依知村　冨士浅間社」では同社を手前に配置しながら中依知村の情景を描いている。

14「赤城社　上依知村」は、「赤城社は上依知村の鎮守なり、神躰は銅鏡にて、本地仏大日を鋳出せり、祭礼九月十九日なり」として、天正一九年一一月付の社領一石の朱印状を載せる。末尾に「別当仏像院　本山修験にて磯部村にあり、磯幡山神宮寺と号す、当社の南に星下り妙伝寺あり、日蓮上人星下りの旧蹟にして、今に其霊梅残れり、本間六郎左衛門重連の旧宅なり」として、「日蓮上人星下りの旧蹟」である別当仏像院を紹介する。

15「第六天社　山際村」は、「第六天社は山際村の鎮守なり、神躰は束帯の木像にて、山王・稲荷を合殿とす、祭礼八月八日なり、磯部村修験仏像院進退す」として、天正一九年一一月付の社領一石の朱印状を載せる。

14・15に対応する挿絵⑨「上依知村赤城明神社・山際村第六天社」では、相模川対岸の上空から上依知村や赤城社などを描いている。

16「八菅山　八菅村」は、「八菅山は八菅村の西方にて、山中八町四方と云伝へいふ、日本武尊東征の時、此山の形、龍に似たりとて、蛇形山と名付給ひしとなり、山上に七所権現鎮座あり、此山を惣て社地とす、大宝三年役行者登山す、時に空中より玉幡一流山中に下り、菅八本忽然と生す、依て八菅山と号す、此こと応永廿六年再興の勧進帳にもあり、祭神は国常立尊・伊弉諾尊・伊弉冊尊・金山彦命・誉田別尊・大貴己命・天忍穂耳尊の七座にして、則、役行者勧請す、和銅二年行基菩薩、伽藍を建立し八菅寺と号す、それより年暦移りて、海老名季貞、源家繁昌のため大日の像を建立す、又将軍尊氏公再建ありしことは祖師堂、賔頭盧の頭中の銘にあり、永正二年兵乱の時、堂社焼失して山内僧俗百余人死去あり、天文十年時の地頭内藤九郎五郎康行の時、遠山甲斐守綱景大檀那として当社を造営す、其時の棟札今に存す、一山の寺号を光勝寺と号す、本山派修験にて京都聖護院宮の末に属す、往古ハ無本寺にて八菅寺と号し、役行者已来連綿す、後年今の寺号となれり、本寺に属せしは元禄年中よりのことなり、坊中五拾弐ケ坊の内、本坊廿四ケ坊は開山以来の法孫にて大先達其外年頭御礼とも年番両人つゝにて諸事進退す、脇坊廿五坊は本坊より分りしとなり、其余侯人三ケ坊合て五拾弐ケ坊あれと、其内に無住或は退転の坊跡ありて、今三拾四ケ坊相続せり」という由来と、天正一九年一一月付の「八菅山」宛の六石六斗の朱印状を載せている。

同所の由来については、まず日本武尊が「東征」時においてその山容が龍に似ていることから「蛇形山」と名づけたとする。これは第一章第一節で触れた「江戸名所図会」「武蔵」における「武蔵の国秩父の嵩ハその勢ひ勇者の怒り立るか如し」「よりてこの国をむさしと称せし」という文言に類似している。ついで大宝三年(七〇三)に役行者が「登山」した際に「空中より玉幡一流山中に下り、菅八本忽然と生」じたので「八菅山」と命名したという逸話からは、「八」「幡」=「八幡」に通じる意味が意識されているか。また和銅二年(七〇九)には行基によって伽藍が建立されたとする。その後、海老名季貞により「源家繁昌」のため大日像が建立され、「将軍尊氏公」=足利尊氏による再建、という経緯が記されている。末尾には「御宮　八菅山中に祀り奉る、元和二年勧請し奉り、初は御法号を安置し奉り、後年、御神号に祀れり、四月十七日、一山にて御祭礼執行あり」として、「御宮」=東照宮の存在と四月一七日における「御祭礼執行」を記している。ただし、徳川家康及び徳川将軍家による具体的な信仰・保護に関する記載はない。また、「此余、末社、本堂及堂宇に安置の霊像・霊宝・年中の行法数多なれと略す」とある。

挿絵⑩「八菅山図」では中津川左岸の上方より橋を渡って同所へいたる参道が描かれている。⑪「其二」では奥まった境内に「七社権現」「御宮」「行者堂」「坊中」の文言がみえる。

8～16では、11「農民久右衛門　同村(三田村)」を除く八項目が寺社を対象としたものであり、「凡例」第三条前半の「天正慶長の際、大神君より賜ハりし御朱印地の寺社の類」に該当する天正一九年一一月付の寺社宛朱印状と、同第四条における「神社は鎮座・勧請の荒増、寺院は開山・開基の大略」及び「古事の如き」に対応する内容が記されている。なかでも「源家繁昌」のために大日像が建立された16「八菅山　八菅村」が最も詳細であるが、徳川将軍家による造営等の記事はなく、巻之八の1「大山寺」に比べれば「相中留恩記略」における重要性は低いということになる。

以上、巻之十は、冒頭に矢倉沢往還の相模川渡河地点である1「厚木渡船場　厚木村」を配置することにより、郡域を東から西へ向かう順序を確定させ、5「農民孫右衛門　厚木村」により矢倉沢往還の宿場である厚木村に触れるとともに、挿絵①「厚木渡船場　林村三社明神・妻田村柳明神・同村薬師堂」、②「厚木村孫右衛門宅・智音寺・恩名村三島社」、③「其二」によってその町並みを描写している。しかし、矢倉沢往還の他の宿場は「相中留恩記略」において立項されておらず、同書の全体構成に影響を与えるにはいたっていない。また、16「八菅山　八菅村」に記された由緒・故事も本巻の他の寺社に比べれば詳細であるが、「自序」Cに記されている巻之八の1「大山寺」等に比べると、その位置づけは低いことになる。

巻之十一

「巻之十一　愛甲郡之二」は、1「妙見社　下荻野村」、2「石神社　上荻野村」、3「御炭山　中・下荻野村」、4「松石寺　上荻野村」、5「観音堂　飯山村」、6「金剛寺　同村」、7「龍蔵権現社　同村」、8「三島社　下古沢村」、9「閑香明神社　小野村」、10「龍鳳寺　同村」、11「子安明神社　岡津古久村」、12「広沢寺　七沢村」、13

「山王社　同村」、14「八幡社　煤ケ谷村」、15「勝楽寺　田代村」、16「八幡社　同村」、17「八幡社　角田村」、18「塩河山　同村」、19「御炭山　三増村」、20「農民彦左衛門　同村」、21「三増峠　同村」の二一項目と、①「下荻野村　妙見社」、②「其二」、③「其三」、④「中荻野村　石神社・御炭山」、⑤「上荻野村　松石寺」、⑥「其二」、⑦「飯山村　観音堂・金剛寺・龍蔵権現」、⑧「下古沢村　三島社」、⑨「小野村閑香明神社・龍鳳寺・岡津古久村子安明神」、⑩「七沢村　広沢寺・山王社」、⑪「其二」、⑫「煤ケ谷村　八幡社」、⑬「田代村　勝楽寺・八幡社」、⑭「角田村　八幡社・塩河山」、⑮「三増村　御炭山・彦左衛門・三増峠」という一五件の挿絵から構成されている。

全体として、郡域東部の相模川沿いの低地部を対象とした巻之十に対して、巻之十一は丘陵・山間地域である郡域西部を対象とする。本巻での主要テーマは、3「御炭山　中下荻野村」、18「塩河山　同村（角田村）」、19「御炭山三増村」という「御炭山」と末尾の21「三増峠　同村（三増村）」であろう。3・18・19は、天正一八年（一五九〇）の入国時に三河国から随従してきた農民に「御茶事の炭」を上納させるため植林を命じたもの。21はその由来となった武田信玄と小田原北条氏によって行われた三増峠の合戦の場所である。

1 **「妙見社　下荻野村」**は、「妙見社は下荻野村の鎮守にて、熊野・天神・稲荷・天王を相殿とす、祭礼は九月九日なり」とあり、天正一九年一一月付の社領一石の朱印状を載せる。これに対応する挿絵が①「下荻野村　妙見社」、②「其二」、③「其三」である。①と②は連続した構図で丹沢山地の山々を背景に妙見社と別当妙見寺を描く。①の背景の山には4「松石寺」に記述されている「経石」が、②には「丹沢山」「大山」が記されている。③には単独の挿絵で、「甲州道」と「大久保出雲守殿陣屋」を描いている。

2 **「石神社　上荻野村」**は、「石神社は上荻野村にあり、自然石を神躰とす、祭礼八月十五日、相殿に天王を安置す、荻野上・中・下三村の鎮守なり」として、天正一九年一一月付の社領三石の朱印状を載せる。

3「御炭山　中・下荻野村」は、「御炭山は中・下荻野村入会の山なり、御入国の時、三州より随ひ奉りし農民又左衛門・三郎左衛門・市右衛門をして、右両村及ひ角田・田代・三増三村の山々にて、御茶事の炭を焼しめられ、年々六百俵つゝ上納せしをもて、諸役御免除なし下されしとなり、昔より山の林中に大神君様の石祠を祀り奉れり、其ころ、土人御恩徳を仰きて勧請ありしなるへし」とある。天正一八年の徳川家康の「御入国」時に三河より随従してきた農民の又左衛門・三郎左衛門・市右衛門に命じて、中荻野村・下荻野村と「角田・田代・三増三村」の山々において「御茶事の炭」を焼かせ、年々六〇〇俵を上納させるとともに、その反対給付として「諸役御免除」にした。「山の林中」には「土人」＝村人たちが家康の「御恩徳」を仰いで勧請した「大神君様の石祠」が祀られているという。

4「松石寺　上荻野村」は、「松石寺は上荻野村にあり、曹洞宗にて華厳山と号す」として、天正一九年一一月付の寺領三石の朱印状を載せる。「寺伝に往古、弘法大師華厳経全部を石に書写して山頂に安し〈今、其山を面山ととなへ、中・下荻野二村入会の持にて、経石と云ハ、則、彼石を納めし所と云〉、当所に一寺を開闢して、則、華厳山乗碩寺と号し、密宗の律院とす」とあり、華厳経を書写した経石を弘法大師が山頂に埋めたとする。その後、「天正の末には七世玄宝住山す、其頃、当山ハ弘法大師の経石山頭にありし由来等、中原御殿にて玄宝申あけたるを、大神君様聞しめされ、松平の家運長久もかの石のことく堅く変せす、繁栄開運窮りなきためとて、松の御一字を賜ひ、経石の石を用ひさせられ、乗碩を松石と改めたまひしと、其後、中原御殿へ御礼献上したりし事有しとなり」として、中原御殿において同寺の住職玄宝が弘法大師の経石の話を申し上げたところ、家康が「松平の家運長久」は石のごとく堅く変わらないとして、「松」の一字を賜い、経石の「石」と合わせて、寺号を「松石寺」に変えたとする。さらに「按するに御朱印の御文に、則今の寺号を記し賜ハれは、中原御殿にて賜ひしと伝ふるは誤にて、御打入の頃の事なるへし」として、天正一九年一一月付の朱印状では「松石寺」とあるので、中原御殿で賜ったという寺伝は誤りで、天正一八年の「御打入の頃の事」であるとする。21「三増峠」では天正一八年七月二九日に家康は小田原城を発し、三増峠を「遙々上覧有て」とあるので、同年七月末の行程を想定しているのであろう。また、寺号改称時に「大神君様」より賜ったという「大神君様筆」「御短冊一枚」と「御笏　一柄袋入」を挙げる。

2「石神社　上荻野村」、3「御炭山　中下荻野村」、4「松石寺　上荻野村」に対応する挿絵が、④「中荻野村石神社・御炭山」、⑤「上荻野村　松石寺」、⑥「其二」である。④では手前に「八王子道」の町並みと石神社の境内、背後の山並みには「御炭山」の文言がみえる。⑤と⑥は別々の挿絵である。⑤では山並みを背景としつつ松石寺の境内を描く。⑥では小高い松の木を描くが、関連する記述がなく意味は不詳である。

5「観音堂　飯山村」は、「観音堂は飯山村にあり、坂東六番の札所にて、飯山寺と号す、縁起に神亀二年、行基菩薩開闢の霊地なり、本尊十一面観音は其頃山中岩崛の清泉より出現有し閻浮檀金、長三寸五分の尊像なれは、行基自ら当所の楠一本をもて三尺五寸の観音を彫刻して胸中に収め伽藍を建立あり、則飯山寺と号す、此清泉、今に不増不滅の霊水なり、又楠の古木も存す、其後大同二年弘法大師秘密の道場とす、永延二年坂東札所六番に定めらる、かゝる霊地なれは、鎌倉将軍頼朝卿、秋田城介を奉行として造営を加へ給ひしと、什宝に神代の鏃、須弥山の石と伝ふるもの、二顆を蔵す、鐘楼の鐘銘は嘉吉二年なり、文中に行基師再興の霊場とあり、縁起と異なり」として、「行基菩薩開闢の霊地」・「弘法大師秘密の道場」・「坂東札所六番」＝坂東観音霊場の第六番札所という霊場である旨を記すとともに、天正一九年一一月付の寺領三石の朱印状を載せる。

6「金剛寺　同村」は、「金剛寺は同村(飯山村)にあり、曹洞宗にて華厳山遍照院と号す、縁起によるに、大同年中弘法大師草創ありて、薬師千躰仏を作りて安置す、それより年暦移りて治承の頃、安達藤九郎盛長、此霊地を拝す、その丶ち廃壊して寺号のミ存し、弘法大師の御影堂のミ残り、堂中に行基作の弥陀一躰あり、然るに天文年中、三田村清源院四世忠州恕和尚、関本最乗寺輪番の刻、当村観音に参詣す、また此大師の影堂に立寄拝礼ありしに、不思議の霊験により、輪番後堂中薬師如来を本尊となし、曹洞の法窟に改め、往古の山寺号に復して開建す、依て忠州和尚を開山とす、天正十年、地頭北条氏の士、新田日向守、寺地の山林を寄附す、今に其文書を蔵す、又、弘法大師の錫杖・銅鉢・唐銅水瓶を寺宝とす、薬師堂・大師堂の本尊ハ前にいふ弘法大師の作にて、其余、同作の霊像を安す、又安達藤九郎盛長の墓と伝ふる五輪塔あり、卒後、遺骨を当所に送りしと云伝ふ」として、「弘法大師草創」や「天文年中」における「開建」という縁起を記すとともに、天正一九年一一月付の寺領五石の朱印状を載せる。

7「**龍蔵権現社　同村**」は、「龍蔵権現社は同村（飯山村）の鎮守なり、神躰は石にて本地仏阿弥陀・薬師・十一面観音の三躰を安す、行基菩薩の作といふ、例祭六月廿八日なり」として、天正一九年一一月付の社領二石の朱印状を載せる。

5「観音堂　飯山村」、6「金剛寺　同村」、7「龍蔵権現社　同村」に対応する挿絵が⑦「飯山村　観音堂・金剛寺・龍蔵権現」であり、飯山村の情景を描く。

8「**三島社　下古沢村**」は、「三島社は下古沢村の鎮守」として、天正一九年一一月付の社領一石五斗の朱印状を載せる。挿絵⑧「下古沢村　三島社」では同社の境内を描く。

9「**閑香明神社　小野村**」は、「閑香明神社は小野村にあり、則、村内の惣鎮守とす、当国式内十三座の内、小野神社なりといふ」「例祭八月十二日神楽興行あり」として、天正一九年一一月付の社領二石五斗の朱印状を載せる。

10「**龍鳳寺　同村**」は、「龍鳳寺は同村（小野村）にあり、曹洞宗にて祥雲山と号す」として、天正一九年一一月付の寺領七石の朱印状を載せる。

11「子安明神社　岡津古久村」は、「子安明神社は岡津古久村の鎮守なり、社地を松露山と号す。例祭八月廿四日なり」として、天正一九年一一月付の社領一石の朱印状を載せる。

9「閑香明神社　小野村」、10「龍鳳寺　同村」、11「子安明神社　岡津古久村」に対応する挿絵が、⑨「小野村閑香明神社・龍鳳寺・岡津古久村子安明神」であり、小野村と岡津古久村の情景を描く。

12「広沢寺　七沢村」は、「広沢寺は七沢村にあり、曹洞宗にして大富山と号し」として、天正一九年一一月付の寺領五石の朱印状を載せる。

13「山王社　同村」は、「山王社は同村(七沢村)鎮守の一なり、昔当所に上杉修理大夫定正の持城ありし頃、鎮護のため四方に祀りし四社の一なりとぞ、明応年中、兵火に罹りて古記烏有となりて詳なる事は伝へす」として、天正一九年一一月付の社領二石の朱印状を載せる。

12「広沢寺　七沢村」と13「山王社　同村」に対応する挿絵が⑩「七沢村　広沢寺・山王社」、⑪「其二」であり、七沢村の情景を描く。

14「八幡社　煤ケ谷村」は、「八幡社は煤ケ谷村の鎮守にして、例祭八月朔日、湯花・神楽・角力を興行す、古社なりといへと社伝詳ならす」として、天正一九年一一月付の社領一石五斗の朱印状を載せる。挿絵⑫「煤ケ谷村　八幡社」では斜め上方からの視点で、八幡社と別当寺の三光寺を描く。谷筋の深さと山並みの峻嶮さが描かれている。

15「勝楽寺　田代村」は、「勝楽寺は田代村にあり、曹洞宗にて満珠山と号す、寺伝に往昔、弘法大師法華経書写の旧跡にて、今も寺後の山に法華峯の名あり、初の寺名永宝寺、夫より常楽寺と改め、又、今の寺号となれり、天文年中、能庵宗為大和尚、今の宗に改む、其頃、当村の城主たりし内藤下野守秀行を開基とす、内藤氏の古墓四基あり、前山を屋形山と唱ふるは、頼朝卿の屋形ありし旧跡と云」として、「弘法大師法華経書写の旧跡」という寺伝と天正一九年一一月付の寺領四石の朱印状を載せる。

16 **「八幡社　同村」**は、「八幡社は同村(田代村)の鎮守なり、幣束を収む、天正十九年の御朱印二石の内、六斗六升六合六勺、角田村より分配せる事は同村に出す」とあり、17「八幡社　角田村」に記された角田村八幡社への朱印高二石の内、六斗六升六合六勺については田代村八幡社の分であるとする。

15「勝楽寺　田代村」と16「八幡社　同村」に対応する挿絵が⑬「田代村　勝楽寺・八幡社」であり、斜め上方から中津川左岸の田代村の情景と同村八幡社を描いている。

17 **「八幡社　角田村」**は「八幡社は角田村の鎮守」とあり、天正一九年一一月付の社領二石の朱印状を載せる。なお、二石の内訳については「壱石三斗三升三合三勺を当社の領となし、六斗六升六合六勺を隣村田代村八幡社領に分配す、土人の伝へに角田村・田代村は元一郷にて、上川入村といひしを、延宝二年検地のとき、二村となり、今も古名を両村の郷名とすれは、元より両社へ賜ハりし例にや」と述べている。「隣村田代村八幡社」は前述の16「八幡社　同村(田代村)」のこと。

18 **「塩河山　同村」**は、「塩河山は同村(角田村)にあり、一に御炭山といふ、御入国ののち、御茶事の炭を献するをもて、諸役免除せられし御由緒のことは、中・下荻野村・三増村等に詳なり」と記されており、「御入国」後に「御茶事の炭」を上納する反対給付として「諸役免除」となった「御由緒」については、3「御炭山　中・下荻野村」と19「御炭山　三増村」に詳述されているとする。

17「八幡社　角田村」と18「塩河山　同村」に対応する挿絵が⑭「角田村　八幡社・塩河山」である。下段から右側中央にかけて角田村の八幡社が描かれて、その後ろには山並みが描写されている。八幡社の後方に「塩河山」の文言がみえる。

19「御炭山　三増村」は、「御炭山は三増村の北山をいふ、御入国の時、三州より従ひ奉りし農民又左衛門・三郎左衛門・市右衛門といふもの、三州よりの御吉例に依て、当村及ひ角田・田代・中荻野・下荻野五ケ村の山中にて御茶事の炭を焼て、年々六百俵を貢す、其炭竈あるをもて山の名とす、三人の子孫は今に当村にあり、中・下荻野村合せ見るへし」とあり、徳川家康の「御入国」時に「三州よりの御吉例」として、三河国から随従した農民の又左衛門・三郎左衛門・市右衛門へ命じて、三増・角田・田代・中荻野・下荻野の五か村から「御茶事の炭」六〇〇俵を上納させた。この炭竈の存在が「御炭山」という名前の由来である。また、三人の子孫は現在でも三増村に居住しているとする。末尾にそうした由緒にもとづく諸役免除に関連する享保一三年（一七二八）二月付の文書を載せている。

20「農民彦左衛門　同村」は、「農民彦左衛門は同村（三増村）に住す、小野沢氏にて、弘治三年に死去ありし先祖彦左衛門已前は伝へされと、其後は代々当村に居住す、天正十八年小田原御陣の時、大神君様より賜ハりし御制札を蔵す」として、天正一八年六月二四日付の「相模国見増之郷」宛の徳川家臣本多中務少輔（忠勝）・平岩七之助（親吉）・戸田三与右衛門尉・鳥居彦右衛門尉（元忠）連署の「禁制」を載せる。これに関連して「按するに其頃、当国の寺社・村里に渡されし制札ハ、皆豊太閤の出されしものなり、当所に限り御当家より賜りしは、別に御由緒ありしなるへし」として、相模国の寺社・村里へ渡された制札は豊臣秀吉が出したものであるが、当所に限って「御当家」＝徳川家から下されたのには別に「御由緒」があったのであろうと推測する。

21「三増峠　同村」は、「三増峠は同村（三増村）の乾の方にて、登り五町はかりなり、津久井県長竹村に跨れり、峠を村界とす、当所は永禄十二年、武田信玄、当国に乱入して、小田原より帰陣の時、此地にて北条氏の軍勢と合戦ありしところなり、事は甲陽軍艦・小田原記等に載て、三増合戦といふ、その時の旧跡、今も所々に存す、昔は芝山なりしを、天正十八年七月廿九日、大神君様、小田原御発駕あり、この峠、古戦場を遙々上覧有て、此所暉山故、信玄備を畳て押通り、輒く北条勢を討破りたり、敵国の界ゆゑ、兼て油断すへき所にあらさるを、北条氏武備麁畧にて林となしおかす、よりて敗軍したりしなり、雑木の林ならんには敵の備へを設ることやすからすして、北条家の利運有しならん、今より已後、此山に木を植て繁茂さすへくと、安藤彦兵衛直次・彦坂小刑部元政・小栗忠左衛門久次に仰付られ、路次の御放鷹ありしこと武徳編年集成に見ゆ、然りしより、雑木御植付ありて、今に樹木繁茂す」と記している。三増峠は永禄一二年(一五六九)に武田信玄と小田原北条氏の合戦が行われた古戦場。天正一八年七月二九日に小田原を発した徳川家康が、この峠を上覧した際、「芝山」であったため信玄が備えを組めたのであり、北条氏の武備が粗略であり「敵国」との「界」として「油断すへき所にあらさる」場所を「林」としていなかったことが敗戦の理由であると述べた。そして、これ以後はこの山に木を植えて繁茂させることを指示したという。すなわち先述した「御炭山」の存在は、単なる「御茶事の炭」の生産が目的ではなく、三増峠の合戦の故事をふまえ、軍兵の行動を困難にするための雑木の植付けに関連したものということになる。

また「同所、峠道の東方、天神社地に祀り奉る、こハ元和八年四月十七日なりとそ、毎年御祭忌には神酒・御供米を備へ御祭事を営むとなり、前条に載たる御炭を納しより、諸役御免、又雑木御植付等のことのミならす、此辺、度々渡らせられしをもて、永くその御仁徳を仰き奉らんため、此所に祀り奉りしなるへし」として、三増峠東方の天神社地の「御宮」に触れる。それによれば、元和八年(一六二二)四月一七日に建立、毎年四月一七日の「御祭忌」に神酒と御供米を備えて祭事を営むという。「諸役御免」「雑木植付」の他に家康が度々来訪したことをふまえて、その「御仁徳」を仰ぎ奉るために同所へ祀ったもの。巻之八の13「金目川大堤」が治水関連の「御仁徳」とすれば、本項目は治山に関わる「御仁徳」ということになろう。

19「御炭山　三増村」、20「農民彦左衛門　同村」、21「三増峠　同村」に対応する挿絵が⑮「三増村　御炭山・彦左衛門・三増峠」である。下部に三増村の町並みを配置し、中央から上部にかけては愛甲郡と津久井県の境となる山並みが描かれており、三増峠の道筋は中央よりやや右側を登っている。右中央には「天神社」「御宮」が描かれている。

以上、巻之十一は、愛甲郡西部の丘陵・山間地帯を対象として全二一項目から構成されている。3・18〜21を除く一六項目は天正一九年一一月付の寺社領宛行の朱印状と、各寺社の来歴を記したものである。「凡例」第三条前半と第四条に対応した内容である。主要な項目は、3「御炭山　中・下荻野村」、18「塩河山　同村(角田村)」、19「御炭山　三増村」、21「三増峠　同村(三増村)」である。3・18・19は、天正一八年の入国時に三河国から随従してきた農民に「御茶事の炭」を上納させるため植林を命じたもの。21は、武田信玄と小田原北条氏によって行われた三増峠の合戦の故地であるが、その中心的な内容は徳川家康が見分した際、合戦時における「芝山」の状態を小田原北条氏の「武備麁畧」と評して、今後は「雑木の林」にするため植林を命じたことである。3・18・19における「御茶事の炭」上納と関連する事柄である。

まとめ

愛甲郡は巻之十と巻之十一の二巻構成である。

巻之十は、冒頭に矢倉沢往還の相模川渡河地点である1「厚木渡船場　厚木村」を配置して郡域を東から西へ向かう順序を確定させる。5「農民孫右衛門　厚木村」では矢倉沢往還の宿場である厚木村に触れるとともに、挿絵①「厚木渡船場　林村三社明神・妻田村柳明神・同村薬師堂」、②「厚木村孫右衛門宅・智音寺・恩名村三島社」③「其二」によってその町並みを描写している。しかし、矢倉沢往還の他の宿場は立項されていない。また、16「八菅山八菅村」に記された由緒・故事も詳細ではあるが、「自序」Cに記されている巻之八の1「大山寺」等に比べると、その重要性は低いことになる。

巻之十一は、愛甲郡西部の丘陵・山間地帯を対象として全二一項目から構成されている。3「御炭山　中・下荻野村」、18「塩河山　同村(角田村)」、19「御炭山　三増村」、21「三増峠　同村(三増村)」が主要な項目。3・18・19は、天正一八年(一五九〇)の入国時に三河国から随従してきた農民に「御茶事の炭」を上納させるため植林を命じたもの。21は植林の由来となった武田信玄と小田原北条氏によって行われた三増峠の合戦の場所であり、治山に関わる徳川家康の「御仁徳」を述べている。

第四節　津久井県

津久井県は巻之十二の一巻構成である。「凡例」第一条に「津久井県は中古、愛甲・高座両郡の地を裂て、一県を置れしなれは、小冊といへとも、別に一巻となし、愛甲・高座両郡の中間に置り」とあるように、本文全二三冊の中央に位置し、相模川以西の一一冊と以東の一〇冊の結節点になる。所収の項目と挿絵の数は、1「三国峠　佐野川村」、2「名主五郎助　牧野村」、3「功雲寺　根小屋村」の三項目と、挿絵①「三国峠」、②「其二」、③「峠ヨリ甲州郡内眺望図」、④「其二」、⑤「其三」、⑥「牧野村」、⑦「根小屋村　功雲寺」の七件であり、文字通りの「小冊」であるが、「一県」=「津久井県」という地域単位として設定されている以上、記述項目の多寡にかかわらず「一巻」として構成するという「相中留恩記略」の構成に対応させている。

巻之十二

津久井県における中心的な項目は、冒頭に位置する**1「三国峠　佐野川村」**である。まず「三国峠は佐野川村にあり」としてその所在地を示す。佐野川村は、津久井県の中でも最も西北に位置し相模川支流の沢井川の最奥に位置する。ついで「此処、武・相・甲三国の接壌にして、艮の方は武蔵国、南東は相模国、西の方ハ甲斐国なり」というように、三国峠が武蔵・相模・甲斐三国の境であることを記し、「凡例」第二条の「北は武甲相の界、三国峠に至る」に対応させる。さらに「甲州の界によりし麓に一社あり、即、式内相模十三座の内、石楯尾神社なりといふ」として式内社である石楯尾神社を紹介する。最後に「相伝ふ、天正十年三月、武田家滅亡のころ、平岩七之助殿御案内を申あけ奉られ、大神君様此峠に登らせたまひ、関東の国々を御遠見あらせられしとなり、されは山頂の眺望うちひらけ、近くは武・甲の連山波濤の如く羅列し、遠くは鎌倉の諸岳及ひ江島一眸のうちにあり」という一節を掲げる。それによれば、天正一〇年(一五八二)三月の武田家滅亡の際に、平岩七之助の案内により「大神君様」＝徳川家康が「此峠」＝三国峠に登り、「関東の国々」を「御遠見」したという伝承を紹介している。「武・甲の連山波濤の如く羅列し、遠くは鎌倉の諸岳及ひ江島一眸のうちにあり」という眺望を持つ三国峠からの「御遠見」は、「相中留恩記略」の掲載順序としては前後するものの、足柄上郡(巻之一)と足柄下郡(巻之二～四)で記述された天正一八年における相模国入国と小田原城入城、さらには武州江戸を居城として関東を支配することを予兆したものであり、いわば「予祝」としての「国見」行為になる。

これに対応する挿絵が①「三国峠」、②「其二」、③「峠ヨリ甲州郡内眺望図」、④「其二」、⑤「其三」である。①「三国峠」は相模国佐野川村方面より三国峠の頂上付近を遠望したもの。②「其二」は①の設定された地点から佐野川村を見下ろす構図である。また、③「峠ヨリ甲州郡内眺望図」、④「其二」、⑤「其三」は、三国峠よりの眺望を連続した構図で描いたもの。④「其二」に富士山が、⑤「其三」の左端に「江ノ嶌」「三浦三崎」の地名が、それぞれ記されているので、③北→④西→⑤南という描写方角になる。三国峠から家康が眺望したであろう情景の描写と思われる。

2「名主五郎助　牧野村」

では、まず「名主五郎助は牧野村に住す、家伝に拠に、先祖は神原三郎左衛門徳兼と号し、今川家に仕へて、駿州に住し、屢軍功あり、永禄三年氏真より感状を与へしとて今に蔵す、今川家没落の後、浪士となり、武州矢部に来り暫住し、其後当村に移りて、母方の氏、佐藤に改む、后、入道して乗蓮と号す」として、今川氏の旧臣であった神原三郎左衛門徳兼が今川氏の没落後に牧野村に居住するとともに佐藤姓に改めた経緯を記す。ついで、「慶長九年、関東国々主なき田畠及ひ蟄居の浪人等を検閲のため、伊奈備前守忠次殿、回村の時、当所に来られ、乗蓮及ひ其子新八郎徳氏に対面せらる、備前守殿旧き契ありしを以て無主の田畠二十貫文の地を父子に与へらる、同十年十月乗蓮死後、新八郎は久右衛門と改む、大神君様兼て乗蓮を知し召れしにより備前守殿言上ありて、同年十月伏見より江戸へ還御の時、中原ニて乗蓮父子に御目見仰付らる、よし備前守殿を以て仰出されしかと、其頃乗蓮死去、徳氏は忌に籠りたれは、翌十一年十一月また伏見より江戸へ成らせられし時、中原の御旅館にて徳氏御目見仰付られ、父乗蓮のこと仰出されしとなり、其時、居屋敷の漆壱貫目を献す、翌十二年十月、駿府より江戸へ入らせられし時もまた中原の御旅館にて御目見す、其時も前のことく漆を献す、十三・十四の両年、徳氏長病にて御目見のことも懈怠したるうへ、同十五年六月備前守殿死去ありて、自然に中絶し、其上、徳氏正保四年十月死す」とあり、慶長九年に伊奈備前守忠次より「無主の田畠」二〇貫文を与えられ、伊奈忠次を取次とする中原御殿における徳川家康への御目見、漆献上と、その途絶を記す。

さらに「其子新八郎徳冨、後年次郎左衛門と改む、鳥居土佐守成次殿〈按するに、此頃は甲州都留郡谷村の領主にて三万八千石を領し、駿河大納言忠長卿の老臣なり、当所も成次殿領分の内に属したるもしるへからす〉より拾人扶持を合力せらる、徳冨、延宝四年三月死す、其子五郎助冨門と号す、此代より本姓神原に復す、時の領主久世大和守広之殿、同大和守重之殿二代の内、拾人扶持を与へらる、享保五年四月死す、当代まて浪人にて住居すといふ、名主となりしは其後のことなり、祖先より村内小名大久和の地に一区をなし、家の人別八十人に余れり、地面の内に往古よりの家来、志村・垣沢・中口等の子孫、今に譜代と唱へて連綿し、門外に前地百姓拾弐戸軒をならへ、宝永年中に定めし家の掟を規定とす」と記し、鳥居氏・久世氏といった歴代領主との関係等を述べている。

三項目のみで構成される津久井県の場合、所収された項目に一定の意図が存在すると思われるが、本項目の所収意図については明示されておらず判然としない。福原家と何らかの関係があったのであろうか。挿絵⑥「牧野村」では、名主五郎助家の屋敷を中心に牧野村の情景を描いている。

3 **「功雲寺　根小屋村」**では、「功雲寺は根小屋村にあり、曹洞宗にて、下総国国府台惣(総)寧寺末、太井山と号す、開山大綱明宗和尚は応永十七年の示寂なり、開基は津久井の城主内藤左近将監景定なり、天文三年三月廿日卒す」として、慶長四年(一五九九)二月一〇日付の寺領五〇石の朱印状と辰年二月二〇日付の彦坂小刑部元正書状を載せる。末尾には「当村に津久井古城跡あり、今御林山となれり、林中に飯綱権現の社あり、小田原分国の頃、内藤左近将監景定、其子大和守景豊居城とせり、小田原落城の頃、共に廃城となれり、山上に筑井古城碑あり、内藤氏旧臣の裔、里正得太郎の建る所なり、銘は林家述斎先生の選文、題額は白川少将定信朝臣、書は屋代弘賢先生の筆なり」として、津久井城と山上に建立された「筑井古城碑」にも触れている。林家との関係を意識するとともに、福原高峰が中心的な役割を果たした玉縄城碑との比較に興味を感じたものと思われる。挿絵⑦「根小屋村　功雲寺」では、同寺の境内を斜め上方から描いている。

まとめ

以上のように、津久井県は巻之十二のみの一巻構成であり、その分量も文字通りの「小冊」である。三項目の内、

2「名主五郎助　牧野村」を立項した意図は不明。中心となる項目は、天正一〇年（一五八二）時における徳川家康による三国峠からの「御遠見」を記して、天正一八年における相模国入国と小田原城入城を予祝した1「三国峠　佐野川村」である。

おわりに

第三章では淘綾郡(巻之五)・大住郡(巻之六～九)・愛甲郡(巻之十・十一)・津久井県(巻之十二)を検討した。
巻之五のみで構成される淘綾郡は、全一〇項目の内、7「御茶屋蹟　大磯宿」を除けば、いずれも寺社であり天正一九年(一五九一)一一月付の朱印状を載せるが、徳川家康の来訪記事等の記載はない。わずかに1「二宮明神社」における神主「二見神太郎」の名乗りが家康より与えられたものであること、5「総社六所宮」における「当国第一の祭祀」である五月五日の祭礼、8「高麗寺」における創建の由緒等が、やや詳細に叙述されるのみである。おおむね「凡例」第三条前半と第四条に対応する記述内容といえる。また7「茶屋屋蹟　大磯宿」も徳川家康の休泊の内容を示す「大略」はなく、小田原城・中原御殿・藤沢御殿と比べるとその位置づけは低い。ただし、挿絵⑧「大磯宿　御茶屋蹟」、⑨「其二」、⑩「其三」では東海道大磯宿を描写しており、巻之三の箱根宿→巻之二の小田原宿と続いている東海道の宿場を紹介・描写する流れは継続している。各項目の掲載順序は東海道に沿うように西→東の方向となっている。

大住郡は巻之六～九の全四巻で構成されている。その項目と挿絵数は、巻之六が一四項目・一八件、巻之七が二〇項目・一六件、巻之八が二一項目・二四件、巻之九が一六項目・一一件の、合計七一項目・六九件となるが、中心的な項目は巻之六の1「阿弥陀寺　平塚宿」、2「八王子権現社　同宿」、3「八幡宮　平塚新宿」、4「中原御殿跡　中原上宿」、8「御宮　馬入村」、巻之七の1「岡田渡場」、巻之八の1「大山寺」、13「金目川大堤」である。それ以外の項目は寺社を扱ったものが多く、淘綾郡同様に「凡例」第三条前半と第四条に対応する内容である。

まず、巻之六では東海道の平塚宿と相模川の渡河地点である馬入の渡しを扱う。平塚宿そのものを扱った項目は存在しないが、1「阿弥陀寺　平塚宿」、2「八王子権現社　同宿」、3「八幡宮　平塚新宿」に対応する挿絵①「平塚宿　阿弥陀寺」、④「平塚宿　八王子権現社」、⑤「平塚新宿　八幡宮・御宮」により部分的ではあるが描写されており、巻之五の大磯宿に続いて東海道の宿場が描写されている。ついで馬入の渡しを対象とする8「御宮　馬入村」と挿絵⑬「馬入村　渡船場・御宮」では東海道における相模川の渡河地点を示している。そして巻之六の4「中原御殿蹟　中原上宿」では家康の行程を示す「大略」が記され、小田原城・藤沢御殿に匹敵する家康の「留恩」の地という位置づけになる。

次の巻之七では、中原街道の相模川の渡河地点である1「岡田渡場」と挿絵①「岡田村　渡船場」が主要項目である。巻之六の8「御宮　馬入村」と挿絵⑬「馬入村　渡船場・御宮」に対応させるように、中原街道における相模川の渡河地点である「岡田渡場」を対象としている。相模川を起点として西側の丘陵・山間地域へと進む方向性が確認できる。

巻之八では「自序」Cに記された名所である1「大山寺」から南下して上大槻村にいたる。1「大山寺」では「盆山」を中心とした賑わいを詳細に記すとともに、それが中世における「不潔の地」を「清僧の地」とした家康の意志と歴代にわたる徳川将軍家の保護の結果であるとしている。また、13「金目川大堤」では「御所様堤」と称される金目川の堤防普請を命じた治水に関わる徳川家康の「御仁徳」を讃えている。

最後の巻之九は大住郡の西部にあたる秦野盆地を対象としている。全一六項目の内、6「名主佐市」を除く一五項目が寺社であり、それぞれの概要とともに天正一九年一一月付の朱印状が掲載されている。特に目立つ項目は存在しない。

このように巻之六～九の四巻構成である大住郡全体の起点は東海道平塚宿に置かれ、それより中原御殿を経て馬入の渡しにいたり、そのまま愛甲郡との境まで北上する。ここまでが巻之六・巻之七である。巻之八では「大山寺」を起点として郡内を西へ向かう。最後の巻之九は郡域全体の西側にあたる秦野盆地を対象としている。全体の流れは高座郡との郡境にあたる相模川を起点として東↓西への方向性になる。

愛甲郡は巻之十と巻之十一の二巻構成である。大住郡同様に天正一九年一一月付の寄進状の紹介が多い。郡全体の構成は、大住郡と同じく相模川を起点として西の丘陵・山間地帯へいたる方向である。巻之十は、冒頭に矢倉沢往還の相模川渡河地点である1「厚木渡船場　厚木村」を配置して郡域を東から西へ向かう順序を確定させる。5「農民孫右衛門　厚木村」では矢倉沢往還の宿場である厚木村に触れるとともに、挿絵①「厚木渡船場　林村三社明神・妻田村柳明神・同村薬師堂」、②「厚木村孫右衛門宅・智音寺・恩名村三島社」、③「其二」によってその町並みを描写している。しかし、矢倉沢往還の他の宿場は立項されていない。また、16「八菅山　八菅村」に記された由緒・故事も詳細ではあるが、「自序」Cに記されている巻之八の1「大山寺」等に比べると、その重要性は低いことになる。

巻之十一は、愛甲郡西部の丘陵・山間地帯を対象として全二一項目から構成されている。3「御炭山　中・下荻野村」、18「塩河山　同村(角田村)」、19「御炭山　三増村」、21「三増峠　同村(三増村)」が主要な項目。3・18・19は、天正一八年の入国時に三河国から随従してきた農民に「御茶事の炭」を上納させるため植林を命じたもの。21は植林の由来となった武田信玄と小田原北条氏によって行われた三増峠の合戦の場所であり、治山に関わる徳川家康の「御仁徳」を述べている。

津久井県は巻之十二のみの一巻構成であり、その分量も文字通りの「小冊」である。三項目の内、2「名主五郎助牧野村」を立項した意図は不明。中心となる項目は、天正一〇年時における徳川家康による三国峠からの「御遠見」を記して、天正一八年における相模国入国を予祝した1「三国峠　佐野川村」である。

以上、第三章の検討対象である淘綾郡（巻之五）・大住郡（巻之六～九）・愛甲郡（巻之十・十一）・津久井県（巻之十二）は、天正一八年における相模国入国と小田原城入城を対象とする第二章の足柄上郡・足柄下郡、及び慶長五年（一六〇〇）における鎌倉鶴岡八幡宮参詣を中心とする第四章の高座郡・鎌倉郡・三浦郡・武蔵国金沢と比較すると、中心的なテーマが存在しないものの、両者をつなぐものとして、「大略」が記載される中原御殿、東海道の宿場である大磯宿・平塚宿、「自序」Cに記された「大山寺」などを扱っている。

第四章　本文の分析(三)——高座郡・鎌倉郡・三浦郡・武蔵国金沢

はじめに

第四章では、相模川以東に所在して相模国の東部に位置する高座郡（巻之十三）・鎌倉郡（巻之十四～十九）・三浦郡（巻之二十～二十二）と、武蔵国金沢（巻之二十三）を対象とする。最も主要なテーマは、相模国の「国魂」が、徳川家康に付着する第二段階である鎌倉鶴岡八幡宮参詣とそれに対する福原高峰の理解である。あわせて参詣の行程である慶長五年（一六〇〇）六月末～七月初頭における経路と、東海道とその宿場である藤沢宿・戸塚宿、さらには参詣後における鎌倉～金沢間の陸路と海路の関係についても「相中留恩記略」の構成との関係を検討する。ついで「相中留恩記略」編纂の要因である福原家と徳川家康との関係について、三浦党の流れを組む同家の由緒、及び源家との関係を、あわせて福原家の居村である鎌倉郡渡内村と藤沢御殿・玉縄城、さらには三浦党の本拠である三浦郡を含めて分析する。この他、「自序」Cに記された名所である「江島」や鎌倉の寺社などについても、徳川家康との関係に焦点をあてて考察する。

なお、鎌倉郡については、巻数が多いだけではなく、鶴岡八幡宮と建長寺・円覚寺・東慶寺を主要な対象とする巻之十四・十五、それ以外の鎌倉の町場と江の島方面を記述する巻之十六・十七、藤沢宿・福原家・玉縄城・戸塚宿を中心とする巻之十八・十九というように記述対象が分かれているので、三つに区分する。すなわち、第一節では高座郡（巻之十三）を、第二節では鎌倉郡の巻之十四・十五を、第三節では鎌倉郡の巻之十六・十七を、第四節では鎌倉郡の巻之十八・十九を、第五節では三浦郡（巻之二十～二十二）を、第六節では武蔵国金沢（巻之二十三）を、検討する。

第一節　高座郡

高座郡は巻之十三の一巻構成である。1「無量光寺　当麻村」、2「星谷観音堂　座間入谷村」、3「外記宿　上郷村」、4「宗仲寺　座間宿村」、5「国分寺　国分村」、6「総持院　河原口村」、7「高木主水正清秀屋敷跡　海老名郷」、8「農民孫右衛門　用田村」、9「寒川神社　宮山村」、10「宝泉寺　遠藤村」、11「懐島郷　浜之郷村」、12「農民吉右衛門　藤沢坂戸町」、13「農民久兵衛　同町」、14「藤沢御殿跡　藤沢大久保町」の一四項目が立項されている。現行の行政体としては相模原市・座間市・海老名市・藤沢市・寒川町・茅ケ崎市に属しており、巻之十二の津久井県に隣接した郡域北部から巻之十四〜十九の鎌倉郡に近接した東海道藤沢宿が存在する南部へいたる流れである。藤沢宿・藤沢御殿に関する12〜14と、それ以外の1〜11の二つに分かれる。あるいは小田原城・中原御殿とともに、家康の重要な旧跡である藤沢御殿と藤沢宿が冒頭に配置されるべきとも思われるが、藤沢宿が高座郡の坂戸町・大久保町と鎌倉郡の大鋸町から構成されるという事情をふまえて、鎌倉郡へと続く末尾に配置したと思われる。

あわせて①「当麻村　無量光寺」、②「座間入谷村　星谷寺」、③「其二」、④「座間宿村　宗仲寺」、⑤「松笠釜」、⑥「水指」、⑦「茶入・茶杓・柄杓」、⑧「茶筅・茶盌」、⑨「国分村　国分寺」、⑩「河原口村　総持院」、⑪「海老名郷」、⑫「用田村　農民孫右衛門」、⑬「御茶碗・御土器」、⑭「慶長金・御手箪笥」、⑮「宮山村　寒川神社」、⑯「其二」、⑰「其三」、⑱「遠藤村　宝泉寺」、⑲「懐島郷」、⑳「藤沢宿　農民吉右衛門・同久兵衛・御殿

跡」、㉑「其二　御殿跡」、㉒「其三」、㉓「御殿御裏門之扉」という二三件の挿絵が含まれている。

巻之十三

まず、1～11についてみていく。

1「無量光寺　当麻村」は、「無量光寺は当麻村にあり、当麻山金光院と号し、当麻道場といふ、時宗、無本寺なり、開山一遍上人、弘長元年開基す、第二世他阿真教、第三世智得の時まで当山にて遊行を勤めしか、呑海、藤沢に清浄光寺を建しより、彼寺にて遊行のことを勤め、これより当山にて遊行の事を勤めすといふ」とあり、「当麻道場」と称される時宗の有力寺院としての同寺の由来を概観しつつ、「かゝる旧蹟なるかゆゑ」として天正一九年（一五九一）一一月付の寺領三〇石の判物を掲載する。1「無量光寺　当麻村」が本巻冒頭に配置されているのは、同じく時宗の有力寺院である「清浄光寺」＝「藤沢道場」が鎌倉郡第五冊目の巻之十八冒頭に配置したことに対応させたものであろうか。挿絵①「当麻村　無量光寺」では相模川左岸に面した右下の「当麻村」の町並みから、丘陵上に存在する同寺への参道と境内が描かれている。

2「星谷観音堂　座間入谷村」は、「星谷観音堂は座間入谷村にあり、坂東札所の第八番なり、行基の開基にして、本尊正観音は則、自作の像なり、境内鐘楼に嘉禄三年の古鐘をかく、別当を妙法山持宝院星谷寺といふ、古義真言宗、河原口村総持院の末」とあり、坂東三十三観音の第八番札所であるとともに、天正一九年一一月付の寺領三石の朱印状を載せる。挿絵②「座間入谷村　星谷寺」、③「其二」は連続した構図で、後方に聳える「大山」を背景に星谷寺とその周辺を鳥瞰して描いている。

3「外記宿　上郷村」は、「外記宿は上郷村の飛地なり、本村より拾町程を隔て、四ツ谷村堺にあり、昔は本村に続きし地にて、民家も拾八軒ほと有しか、相模川水溢に流失し、また川瀬変りて飛地となれり、今、戸数三軒残れり、元和三年、久能山より日光山へ神柩遷御あらせられし時、中原御殿〈大住郡〉より此地に御休輿ありしと云伝ふ、されと多く川欠となりし地なれは、其所を詳にせす、当所より座間宿村宗仲寺に遷せられ、それより武州に渡御ありしといふ、此事、宗仲寺にては伝へさる事なり」として、元和三年（一六一七）における家康の遺骸の通行時に「此地」＝「外記宿」へ「御休輿」した後、宗仲寺へ移動したとする。しかし、宗仲寺にその旨の伝承はなく、また相模川の流路の移動により「川欠」となった範囲が広く、具体的な場所を特定することはできないとする。

4「宗仲寺　座間宿村」は、「宗仲寺は座間宿村にあり、浄土宗、鎌倉郡岩瀬大長寺の末、来光山峯月院といふ、当寺は慶長八年、時の領主内藤修理亮清成殿〈今、信州高遠の城主内藤大和守頼寧殿の祖なり〉の建立にして、大長寺中興源栄和尚を請て開山とし、両寺兼任せしむ」として、慶長八年（一六〇三）に当時の領主である内藤清成によって建立された旨を記す。なお、開山の源栄和尚と鎌倉郡岩瀬大長寺については、鎌倉郡の第六冊目にあたる巻之十九の1「大長寺　岩瀬村」に立項されている。ついで、「大神君様兼て源栄を知し召れしかは、当国中原御殿御成の頃は、時々当寺に入御ありて、法儀等の御談話あり」として、家康と源栄は旧知の間柄であり、中原御殿滞在時にしばしば同寺を訪れたため、当地の領主内藤清成は境内に「御殿」を建て、家康の「御休息の所」にした。また、慶長一一年三月に与えられた「寺中不入の制札」の文言を載せている。元和三年に家康の遺骸を久能山から日光へと移す際には、三月二一日に中原御殿から四里の地点にある同寺の「御殿」で「御休輿」があり、それより六里の行程である府中御殿へと移動したという。「御殿蹟」には「御宮」があり、元和六年四月に源栄が彫刻した「御神躰」を安置している。慶安二年（一六四九）八月二四日に寺領七石四斗の朱印状が与えられた。

挿絵④「座間宿村　宗仲寺」は座間宿村の町並みに面した宗仲寺の境内を描いたもの。⑤「松笠釜」、⑥「水指」、⑦「茶入・茶杓・柄杓」、⑧「茶筅・茶盌」は、家康から下賜された物品類の寺宝を描く。

5「国分寺　国分村」は、「国分寺は国分村にあり、東光山医王院と号す、古義真言宗にて河原口村総持院の末なり、本尊は薬師及ひ日光・月光・十二神将を安す」とあり、同寺が相模国の国分寺である旨と、天正一九年一一月付の寺領二石の朱印状を載せる。挿絵⑨「国分村　国分寺」は「薬師堂」など同寺の境内をやや引き気味に描いている。

6「総持院　河原口村」は、「総持院は河原口村にあり、海老山満蔵寺と号す、古義真言宗、京都東寺の末」として、天正一九年一一月付の寺領一〇石の判物を載せる。あわせて「寺宝」である〈文禄元年〈一五九二〉〉一二月五日付の家康書状と一二月二五日付の全阿弥奉書を載せる。末尾には「当寺の北に有鹿神社あり、式内当国十三社の一なり」として、有鹿神社が式内社であるとする。挿絵⑩「河原口村　総持院」では同寺とその周辺を描き、上部には大山の山並みが配置されている。

7「高木主水正清秀屋敷跡　海老名郷」は、「高木主水正清秀屋敷跡は海老名郷〈河原口・上郷・中野・中新田・社家の五村を海老名郷と唱ふ〉の内にあれと、今其蹟詳ならす、或書に、主水正清秀、御入国の後海老名郷及ひ武蔵・上総の内にて五千石を賜ひ、文禄三年その子善次郎正次に家督を譲り、海老名村に退去す、慶長九年二月大神君様、此辺御放鷹の御時、清秀か宅へ渡御ありて、御鷹の鴈を賜ひ、翌年また渡御の時、鴈幷御時服等を賜ひしこと見ゆ、こは数年武功ありし故なるへし、同十五年七月十二日此地にて卒せられしとなり」と記す。それによれば、高木主水正清秀の屋敷が海老名郷にあったが、その跡地は確定できない。「或書」では、清秀は五〇〇〇石を領していたが文禄三年に隠居して海老名村に「退去」し、慶長九年二月の鷹狩に際して徳川家康が清秀の屋敷を来訪したとする。挿絵⑪「海老名郷」は同地周辺の情景を描く。

8「**農民孫右衛門　用田村**」は、「農民孫右衛門は用田村の旧家」であり、「むかし大神君様御通行の折しも、此家に御腰をかけさせられし時賜ハりし四品を今に重宝とす、四品ハ御手簞笥・御茶碗・御盃及ひ小判金拾枚なり、小判は今壱枚を蔵せり、その図後に出す、かゝる御由緒をもて、庭前の山上に御宮を勧請し奉れり」とし、家康が同地を通行した折に孫右衛門家へ立ち寄り、その際に下賜された「四品」を家の「重宝」としており、挿絵⑬「御茶碗・御土器」、⑭「慶長金・御手簞笥」に描写されている。また、この「御由緒」をふまえて「庭前の山上」に「御宮」を勧請したとする。挿絵⑫「用田村　農民孫右衛門」では孫左衛門の屋敷を描き、右側に「御宮」の文言がみえる。

9「**寒川神社　宮山村**」は、「寒川神社は宮山村にあり、延喜式にも載せし大社にして、当国の一ノ宮なり」とし て、同社が相模国の一宮である旨と、天正一九年一一月付の社領一〇〇石の判物を載せる。また、記述はないが、巻之五の5「総社六所宮」の五月五日の祭礼に参加している。挿絵⑮「宮山村　寒川神社」、⑯「其二」、⑰「其三」は連続した構図で、⑮右↓左↓⑯右↓左↓⑰右↓左の順で同社の参道と境内を描写している。

10「**宝泉寺　遠藤村**」は、「宝泉寺は遠藤村にあり、曹洞宗、能州惣持寺の末、玉雄山と号す」として、天正一九年一一月付の寺領二一石の判物を載せる。挿絵⑱「遠藤村　宝泉寺」は斜め上方からの視線で同寺の境内を描く。

11「**懐島郷　浜之郷村**」は、「懐島郷は今、浜之郷一村の唱なれと、昔は隣村矢畑・円蔵等を通して懐島郷といへり」とある。ついで、「小田原落去のころ、当郷の民、大神君様へ御礼申あけたきよし願出しかは、鳥井彦右衛門元忠殿、玉縄城に在て、其事を子息左京亮殿方迄申達せられし書翰、今、隣村高田村の名主武右衛門の家に蔵す」として、四月二七日付の鳥井(鳥居)元忠書状を載せる。この文書に「御朱印」とあるのは「小田原陣の頃、懐島三ケ村に出せし豊臣太閤の朱印」=「制札」であるとし、その下付の経緯について「此頃惣して此制札を所持せる村々は、軍勢乱妨の患を免る丶をもて、手寄を求て賜ハらん事を願ふ事なり」として、「当郷の民、彦右衛門殿に願ひ出、大神君様の御推挙をもて、太閤より此制札を賜ひしかは、大神君様へ御礼を申あけしなるへし」と記している。それによれば、懐島郷では玉縄城に在城していた鳥居元忠を経由して徳川家康の「御推挙」を得て「制札」を入手したという。この「制札」は「村落寺社にま丶相伝するものにて、めつらかならさるものなれと」として、各地の村落寺社に伝来しており、特に珍しいものではないとしつつも、天正一八年四月付の「相模国東郡内ふところ嶋三ケ村」宛の「条々」を載せている。また、天正一八年四月に鳥居元忠が玉縄城に在城している記述は、巻之十八の5「玉縄城跡」につながる記述である。天正一九年五月三日付の鳥居又左衛門宛の「相模国東郡於懐島本社」における二〇〇石宛行の朱印状を載せ、又左衛門の子孫である水戸藩士鳥居伝七郎家の秘蔵とする。挿絵⑲「懐島郷」はやや引き気味に同地周辺を描いている。

以上、1～11は高座郡の内の寺社を中心に記述した部分であり、家康来訪の事歴と天正一九年一一月付の朱印状が主な内容となっており、「凡例」第三条前半と第四条にもとづく掲載内容である。

次に12～14は東海道藤沢宿に関連する項目である。これに対応する挿絵が⑳「藤沢宿　農民吉右衛門・同久兵衛・御殿跡」、㉑「其二　御殿跡」、㉒「其三」である。⑳～㉒は連続した構図で、⑳＝東→㉑＝中央→㉒＝西の順序で藤沢宿の景観を南側の上空から鳥瞰している。⑳の右側には「大鋸橋」と江の島道の一の鳥居が配置されている。画面の下段に藤沢宿の町並み、㉑の中央には藤沢御殿跡が、その左側上部には富士山が配置されている。この挿絵により、藤沢宿の坂戸町・大久保町という高座郡部分が描写されたことになる。

12**「農民吉右衛門　藤沢坂戸町」**は、「農民吉右衛門は藤沢宿坂戸町の民なり、先祖を小沢吉右衛門高虎といふ、大神君様、藤沢御殿御止宿の頃、慶長元年伊奈備前守忠次殿、仰を伝へ、御殿の屋根葺立の萱及薪等の料として便宜の原野を見立、御奉公申上へしとありし時、吉右衛門の祖吉右衛門、鎌倉郡瀬谷野・当郡立川野を見立、瀬谷野より萱千駄、立川野より薪若干を奉りしとなり、此、立川野は当郡内福田・長後・深見・草柳の村々馬草の料に当る所なれは、其後伊奈備前守殿より各村の地頭等に達せられ、吉右衛門の願により両野の支配を仰付られ、苗字帯刀をも許さる、其頃、此両野に雲雀多きをもて、初て鳥代の御注進申あけしより、大神君様、藤沢御殿へ渡御の度々、御鷹場となり、吉右衛門御捉飼御案内等に走廻り、其余、当国御放鷹の時の御小屋・御厩等の屋根萱又ハ薪迄も納めしとなり、其後、元和七年十月御代官米倉助右衛門殿、立川野を運上地に定られ、其進退の事を吉右衛門に命せらるとして、元和七年一〇月一八日付の小沢吉右衛門宛の米倉助右衛門書状と、正月二二日付の「小沢殿」宛の「玉縄領主松平右衛門大夫正綱」書状を所収する。ここでは慶長元年における徳川家康の藤沢御殿止宿に際して、伊奈忠次より御殿の「屋根葺立の萱及薪等の料」として適当な原野を「見立」てて「御奉公」するように指示があった。これを受けて、小沢吉右衛門は鎌倉郡瀬谷野と高座郡立川野の二か所を「見立」て、瀬谷野からは萱千駄、立川野からは薪を、それぞれ調達した。吉右衛門の願いにより、この両野は同人の支配となり、苗字帯刀を許可された。また、この両野には雲雀が多い旨を注進したところ、藤沢御殿滞在時の「御鷹場」とされ、当国鷹狩時の「御小屋・御厩等の屋根萱又ハ薪迄」については吉右衛門が納入したという。14「藤沢御殿跡」に関連する立項であろう。

13「**農民久兵衛　同町**」は、「農民久兵衛は同町(藤沢坂戸町)に住して、三河屋を家号とす、始は津久井県に住し、後年当町に移りしとなり、大神君様より冨田将監に賜ひし御書を秘蔵す、こは先祖三州にありし時より蔵する由伝ふるのミ、其余を詳にせす」として、七月一日付冨田将監宛の「御書」を載せる。この他「毎年四月十七日には神酒を備へて祭り来れり」と記している。

14「**藤沢御殿跡　藤沢大久保町**」は、高座郡の藤沢宿における中心的な項目である。まず「藤沢御殿蹟は藤沢宿の

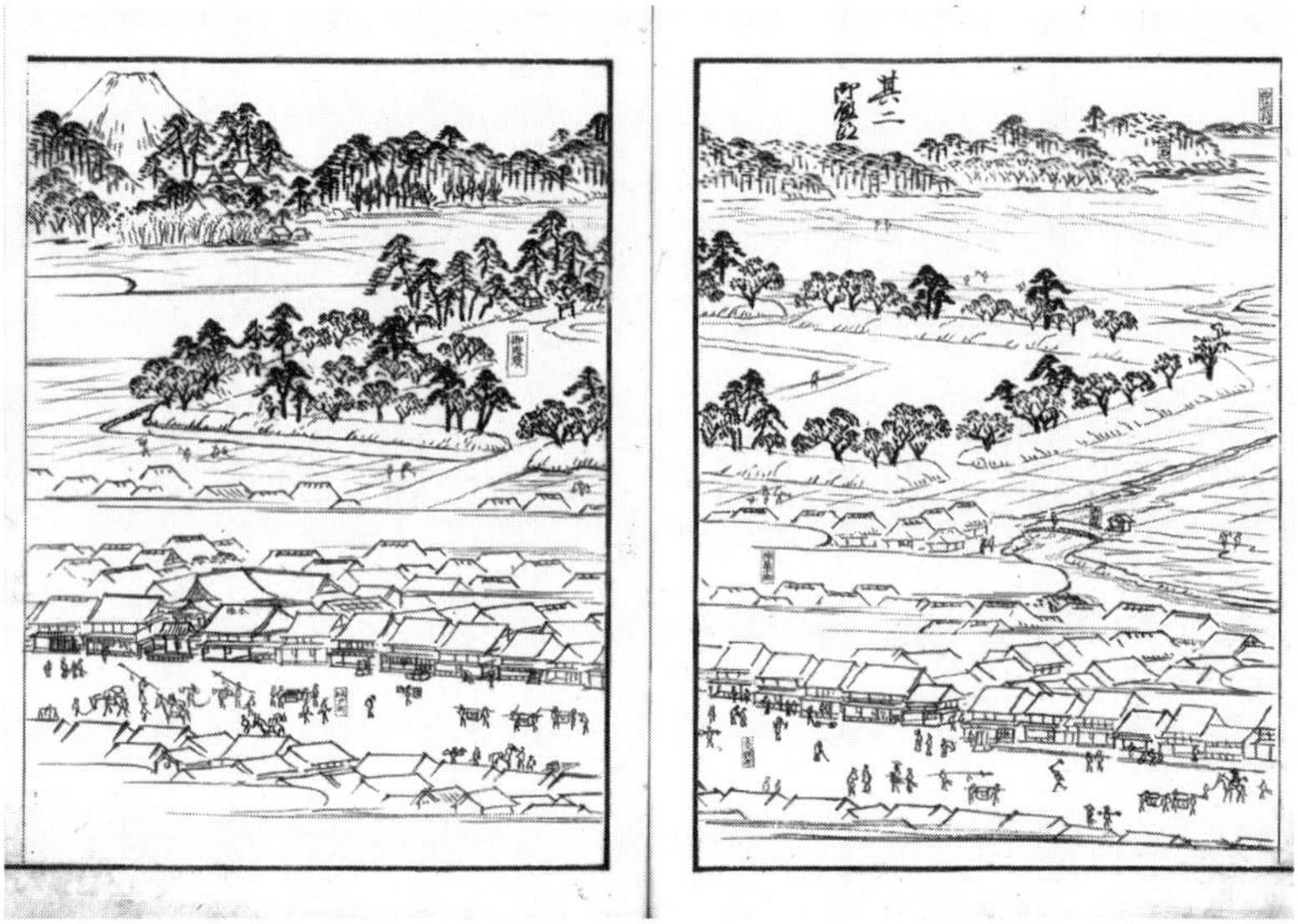

巻之十三 挿絵㉑「（藤沢宿）其二　御殿跡」 福原家本（藤沢市文書館写真提供）

内、大久保町にあり、東海道の往来より北に入る事壱町許、天和二年新開して畑地とせらる、段別五段九畝余、今も御堀の跡、及ひ松・榎なとの並木四方の界にあり、表御門ハ南にむかひ、裏御門は東にありしと伝ふ、また西の方に御座所の蹟なりしと云所あり」として、表門・裏門・堀といった御殿の構造の概要を記している。あわせて「当所の民、長右衛門の家蔵」する「御殿地間数」等を記載した「古書付」＝元禄一二年（一六九九）付の「御殿間数」を所収する。

ついで「今、鎌倉郡渡内村名主左平太の家に御殿御裏門の扉を秘置り」として、藤沢御殿の裏門の扉が「鎌倉郡渡内村名主左平太の家」＝福原家に「秘置」されているとする。藤沢御殿裏門の解体時に何らかの経緯によって福原家へもたらされたと思われ、福原家と徳川家康の密接な関係を象徴する物品ということになる。公的な色彩が強い表門に対して、裏門は私的な感覚が強いように感じられる。巻之十八の4「名主左平太」＝福原家の項目へつながる伏線である。挿絵㉓「御殿御裏門之扉」はこれを描いたものである。

項目の末尾には「そも〱大神君様、京都へ赴かせ給ふとき、或は江戸・駿府御往返の御途次、当所に着御あらせたまふ事度々なり、また台徳院様にも着御あらせられし事、其頃の古記に著ハる」として、家康は上洛や江戸~駿府間の往来に際し、「当所」=藤沢御殿をしばしば利用しており、その「大略」を記す。藤沢御殿が小田原城・中原御殿と並ぶ家康の「留恩」が強く遺されている場所であることになる。ちなみに慶長五年の行程については「慶長五年、大神君様、大阪(ママ)より東国御進発のとき、六月廿八日当所に御泊り、それより鎌倉御遊覧あり、同年上方逆徒御征伐として、九月江戸を御首途、二日当駅に御泊りあり」とあり、「大阪より東国御進発」では六月二八日に藤沢御殿へ宿泊し翌日鎌倉へ出発、「上方逆徒御征伐」では九月二日に藤沢宿へ宿泊したとする。

まとめ

以上のように、高座郡は巻之十三の一巻構成であり、藤沢宿・藤沢御殿に関連する12~14と、それより北部に位置する1~11の二つに分かれる。

1~11については、時宗の有力寺院である1「無量光寺」、坂東三十三観音第八番札所の2「星谷観音堂」、元和三年(一六一七)における家康遺骸の通行時の「御休輿」場所である3「外記宿」、4「宗仲寺」、相模国の国分寺である5「国分寺」、同じく一宮の9「寒川神社」等、興味深いものもみられるが、「相中留恩記略」の全体構成に関わる項目は存在しない。

これに対して、12~14は藤沢宿が高座郡の坂戸町・大久保町と鎌倉郡の大鋸町から構成されていることをふまえ、鎌倉郡に接続する末尾に配置されている。藤沢宿関連の項目により、足柄上郡の矢倉沢村の御陣場↓足柄下郡の小田原城・小田原宿と箱根宿↓淘綾郡の大磯宿↓大住郡の平塚宿・中原御殿と続く、家康の行程とその主要な経路である東海道という「相中留恩記略」における本筋の流れへ戻ったことになる。12・13は坂戸町居住の人々を扱ったものであり、中心的な項目は大久保町に存在する14「藤沢御殿跡」である。ここでは藤沢御殿の構造とともに、徳川家康による同御殿休泊の内容を示す「大略」が記されている。「大略」が存在するのは他に小田原城と中原御殿のみであり、同所の重要性が示されている。あわせて藤沢御殿裏門の扉が「鎌倉郡渡内村名主左平太の家」＝福原家に「秘置」されていることを述べ、巻之十八の4「名主左平太」への伏線としている。また、挿絵⑳～㉒により藤沢宿の高座郡部分（坂戸町・大久保町）が描写されており、巻之十八の冒頭へと続いている。

第二節　鎌倉郡(1)―巻之十四・十五

鎌倉郡は巻之十四～十九の六巻より構成されているが、第二節ではその内、巻之十四・十五を検討する。巻之十四は鶴岡八幡宮関係を扱う。鶴岡八幡宮は、源頼義・義家・頼朝という源家歴代によって創建・崇拝された神社であり、「相中留恩記略」において鎌倉のみならず相模国全体において最も重要な場所として位置づけられている。ここでは、慶長五年(一六〇〇)六月二九日から七月一日における徳川家康の鶴岡八幡宮参拝とその意義について触れている。一方、巻之十五は、鶴岡八幡宮より西方から西北にあたる山之内村と扇谷村を対象とする。山之内村には鶴岡八幡宮とともに「四ケ所」と称され執権北条氏(得宗家)により建立された建長寺・円覚寺・東慶寺が存在する。隣接する扇谷村とともに、鶴岡八幡宮と一体的な取り扱いである。

なお、巻之十四～十九の全六巻から構成される鎌倉郡において、冒頭の巻之十四・十五に、鶴岡八幡宮とそれに一体的な位置づけになる山之内村・扇谷村が配置されているのは、巻之二～四の全三巻から構成される足柄下郡において、小田原北条氏の居城として相模国の「国魂」が所在する小田原城を郡冒頭にあたる巻之二の最初に立項したのと同様な意図になる。

巻之十四

巻之十四は1「鶴岡八幡宮」、2「御茶屋蹟」の二項目であるが、紙数の大半は1「鶴岡八幡宮」に割かれており、また2「御茶屋蹟」も徳川家康の鶴岡八幡宮参詣時における「休憩」施設であるので、鶴岡八幡宮関係で一巻を構成していることになる。所収項目の取り扱い方としては破格であり、それだけ鶴岡八幡宮の重要性が高いことになる。1「鶴岡八幡宮」には「社家」の内、「荘厳院」「相承院」と、「神主」「小別当」が小項目として付されている。挿絵は、①「鶴岡八幡宮」、②「其二」、③「其三」、④「其四」、⑤「其五」、⑥「其六」、⑦「其七」、⑧「其八」、⑨「北条氏綱奉納太刀・本多弥八郎正信奉納太刀」、⑩「陣貝」、⑪「太鼓」、⑫(御打敷)、⑬「大身鎗」の一三件である。

1**「鶴岡八幡宮」**については、まず「鶴岡八幡宮は小林郷にあり、社伝及ひ東鑑等を閲するに、伊予守頼義朝臣、奥州の逆徒安部貞任・宗任を征伐の時、丹祈の旨あり、凱旋の時、鎌倉に立寄せられ、康平六年八月、石清水八幡宮を当所由井の郷に勧請したまひ、武運の栄盛を祈られける、此社地、今に由井若宮の旧地と称し、今の社地より十八町南の方海辺にあり、其後、永保元年、御子義家朝臣相模守に任せられ、鎌倉に到られ、頼義卿建立の社頭を修営したまひ、家衡・武衡追討の願書を籠られけるとそ、其後、治承年中、頼朝卿、源家開運の刻、宗廟を崇め奉られんか為に、同四年十月十二日、由井の若宮を今の地に引移され、仮の造営あり、これ今の下宮の地なり、建久二年三月、火災ありて社頭残らす灰燼となりしかハ、同年四月、今の上宮の地に新に宝殿を造立あり、又、下宮も再造あり、十一月下旬、上下両宮末社等に至るまて全く落成せり、此後、代々の将軍家・執権・管領・小田原北条氏に至るまて、相続きて社頭の造営修理を加へられし事歴々たり」と記して、「社伝」と「東鑑」等に依拠しつつ、その由来と江戸時代以前における歴史を概観する。

それによれば、源伊予守頼義が前九年の役において「奥州の逆徒」安部貞任・宗任を討伐する際に「丹祈」を行った。そして、凱旋時に鎌倉へ立ち寄り、康平六年（一〇六三）八月に「由井若宮の旧地」に石清水八幡宮を勧請して「武運の栄盛」を祈願した。「源家」による鎌倉の八幡宮の創始である。その後、相模守に任じられた頼義の子義家は、永保元年（一〇八一）に後三年の役で（清原）「家衡・武衡」を追討する際に、鎌倉へ到り、頼義建立の社頭を「修営」し、「家衡・武衡追討の願書」を籠めた。この義家の相模守叙任も「源家」と相模国とのつながりを意識させる記述である。こうした頼義による創始と義家による「修営」をふまえて、鎌倉幕府を開いた源頼朝は「源家開運の刻」に「宗廟」を「崇め奉」るため、治承四年（一一八〇）一〇月一二日に「由井の若宮」を現在の「下宮の地」へ移転して「仮の造営」を行った。そして建久二年（一一九一）三月の火災による焼失後、同年四月に現在の「上宮の地」に新たに「宝殿」を造立し、あわせて下宮も再造、同年一一月下旬には「上下両宮末社」が落成した。それ以後「代々の将軍家・執権・管領・小田原北条氏」（鎌倉幕府の源家将軍三代と執権北条氏九代、鎌倉府の鎌倉公方、小田原北条氏）が連綿として「社頭の造営修理」を行っている。ここでは鶴岡八幡宮が源頼義・義家父子と源頼朝によって創建された由来と、そうした伝統をふまえて代々の東国の武家権力が「社頭の造営修理」を行う特別な存在であったことを述べている。

ついで、「天正十八年七月、豊臣太閤、小田原凱陣の時、当社へ参詣あり、社頭を歴覧せられ、帰洛の上、造営あるへきとの事なりしに、茲年八月、関東御打入あり、東照大神君様の御分国となりしかは、同十九年五月、御当家にて御造営あるへきの由なり」と記している。これによれば、一旦は豊臣秀吉による鶴岡八幡宮の「造営」が企図されたが、同年八月の「関東御打入」により関東地方が「東照大神君様の御分国」＝徳川家康の領地となったので、鶴岡八幡宮の造営も「御当家」＝徳川家が行うことになったとする。「源家」の系譜を引く「将軍」「管領」とそれを補佐・継承する「北条氏」という東国の権力による鶴岡八幡宮の「造営・修理」の伝統が徳川氏へと継承されたことになり、家康の小田原城入城と一体の事柄として位置づけられよう。関連して「其旨を太閤より社務に下知」した天正一九年（一五九一）五月一四日付の「鎌倉鶴岡八幡宮社僧中」宛の豊臣秀吉朱印状と、「同年十一月社領永八百四拾貫文を御寄附あらせ給ふ」として、天正一九年一一月付の社領「寄進」の徳川家康判物を所収する。その後、「文禄元年四月、寺田右京亮安吉殿を奉行として下宮の御修営あり」として、文禄元年（一五九二）四月に下宮の「御修営」が実施されたとする。徳川家康が継承した関東の支配に対応して実施された鶴岡八幡宮の「修営」である。

これに対して、それに続く「慶長五年、大神君様、上杉景勝御征伐として関東に御下向ましく〳〵ける頃、五月廿九日、当社へ御参詣あらせられ、景勝追討の御祈念を籠させたまひ、先年、北条左京大夫氏綱、神殿に奉納ありし康国の太刀を預らせたまひ、御守護刀として御陣中へ御随身あそハされし」という一節は、慶長五年（一六〇〇）における陸奥国会津の上杉景勝征伐のため徳川家康が江戸へ下る際に鶴岡八幡宮へ参詣したことを記述したものであり、「将軍の府」＝鎌倉幕府が持つ全国支配権の継承に関わる内容である。それによれば、同年五月二九日に徳川家康は鶴岡八幡宮へ「御参詣」し、「景勝追討」を「御祈念」するとともに、北条氏綱が奉納した「康国の太刀」を「御守護刀」として陣中に「御随身」したとする。

そして、これを補足するように引用される「按するに、或書に慶長五年六月廿九日、大神君様、鎌倉御一覧あり、雪下にて御旅服を改めたまひ、当社御参詣、景勝御征伐御勝利のため、往昔頼義・義家・頼朝、源家の御吉例を尊慮あらせられ、御勝利後、社頭御造営なし給ハん事を社務のものに命せられたまひし事見ゆ」の文言では、「或書」を根拠として、慶長五年六月二九日に家康が「鎌倉御一覧」の後、雪下において「御旅服」を改めて、「頼義・義家・頼朝、源家の御吉例を尊慮」して、「景勝御征伐御勝利」のために鶴岡八幡宮を「御参詣」し、勝利した後の社頭の「御造営」を約したとする。「雪下」は2「御茶屋蹟」のことであり、同所で衣服を改めたことになる。前九年の役における源頼義、後三年の役における源義家、具体的な記述はないが平泉の藤原氏討伐における源頼朝といった、奥州の「逆徒」を征伐する際に鎌倉鶴岡八幡宮へ参拝するという「源家の御吉例」を踏襲した家康の参詣により、頼義・義家以来の「源家」の伝統、及び源頼朝による鎌倉幕府創設以来の全国統治に関わる相模国の「国魂」が徳川家康へ付着し継承されたという福原高峰の認識であろう。その結果、関ケ原合戦の勝利を経て幕府を開くという論理になる。また、この「源家の御吉例」という表現は巻之十八の4「名主左平太」の項目への伏線ともなっている。

なお、家康の行程については、巻之十三の14「藤沢御殿跡」に「慶長五年、大神君様大阪《(ママ)》より東国御進発のとき、六月廿八日当所に御泊り、それより鎌倉御遊覧あり」とあり、「或書」における六月二九日という日程の方が正しく、五月二九日という日付は六月の誤記とも思われる、あるいは一か月ずれる暦法を使用していたのであろうか。これ以降の各巻では慶長五年六月末から七月初めにおける江戸へ向けた徳川家康の行程が記述されており、巻之二十三の金沢へ続く布石となっている。

家康が「御守護刀」とした太刀は、後述の神宝の冒頭に記述されている「北条氏綱奉納」の㋐「太刀　一振」が該当し、小田原北条氏の二代氏綱が奉納したもので、「奉納八幡宮御宝殿北条左京大夫平氏綱天文七戊戌年八月二日所願成就皆令満足康国作」の銘文が記されていた。小田原北条氏による関東支配権が鶴岡八幡宮に由来することの証左である。さらに「大神君様、康国の銘に愛させ給ひ、上杉御征伐の時、御随身あらせられ、台徳院様、大坂御出陣にも御随身遊ハされ、御凱陣の後、御帰納遊ハされしと云ふ」という記述が続き、家康が「康国」という銘を愛でたとする。「国」を「康」ずるという文字の意味と、「家康」という自らの名前の一字を重ね合わせたのであろう。あわせて源家を補佐・継承した「北条氏」を自らの配下に位置づける事柄を象徴的に表現していると思われる。なお、この太刀は、北条氏綱奉納という由緒をふまえつつ、関ケ原合戦・大坂の陣に「御随身」したことにより、後述する「神宝」の筆頭に位置づけられている。

さらに「同(慶長)九年、大神君様御社参遊ハされ、御再造の儀仰出されしに、御成就あらせられす、元和二年薨御遊ハされしかは、台徳院様御遺命を蒙らせたまひ、元和八年、御造営の義仰出され、寛永元年事始、同二年まて上・下御宮并諸堂社・末社・神器・祭器等に至るまて、御造畢、松平右衛門太夫正久殿御奉行たり」として、将軍就任後の慶長九年に家康の「御社参」が行われ、「御再造の儀」を指示したが、造営を実施することはできなかった。その後、元和八年(一六二二)に「台徳院」＝二代将軍秀忠による松平正久＝正綱を「奉行」とする鶴岡八幡宮の「造営」が指示されたが、それは「大神君様」＝徳川家康の「御遺命」であるとする。ここでも家康の「御遺命」の執行者は松平正綱とされている。

また、寛永五年(一六二八)八月付の「社中諸法度の御朱印・御奉書」を所収している。そして、「其後、引つゝき、御代々様御修復御再造あらせられ、落成の時、御名代にて御太刀・黄金御奉納あらせらるとなん、祭礼四月三日、神幸八月十五日、放生会同十六日、流鏑馬の式を行ふ、又、正月十三日白旗明神の神事、此社ハ即、頼朝卿の霊社にて、御相殿に東照宮の御神像を安置し奉れり」として、「凡例」第三条の「御歴代御由緒の事」に対応するように、「御代々様」＝歴代の徳川将軍により鶴岡八幡宮の「御修復・御再造」が実施されるとともに、「頼朝卿の霊社」である白旗明神に「東照宮の御神像」が「御相殿」されていることが記されている。源頼朝と徳川家康の存在を重ね合わせていることになろう。

ついで「神宝」として、先述の「北条氏綱奉納」の㋐「太刀　一振」、「文禄元年名護屋御陣の頃、本多弥八郎正信殿奉納」の㋑「野太刀　一振」、「慶長五年関ケ原の御陣」に家康が使用した㋒「陣具　一口」、同じく関ケ原合戦に使用した「御陣太鼓」である㋓「太鼓　一」、「台徳院様」=秀忠「御寄納の品」である㋔「御打敷　二鋪」、「寛永当社御造営落成」の「御連歌」である㋕「御連歌　一軸」、「厳有院様」=四代将軍家綱の「御染筆」である㋖「御扇面連歌　一幅」と㋗「葡萄墨画　一幅」を列挙し、この他「神宝に頼朝卿巳下寄附の品々、及古文書等数百紙あり」と記している。

次に「供僧十二ケ院」として、「古院家」の荘厳院・相承院・恵光院・香象院・浄国院・等覚院・我覚院と、「新院家」の安楽院・増福院・最勝院・正覚院・海光院が存在することを述べる。この内、「新院家」は文禄二年(一五九三)に家康が「御再建」したものであり、文禄元年における下宮の修復とともに、関東を統治する権力である徳川家康による鶴岡八幡宮の保護政策になる。この「十二院及神主・少別当」は「東照宮の御神影を守護して、毎年四月十七日・九月十七日の両度に順廻に御神事を執行す」として、徳川家康に関わる神事を執行している。

「供僧十二ケ院」の内、「古義真言宗関東五ケ寺の一にして御室御所院室を兼帯」する「荘厳院」と、「武・相・豆三国真言古義派の檀林所」である「相承院」については小項目が設定されている。「荘厳院」については「慶長十六年十一月十八日大神君様御放鷹として当国藤沢駅に御留宿の夜、廿五世の住僧賢融、御目見に罷出、御尋により鎌倉三代将軍・北条九代旧規の事とも詳に言上、且保暦間記所持のよし申あけしかは、其書、近日上覧遊ハさるへき旨仰出されける、同月十九日中原御殿に着御あらせられし夜、賢融、右の書物を持参し、御前に於て読上、其後、鎌倉中旧跡の事とも御雑談ありし事見えたり」と記されている。すなわち同院の住僧賢融が慶長一六年一一月一八日に藤沢御殿へ罷出たところ、家康より「鎌倉三代将軍・北条九代旧規の事」に関する質問があった。家康が鎌倉幕府について「三代将軍・北条九代」（源家将軍三代と執権北条氏＝得宗家の九代）として認識していたことになる。賢融がそれに回答するとともに、保元元年（一一五六）～暦応二年（一三三九）を対象とした史書である「保暦間記」を所持している旨を述べると、家康は近日中に上覧したいとの意向であった。そのため賢融は（一旦鎌倉へ戻り、同書を持参の上で）翌一九日夜、中原御殿に家康を訪ね、「鎌倉中旧跡の事」に関する「御雑談」があったという。

この点について、巻之十三の14「藤沢御殿蹟」の「大略」では「同（慶長）十六年十一月十八日、大神君様、神奈川より路次御放鷹あらせられ、当所に着御、夜に入て増上寺玄恵上人出仕いたし、仏法の御談話あり、鎌倉荘厳院御目見に罷出、御尋により鎌倉三代将軍・北条九代の旧規の事詳に言上、保暦間記所持のよし申あけ、則、御覧あるへきの旨仰出さる」とあり、巻之六の「中原御殿跡」の「大略」にも「同（慶長一六）年十一月十九日にも着御あり、今夜、鎌倉荘厳院御目見被罷出、保暦間記を持参、御前に於て読み上、また鎌倉中旧跡の事とも申あけし事なとあり」と記されており、鎌倉とその歴史に対する家康の強い関心をうかがわせる。

あわせて「神主大伴左衛門藤原清芳」と「少別当大庭良敬」についても小項目が立項されている。前者では「山城時孝の時、慶長五年七月朔日東照大神君様、当社御参詣あらせられしかは、荘厳院賢融及時孝嫡子美作権守時成とともに御案内を申あけ奉りしと伝ふ」とあり、七月一日の家康の参詣時に神主の大伴氏が案内したという。後者には「元能の時、慶長五年六月廿九日大神君様当社御参詣の折しも、私宅へ御一宿あらせたまひ、翌朝御発駕の時、元能御目見、御東征の御首途をいはひたてまつりて、陰靡け　世は八幡の　神の秋と吟せしところ、御満悦に思召させられ」との記載がみられる。これによれば、六月二九日夜に同所へ宿泊し、翌七月一日に鶴岡八幡宮から出発したことになる。そして、家康の「御東征」にあたり、当時の大庭家の当主元能は「陰靡け　世は八幡の　神の秋」と吟じたという。「八幡の神」は鶴岡八幡宮であるとともに八幡を氏神とする源家＝徳川家康のこと。「秋」は六月（＝夏）から

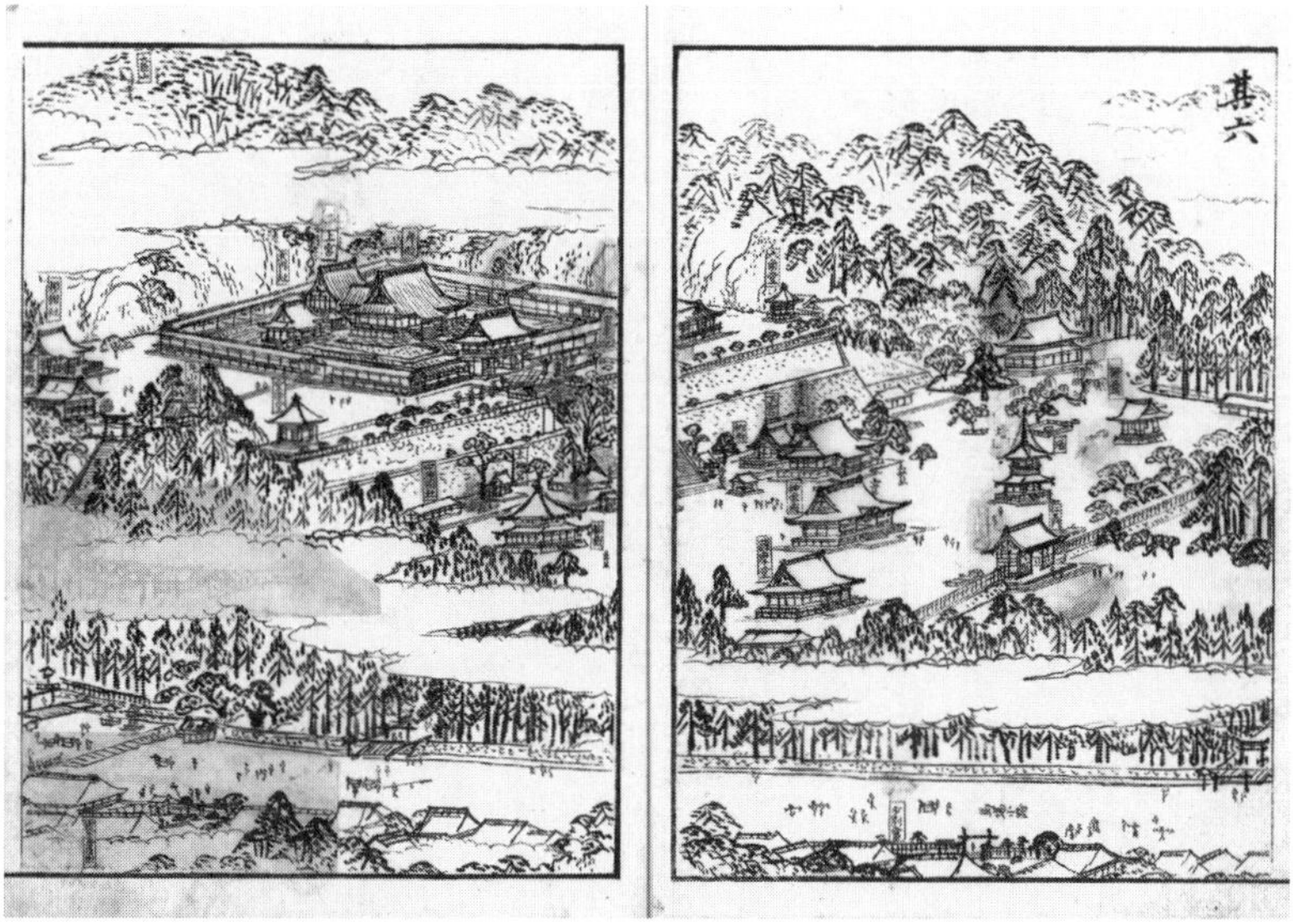

巻之十四 挿絵⑥「（鶴岡八幡宮）其六」 福原家本（藤沢市文書館写真提供）

七月（＝秋）という月と季節の交代をふまえつつ、秋＝七月～九月における物事の成熟・実りを詠ったものであろう。あるいは江戸城への入城日である八月朔日＝「八朔」の前提として、年次は異なるものの、七月朔日における鶴岡八幡宮参詣を対置させる意図があるのかもしれない。なお「此頃の記録に、七月廿九日、八幡別当の宅に御止宿ありし事見へしは是なり」とあるのは六月二九日の誤記であろう。

1「鶴岡八幡宮」に対応する挿絵が①「鶴岡八幡宮」、②「其二」、③「其三」、④「其四」、⑤「其五」、⑥「其六」、⑦「其七」、⑧「其八」、⑨「北条氏綱奉納太刀・本多弥八郎正信奉納太刀」、⑩「陣貝」、⑪「太鼓」、⑫（御打敷）、⑬「大身鎗」である。

①～⑧は、鎌倉の海岸から鶴岡八幡宮の参道である段葛を通って本殿へいたり、「供僧十二ケ院」までを対象とする。参道西側上空よりの俯瞰であり、鎌倉を対象とする巻之十六・十七の前提ともなる描写である。①「鶴岡八幡宮」は「由比ケ浜」の海岸に始まり、②「其二」、③「其

三」は海岸から続く段葛の参道。画面中央を左右に横断するように段葛が配置され、その上部が東側、下部が西側となる。この部分では段葛の両側に町並みはないが、「其二」には「光明寺」、「其三」には「大町」の文字がみえる。④「其四」も段葛であるが、左端には「一鳥居」(一の鳥居)がみえ、直近の門前町が描かれている。⑤「其五」より八幡宮の境内へ入り、⑥「其六」が拝殿などの中心部分を描写する。⑦「其七」、⑧「其八」は「供僧十二ケ院」を描く。この流れの延長線上には建長寺・円覚寺の所在する山之内村があり、巻之十五へと続く布石であろう。

⑨～⑬は、本文で記述された鶴岡八幡宮の「神宝」等を描いたもの。⑨は「北条氏綱奉納」の㋐「太刀一振」と「文禄年間名護屋御在陣の頃本多弥八郎正信殿奉納」の㋑「野太刀一振」を上下二段に配置している。⑩「陣貝」と⑪「太鼓」は「大神君様慶長五年関ケ原の御陣」で使用した㋒「陣貝一口」と㋓「太鼓一」を個別に描く。⑫(御打敷)は「台徳院様御寄付の品」である㋔「御打敷」を描いたもの。⑬「大身鎗」は、「神主大伴左衛門藤原清芳」の先祖が大坂の陣に供奉した際に家康より賜った家蔵のものである。

2 **「御茶屋蹟」**は、「御茶屋跡は鶴岡社地の西門外にあり、凡百坪はかりの地なり、東照大神君様、当社御参詣のころ、御休憩のために設たまひし処といふ、元社領の内にて、供僧増福・等覚の両院及神主等の配当地なりしを、慶長八年二月、御茶屋を建たまハんと彦坂小刑部元正殿承ハり、同年十月、其替地を他に賜ハりしといふ」として、同所が家康の鶴岡八幡宮参詣時における休憩施設として設置され、八幡宮の西門外に所在していたとする。そして、征夷大将軍就任直後の慶長八年二月には鶴岡八幡宮参詣のための「御茶屋」を建設する意向が示されている。これに関連して所収された文書は、年月記載の無い「御茶屋屋敷ニ罷成候跡之間数之覚」、慶長八年一〇月一四日付の「渡申雪下御茶屋之敷替地之事」、極月一四日付の「雪下御茶屋屋敷替地扇谷越中山ニ而相渡候分」の三点で、月日記載のある二点には「雪下御茶屋」の文言がみえる。

以上、巻之十四では鶴岡八幡宮と源家・徳川家康との関係を中心に叙述している。鶴岡八幡宮は源頼義・義家・頼朝という歴代により創始・修営・造営された神社であり、鎌倉幕府における源家「将軍」三代と「執権」北条氏九代、鎌倉府の「管領」＝鎌倉公方（関東足利氏）、小田原北条氏等、源家とそれを補佐・継承する「北条氏」という関東を掌握した武家権力により「造営」「修復」が行われてきた。天正一八年の「関東御打入」に対応して、こうした伝統は徳川家康が継承した。そして、会津の上杉景勝征伐のため江戸へ下る途中である慶長五年六月二九日から七月朔日に「源家の御吉例」をふまえた形で鶴岡八幡宮へ参拝し、源家歴代の伝統と鎌倉幕府以来の全国支配権という相模国の「国魂」が家康に付着し、将軍就任・幕府開設にいたるとする。

巻之十五

巻之十五は、1「建長寺　山之内村」、2「円覚寺　同村」、3「東慶寺　同村」、4「浄智寺　同村」、5「寿福寺　扇谷村」、6「英勝寺　同村」、7「浄光明寺　同村」、8「巽荒神社　同村」、9「鍛冶綱広　同村」の九項目となっているように、山之内村と扇谷村の寺社を主な対象とするが、主要な項目は建長寺・円覚寺・東慶寺である。なお、2「円覚寺　同村」には「帰源院」「仏日庵」の小項目が付されている。挿絵は、①「建長寺」、②「其二」、③「其三」、④「円覚寺」、⑤「其二」、⑥「松ケ岡東慶寺」、⑦「浄智寺」、⑧「寿福寺」、⑨「英勝寺」、⑩「浄光明寺」、⑪「巽荒神社」、⑫「綱広屋敷」の一二件である。

山之内村には鎌倉五山の第一・第二・第四にあたる1「建長寺」、2「円覚寺」、4「浄智寺」と鎌倉尼五山の第二の3「東慶寺」が存在する。なお、鎌倉尼五山の第一である太平寺は戦国時代に廃絶しており、実質的には東慶寺が尼五山の筆頭となる。

巻之十四に配置された鶴岡八幡宮を鎌倉郡の起点として、山之内村の四か寺の遠近関係を整理すれば、1「建長寺」→2「円覚寺」→4「浄智寺」→3「東慶寺」となるが、浄智寺より東慶寺の方が上位とされており、その順序で項目立てされている。

1 **「建長寺　山之内村」**の項目では、「建長寺は、山之内村にあり、境内弐拾三万三千六百弐拾坪半、五山の第一なり、巨福山、建長興国禅寺と号す、北条相模守平時頼の建立なり、建長五年十一月落成の供養あり、事は東鑑等に詳なり、時頼、法名最明寺道崇といふ、弘長三年十一月廿二日卒、開山は宋の大覚禅師蘭渓道隆なり、寛元四年、本朝に帰化し、弘安元年七月廿四日遷化す、今に例年の開山忌には緇素群参せり」として、北条時頼による開基と開山忌の賑わいを記す。ついで「武徳編年集成に慶長五年六月、東照大神君様、鎌倉御遊覧の刻、五山の禅刹御巡視ありし事見ゆ、然れは此ころ当寺にも入御ありし事しらる」と述べ、「武徳編年集成」の記述として、慶長五年（一六〇〇）六月の「鎌倉御遊覧」の際に徳川家康が五山の各寺を訪れたとする。ただし、六月二九日に藤沢御殿を出発し江の島を経由して同日中に鶴岡八幡宮へ到着するその行程からは、経路から外れる山之内村の建長寺を回るのは困難であろう。この点は山之内村・扇谷村における他の寺社についても同様である。さらに「境内に高峯か地頭の先祖なる加藤三左衛門嘉遐、及其子三之丞父子の墓あり、嘉遐ハ法名普光院殿雄峯朝胤居士、元禄十年八月廿二日卒す、三之丞は法名龍雲院殿一峯義天居士、貞享元年五月廿二日父ニ先て没す、其冥福を修せんか為に、嘉遐、当寺塔頭二十四庵へ祠堂金を寄附せられ、又、大鐘を鋳造して西来庵にかゝく」として、渡内村の領主旗本加藤氏の墓所についても記している。また、「寺後の山を勝上嶽といへり、中腹に観瀾閣あり、僧義堂の空華集にも観瀾閣の詩見ゆ、傍に開山の座禅窟、又、一遍上人幽棲の古跡、今に残れり、窟中に開山及一遍上人の石坐像を置、山上、南西の眺望勝れたり、此余、境内古跡多し」として、背後の山である「勝上嶽」の存在と眺望を記す。また、天正一九年（一五九一）一一月付の寺領八五貫八四〇文の判物と（文禄元年〈一五九二〉）極月晦日付の徳川家康黒印状を載せる。挿絵①「建長寺」は同寺の山門付近を斜め上空から俯瞰したもの。②「其二」と③「其三」は同寺の境内を連続した構図で描く。

２「円覚寺　同村」では、「円覚寺は、同村（山之内村）にあり、五山の第二なり、瑞鹿山、円覚興聖禅寺と号す、弘安五年十二月、北条相模守時宗の建立なり、法名法光寺殿杲公大禅定門といふ、同七年四月四日卒、開山勅諡仏光禅師円満常照国師は宋の慶元府の人なり、弘安二年帰化、同九年九月三日遷化、今も例歳の開山忌には道俗群詣せり」とあり、北条時宗による開基と開山忌における賑わいを記している。先述した建長寺の「今に例年の開山忌には緇素群参せり」と円覚寺の「今も例歳の開山忌には道俗群詣せり」という両寺の開山忌の記事は、「例年」と「例歳」、「緇素群参」と「道俗群詣」という対比的な表現から分かるように、一対のものであり、建長寺と円覚寺が他寺より抜きんでた二つの大寺であることを表現している。また「慶長の度、大神君様、当寺に渡らせたまひし時、舎利殿に御参詣ありしと伝ふ」として、おそらくは慶長五年六月に家康が来訪した旨が記されている。所収文書は、天正一九年一一月付の寺領一四四貫八三〇文の判物、鶴岡八幡宮・建長寺・円覚寺・東慶寺＝「松岡」の「四ケ所」の知行に関する七月二三日付の高力河内守・成瀬伊賀守宛の片桐市正・早川主馬正書状と、七月二六日付の片桐市正・早川主馬正宛の高力河内守書状、（文禄元年）極月晦日付の徳川家康黒印状である。多数存在する鎌倉の諸寺社の中でも、鶴岡八幡宮・建長寺・円覚寺・東慶寺の「四ケ所」は別格とされており、そうした認識をふまえて鎌倉郡を構成する六巻の内、最初の巻之十四に鶴岡八幡宮が、二冊目の巻之十五に１「建長寺」、２「円覚寺」、３「東慶寺」の順序で配列されている。

円覚寺関連の小項目の内、「帰源院」は同寺の塔頭で、「寛永二年の古記録に拠るに、慶長五年六月、大神君様、鎌倉御巡覧の折しも、当寺に渡らせたまひし」と記して慶長五年六月における徳川家康来訪の記事を載せる。同じく「仏日庵」は開基である北条時宗の「祠堂」である。挿絵④「円覚寺」⑤「其二」では、連続した構図で同寺の広大な境内を描く。

3「東慶寺　同村」では、「東慶寺は同村（山之内村）松ケ岡にあり、松岡山と号す、禅宗済家にて比丘尼寺なり、開山潮音院覚山志堂和尚ハ北条相模守時宗の内室なり、時宗弘安七年四月四日卒去の後、明年落飾して当寺を創建あり」として、北条時宗夫人による開基の旨を記す。また歴代の住持の内、「後醍醐天皇の姫宮」である第五世用堂和尚と「豊臣秀頼の息女」である第二〇世天秀泰和尚を挙げる。天正一九年一一月付の寺領一一二貫三八〇文の判物を載せる。挿絵⑥「松ケ岡東慶寺」では境内全体を見開きで描写している。

4「浄智寺　同村」では、「浄智寺は同村（山之内村）にあり、五山の第四なり、金峯山と号す、北条相模守師時の建立なり」として、鎌倉五山の第四と北条師時による開基を記す。ついで「建長五年六月、大神君様、五山御巡視の事見ゆ、〈其文は建長寺の条に引用す〉」として、「武徳編年集成」の文言をふまえ、浄智寺についても家康の「御巡視」が行われたとする。天正一九年一一月付の寺領六貫一四〇文の朱印状を載せる。挿絵⑦「浄智寺」では見開きで境内全体を描写している。

以上、山之内村の1「建長寺」、2「円覚寺」、3「東慶寺」、4「浄智寺」については、いずれも執権北条氏（得宗家）の人物によって開基された寺院である。

次に5～9は扇谷村の項目である。

5「寿福寺　扇谷村」では、「寿福寺は扇谷村の内、亀ケ谷にあり、亀谷山金剛寿福禅寺と号す、五山の第三なり」とあり、鎌倉五山の第三の旨を記す。ついで「東鑑を按するに、寺域もと左馬頭源義朝の宅地なり、没後、岡崎四郎義実、其冥福を追修せんかために一宇を宅跡に建立、亀谷堂と号す、其後正治二年に至り、尼御台所政子、その故基に就て伽藍を修営あり、今の寺号を授け栄西禅師を招待して開山となせしなり」として、寿福寺の寺域が頼朝の父である源義朝の宅地であり、その「冥福」を「追修」するため岡崎義実が一宇を建立。その後、正治二年(一二〇〇)に北条政子が「修営」して栄西禅師を開山としたという由緒を述べる。また「慶長五年六月、大神君様、五山御巡視の事、或書に見ゆ、然れハ当寺にも御来臨ありし事しるへし」として、慶長五年六月に同寺についても家康が「御来臨」したとする。天正一九年一一月付の寺領五貫二〇〇文の朱印状を載せる。また「開山堂に頼朝卿・実朝公の木像あり、又、堂内ニ御宮を勧請し奉れり、四月十七日には御法楽を執行ふ」として、開山堂内の「御宮」の所在と四月一七日の御法楽の執行を記している。挿絵⑧「寿福寺」では見開きで境内全体を描写する。

6「英勝寺　同村」は、「英勝寺は同村(扇谷村)にあり、寺域太田道灌の旧宅と伝ふ、東光山と号す、浄土宗の尼寺なり、太田英勝院禅尼創建して、水戸中納言頼房卿の御息女を薙髪せしめ、開山第一祖となす、寺領四百弐拾石を附す」とある。「開山」の「太田英勝院禅尼」は太田新六郎康資の末女で、家康の側室である。末尾に林羅山による「英勝寺記」と徳川光圀による「英勝太夫人墓誌」を掲載している。挿絵⑨「英勝寺」では見開きで境内全体を描写している。

7「浄光明寺　同村」は、「浄光明寺は同村(扇谷村)の内、泉ケ谷にあり、泉谷山と号す、真・台・禅・律四宗兼学、京都泉涌寺の末、執権北条武蔵守長時の建立なり」として、北条長時による開基と天正一九年一一月付の寺領四貫八〇〇文の朱印状を載せる。末尾に「網引地蔵といへる霊像有、客殿の庭中は自然の石山にして景趣あり」と記す。挿絵⑩「浄光明寺」では見開きで境内全体を描写している。

8「巽荒神社　同村」は、「巽荒神社は同村(扇谷村)にあり、元寿福寺の鎮守にて巽の方に当れり、故に此名あり、今は浄光明寺の持となる」として、天正一九年一一月付の社領一貫文の朱印状を載せる。挿絵⑪「巽荒神社」では、鳥居と建物を近景で描いている。

９「鍛冶綱広　同村」は、「鍛冶綱広は山村勘左衛門と称す、正宗十九代の子孫にして代々当所に住す、正宗十一代の孫の時、北条左京大夫氏綱より諱の一字を給ハりしより、代々綱広をもて通号とす、且、氏綱より永楽拾九貫七百八拾三文の地を賜ハれり」「小田原落城の後、彦坂小刑部殿及御同朋全阿弥の紹介により、天正十九年十一月東照大神君様に拝謁し奉り、先知の内、居屋敷共永弐拾貫の地を給ハれり」として、刀鍛冶「正宗」の由来と天正一九年一一月における家康への御目見を記している。挿絵⑫「綱広屋敷」では屋敷の風景を描く。

以上のように巻之十五では鶴岡八幡宮の西から西北に位置する山之内村と扇谷村を対象としており、鎌倉において鶴岡八幡宮とともに特別な地域として認識されている。また、山之内村が先に配置されているのは、同村に鶴岡八幡宮とともに「四ケ所」と称される鎌倉五山の第一である建長寺、同じく第二の円覚寺、鎌倉尼五山の第二で実質的な筆頭の地位にある東慶寺が、存在していたためであり、項目の順番もこの順序で記されている。巻之十五で記述されている寺院の多くは鎌倉幕府の執権北条氏（得宗家）が開基しており、源家による鶴岡八幡宮の創設に対応する位置づけになる。

まとめ

鶴岡八幡宮・建長寺・円覚寺・東慶寺を対象とする巻之十四・十五の第一冊目である巻之十四では、相模国の「国魂」が所在する鶴岡八幡宮を配置し、慶長五年（一六〇〇）における徳川家康の参詣を叙述する。前巻にあたる巻之十三末尾の「藤沢御殿跡」における同年の徳川家康の行程の記述を受けている。ついで、巻之十五では鶴岡八幡宮に次ぐ寺院である建長寺・円覚寺・東慶寺が所在する山之内・扇谷方面を対象とする。ここでも慶長五年六月における徳川家康来訪の記事が記されているが、行程の流れとしては無理であろうか。

鎌倉郡の第一冊目である巻之十四が鶴岡八幡宮に対象を限定し、頼義・頼家・頼朝といった源氏と徳川家康をはじめとする徳川将軍家との関係を強調するのに対し、第二冊目である巻之十五では鎌倉幕府の執権北条氏(得宗家)が開基した建長寺・円覚寺・東慶寺を中心に叙述している。足柄下郡の巻之二における小田原城と同様に、武家の聖地鎌倉を代表する社寺「四ケ所」を、鎌倉郡の冒頭である巻之十四・十五に配置したことになる。

第三節　鎌倉郡(2)―巻之十六・十七

第三節は、鎌倉郡を構成する全六巻の内、第二節で扱った巻之十四・十五に引き続く巻之十六・十七を検討する。巻之十六・十七は、巻之十四・十五で扱った以外の鎌倉と「江島」を対象としており、第二節で扱った巻之十四・十五とあわせて、「自序」Cで記された多数の寺社が存在する鎌倉の全域及び「江島」が叙述されることになる。巻之十六は鶴岡八幡宮から西南方面に存在する片瀬・「江島」・極楽寺・坂之下・長谷の各村を対象としている。編纂者である福原高峰の意図としては、藤沢御殿を出立し鎌倉鶴岡八幡宮へいたる慶長五年(一六〇〇)六月二九日における徳川家康の行程に対応させており、巻之十四・十五を間に挟みながら、高座郡＝巻之十三の末尾に記された藤沢宿・藤沢御殿からの家康の行程に接続する。途中には「自序」Cで相模国の名所とされる「江島」が存在する。一方、巻之十七は鶴岡八幡宮より東方の材木座・大町・小町・西御門・二階堂・浄妙寺の各村を対象としている。こちらも慶長五年七月一日に鶴岡八幡宮を出立して金沢へ到着する徳川家康の経路に対応するように項目の順序が設定されており、巻之二十三の武蔵国金沢へと続く意図である。また、巻の冒頭には船着場である1「和賀江島　材木座村」が配置され、徳川家康の実際の行程である陸路＝金沢道とは別に、三浦半島の沖合を経て金沢へ至る海路の記述がみられる。巻之二十～二十二を構成する三浦郡へつなぐ伏線である。

巻之十六

巻之十六では、1「片瀬村」、2「本蓮寺　片瀬村」、3「龍口寺　同村」、4「江島」、5「腰越村」、6「七里ケ浜　腰越・津村両村」、7「稲村ケ崎　極楽寺村」、8「極楽寺　同村」、9「星月夜　坂之下村」、10「長谷観音堂　長谷村」、11「大仏　同村」の一一項目である。巻之十三末尾の14「藤沢御殿跡」に記された慶長五年（一六〇〇）六月二九日における徳川家康の行程を受け、藤沢宿から江の島へ入り、それより鎌倉の西部を経て、鶴岡八幡宮へいたる範囲である。現行の行政区域としては藤沢市と鎌倉市に属する。4「江島」には「本宮」「別当岩本院」「上之宮」「下之宮」の小項目が付されている。挿絵は、①「片瀬村　本蓮寺」、②「片瀬村　滝《ママ》口寺」、③「御天目台」、④「内海御茶入箱」、⑤「江島」、⑥「其二」、⑦「其三」、⑧「其四」、⑨「腰越村」、⑩「稲村ケ崎」、⑪「極楽寺」、⑫「星月夜」、⑬「長谷観音堂」、⑭「其二　眺望之図」、⑮「大仏」の一五件である。

1「片瀬村」は、「片瀬の地名は、東鑑等にも見ゆ、慶長五年六月、東照大神君様、鎌倉御遊覧の折しも、江島より片瀬・腰越・七里ケ浜・稲村ケ崎の御道筋御通行ありし事、その頃のものに見えたり」が全文である。慶長五年六月二八日に藤沢御殿に宿泊し、翌二九日に「鎌倉御遊覧」の折に「江島より片瀬・腰越・七里ケ浜・稲村ケ崎の御道筋」を通行した徳川家康の行程をふまえ、巻之十六における対象範囲とその順序を巻冒頭で紹介している。

2「本蓮寺　片瀬村」は、まず「本蓮寺は同村（片瀬村）にあり、日蓮宗、京都本国寺の末にて、龍口寺輪番八ケ寺の一なり」という同寺の概要を述べる。ついで「相伝ふ、慶長の度、大神君様、此辺渡御ありし頃、御小休所となれりといふ、其時、御茶を聞召給ひし御道具とて、今に御天目台及ひ内海御茶入の箱のミを蔵せり、則、図のことし、か丶る御由緒あるをもて、大猷院様御代、慶安二年、寺領七石の御朱印を賜ふ」として、慶長年間における徳川家康の「渡御」の際に「御小休所」として利用された旨を記し、その時に使用された茶道具である「御天目台及ひ内海御茶入の箱」を所蔵している。挿絵①「片瀬村　本蓮寺」は境川の河口付近を描いたもの。帆を下ろした廻船や艀である小舟が停泊している。③「御天目台」は先述した「御天目台」を、④「内海御茶入箱」は同じく「内海御茶入の箱」を描いた器物図である。

3「龍口寺　同村」は、「龍口寺は同村(片瀬村)の内、龍の口にあり、法華宗なり、文永八年九月十二日宗祖日蓮刑に当りし旧跡なるをもて、弘安のころ、六老僧等、力を戮せて創建する所なり、即、日蓮を開山と仰き、近隣同宗の八ケ寺にて、輪番を勤む、寂光山と号す、無本寺なり、祖師堂に敷皮石と称するあり、或は首の座石とも呼り、蓮師、首の座に直りし石なりといふ、堂の向拝に敷皮堂の三字を扁す、今に世人急難を免れん為に此祖師に祈念すれは、必霊験あり、例年の会式には、宗門の僧俗群参す」と記し、日蓮上人の龍口法難の故地として「会式」の日には多くの人々が参詣する。また「相伝ふ、東照大神君様、慶長の度、藤沢より江島へ趨かせ給ひし頃、当寺に御立寄ありし」として、2「本蓮寺　片瀬村」と同様に慶長年間における徳川家康の来訪を記す。挿絵②「片瀬村　滝(ママ)口寺」では同寺の境内を描いている。

4「江島」は「自序」Cにおいて「江島の佳景」と記述される名所であり、巻之十六における主題の一つである。まず「金亀山与願寺と号す、陸より嶋の入口まて十一町余、島の入口より龍穴まて十四町許あり、嶋の開基は役行者にして、泰澄・道智・弘法大師なと相続て、文覚上人に至り再興せし事、縁起に委し」として、役行者による開基以来の由来と概要を記す。ついで「慶長五年六月廿八日、東照大神君様、藤沢に御止宿、それより鎌倉へ立寄せ給ハんとて、翌廿九日、絵嶋に至らせたまひしに、折節、干潟となりて陸路に続きけれは、岩本坊の辺より御乗物を下りさせたまひ云々、御帰路の時は潮満しにより、御船にて陸にあからせたまひ、片瀬・腰越を経て鎌倉へ渡らせられし事、或書に見ゆ」とあり、慶長五年六月二八日に徳川家康が藤沢宿へ宿泊、二九日に江の島へ参詣し、片瀬・腰越を経由して鎌倉へ向かう行程が記されている。

以下、「本宮」「別当岩本院」「上之宮」「下之宮」という小項目が立項されている。

「本宮」ではまず、「龍窟にあり、山頂に旅所あり、毎年四月初の巳の日、彼所に移し、十月初の亥の日爰に遷座せり、旅所に弁財天の秘尊を安し、御相殿に東照宮の尊号を勧請し奉れり、相伝へて大猷院様の御染筆といへり、四月十七日には大般若経を転読す、旅所修理の時は百金を官より賜ふ、宝永三年十月片瀬村にて社領拾五石の御朱印を御寄附あり」として、「弁財天の秘尊」を安置する山頂の「旅所」に「東照宮の尊号」を相殿しており、四月一七日には大般若経を読むとする。あわせて宝永三年(一七〇六)一〇月付の社領一五石の朱印状の存在を記す。ついで「当社は東鑑には江島の龍窟と見え、祈雨の事なと往々見ゆ、其入口は南の方へむかひ、海水、岩窟に湛たり、左にそひ岩尾を伝ひて内へいる、窟中甚た暗く嚮導の人松炬をとりて参詣の人を導き、入窟中に界あり、左右に分る、胎蔵界の穴、金剛界の穴といふ、毎年八月、掃除浪と号し海波窟中に打入て奥までを洗ひ流すとなり」として、本宮の龍窟の状況を描写する。弁財天を安置する洞窟は暗く、案内人は松明をかざして参詣人を導くという。さらに「慶長の度、大神君様御参詣の折しも岩本坊の辺より御乗物を下りさせ給ひ、御歩行にて岩窟の中へ御入、弁才天の像を拝ませたまひし事、或書に見えたり」と記して、慶長年間における家康の参詣を述べる。また、「龍穴の前に真名板石と唱ふる巨岩あり、面平にして魚板の如し、遊人魚を割き鰒を取らしめて遊賞す、此石上にて四方を眺望すれは、万里の廻船数百艘海上に浮ひ、豆・駿・総・房等諸州の諸峯、眼前にあり、限りなき勝景なり、大神君様龍穴へいらせられ、それより海辺へ出御ありけれは、猟師とも船を浮へ数々の魚類をとりて捧け奉りしにより、猟師ともへ白銀を賜ハりし事、物に見えたり、蓋此巨岩の辺に出御有しなるへし、猟師町は今、島中、東の浜辺にあり」として、龍穴の前にある「真名板石」と呼ばれる巨岩について触れる。その形状は平らかであり、物見遊山の旅人たちが魚を割いて食するという。そこから見える四方の眺望は「万里の廻船数百艘」が海上に浮かび、伊豆・駿河・上総・安房といった諸国の峯々が眼前に望める「限りなき勝景」である。家康が龍穴から海辺へ出たおり猟師たちが「数々の魚類」を献上した場所も、この「真名板石」であろうとする。名所として知られる「江島」の風景も家康との由縁を持つことになる。また「旅所より此龍穴へ下る路に児か淵といへる所あり、断崖絶壁の上、冨峯を望みて佳景なり」として、旅所より龍穴へ下る途中には「児か淵」があり、断崖絶壁の上から富士山を望む「佳景」としている。

「別当岩本院」については、「一山の総別当にて当宮を進退す、京都仁和寺の末、独礼の寺格にて妻帯なり、慶長の度、大神君様御参詣の時、中坊へ白銀を賜ハりし事、物に見えたり、則、当院の事なり、慶安二年八月廿四日江島一山境内不入の御朱印を給ハれり、例年四度の内献上あり、正月江島海苔、五月海雲、九月葡萄、十二月密柑を大奥へ奉れり、寺宝に古文書数通あり、書院より西面の眺望尤美なり」として、「一山の総別当」=「中坊」として海苔・海雲・葡萄・蜜柑という特産品を年四回、江戸城大奥へ献上している。

「上之宮」については、「仁寿三年二月、慈覚大師の建立なり、安置する弁財天は則、大師の作、座像弐尺五寸、宝永三年片瀬村の内にて十石の御朱印を当社へ御寄附あり、別当上之坊、岩本院の末にて清僧なり」として、慈覚大師作の弁財天と宝永三年における朱印状の下付を記す。ついで「慶長の度、大神君様御参詣の砌、下之坊より上之坊へ至らせられ、白銀を賜ハりし事所見あり、当坊の書院より東西の眺望、佳景なり」とあり、慶長年間における徳川家康参詣の記事をのせる。

「下之宮」については、「建永元年慈悲上人良真の開基にて実朝公の建立といふ、安する所の弁天は弘法大師の作、坐像長弐尺五寸、元禄五年高拾石八斗六升の御朱印を当島の内にて御寄附あり、杉山検校、当社に立願して感応を蒙り、常憲院様の御針治を申あけ奉り、種々の賜物ありしを社内に奉納し、且、三重の塔を建立して報賽に備へり、検校の墓、今にあり、別当下之坊岩本院の末にて妻帯なり」として、弘法大師作の弁天と元禄五年(一六九二)の朱印状の下賜、杉山検校の故事などを記している。ついで「慶長の度、大神君様、当社御参詣あらせられ、下之坊にて昼の御膳を召上らせられ、白銀を賜ハりし事、或書に見ゆ、近来まて其時御手沢の御茶碗なと残りしとなり」として、家康参詣時には「下之坊」で昼食をとったとする。

挿絵⑤「江島」では、対岸から「江島」の全景を描く。右側の背景には富士山が描かれている。⑥「其二」は入口にある「岩本院」より頂上の「本宮旅所」にいたるまで、⑦「其三」は弁財天を祭る洞窟、⑧「其四」は「児が淵」を、それぞれ描いている。

5「腰越村」は、「腰越村は極楽寺村の西隣にあり、東鑑等にも此地名往々見ゆ、当村の海浜、八王子山の麓を袂の浦といへり、又村内万福寺ハ義経腰越状を弁慶に認させし旧跡なり」が全文であり、所在地を簡潔に記すのみである。1「片瀬村」の記述に対応させたものであろう。

6「七里ケ浜　腰越・津村両村」は、「七里ケ浜は腰越より稲村ケ崎までの海浜をいふ、関東道〈六町をもて壱里とす〉七里ある故に名つく、浜の内に行合川といへる小川あり、日蓮の旧跡なり、瀕海の眺望、尤も美なり」とあり、六町を一里とする「関東道」で七里に及ぶという地名の由来を示す。これも1「片瀬村」の記述に対応させたもの。5「腰越村」と6「七里ケ浜　腰越・津村両村」は、1「片瀬村」に記された徳川家康の行程に対応する立項であろう。挿絵⑨「腰越村」では同地から見える海上風景を描く。左側に伊豆「大島」がみえる。

7「稲村ケ崎　極楽寺村」は、「稲村ケ崎は極楽寺村にあり、海岸の出崎なり、東鑑には此地名見ゆ、新田義貞、鎌倉攻の時、当所の海浜、干潟となりて鎌倉へ攻入しこと、太平記に見えたり」と記している。徳川氏は新田氏の支流とされるので、家康が鎌倉へ入る際に稲村ケ崎を経由することに一定の意味を持たせているのであろう。末尾では「腰越・七里ケ浜・稲村ケ崎の地は、慶長五年六月、東照大神君様、江島より鎌倉に趣かせたまひしとき、通御ありし事、或書に見えたり」とあり、5「腰越村」、6「七里ケ浜　腰越・津村両村」、7「稲村ケ崎　極楽寺村」が1「片瀬村」に記された徳川家康の行程に対応して立項されたことがうかがえる。挿絵⑩「稲村ケ崎」では西側から見た稲村ケ崎の風景を描写している。

8 **「極楽寺　同村」**は、「極楽寺は同村(極楽寺村)にあり、真言律宗、南都西大寺の末、霊鷲山感応院と号す、開山は忍性菩薩良観上人なり」として、天正一九年(一五九一)一一月付の寺領九貫五〇〇文の朱印状を載せる。末尾には「慶長五年六月、東照大神君様、当院に立寄せ給ひし事、或書に見ゆ」として慶長五年六月における徳川家康の来訪を記す。挿絵⑪「極楽寺」では同寺の境内を描く。

9 **「星月夜　坂之下村」**は、「星月夜は坂之下村にあり、極楽寺の切通へ上る坂の下なり」「鎌倉十井の一なり、星月夜の井と呼ふ、昔は井中に昼も星の影見えしと伝ふ」として名所としての概要を述べる。また、「東照大神君様、慶長五年六月、当所をも歴覧したまひし事、其頃の書に見えたり」として、慶長五年六月における徳川家康の来訪を記す。挿絵⑫「星月夜」では堂祠と井戸を描いている。

10 **「長谷観音堂　長谷村」**は、「長谷観音堂は長谷村にあり、海光山長谷寺と号す、坂東札所の第四番なり、本尊十一面観音は立像長三尺三寸、春日の作、和州長谷観音と一本の楠にて、彼方の像は木の本、此像は木の末なりといふ、霊験いちしるし」として、坂東三十三観音の第四番であり、本尊の十一面観音が大和国長谷寺の観音と同木であるとして、その霊験ぶりを述べる。また、天正一九年一一月付の寺領二貫文の朱印状を載せる。さらに「慶長五年、関ヶ原御陣の以前、東照大神君様、御参詣あらせられ、御合戦の御利運を御立願ありしと伝ふ、御凱陣の後、同十二年七月、伊奈備前守忠次殿奉行となり、堂宇御再建あり」として、慶長五年の関ヶ原合戦以前に同寺へ参詣、「御合戦の御利運を御立願」したとする。参詣の日付は慶長五年六月二九日に該当しよう。「御合戦の御利運を御立願」という祈願内容からは鶴岡八幡宮への参詣と同様な意味づけになる。そして、慶長一二年七月に伊奈備前守忠次を奉行として堂宇を再建、同年七月一二日付の棟札を乗せる。この「堂宇御再建」も鶴岡八幡宮の「御造営」と同じ事柄となる。また、「今の堂は正保二年、酒井讃岐守忠勝殿の建立なり、鐘楼に大永元年の古鐘をかく、堂前打開けて、鎌倉の海辺より三浦三崎辺の眺望、尤美なり、堂前に常夜燈あり、廻船の目当となす所なり」として、現在の観音堂が正保二年(一六四五)に酒井忠勝による建立であり、その堂前からの「三浦三崎辺の眺望」が「尤美」であること、堂前の「常夜燈」が「廻船の目当」になっていることを記す。三浦郡の記述へつなげる意図であろう。挿絵⑬「長谷観音堂」では同寺の境内を、⑭「其二　眺望之図」では同地から南方の海上を望んだ眺望図を、それぞれ描いている。

11「大仏　同村」は長谷の大仏である。まず「大仏は同村(長谷村)の内、深沢の里にあり、金銅の盧遮那仏なり、坐像にして長三丈五尺」という概要を記す。ついで「慶長五年六月、大神君様、鎌倉御巡覧の頃、此像をも御一覧あらせられしといひ伝ふ」として慶長五年六月における徳川家康の来訪の記事を載せる。挿絵⑮「大仏」では露座の大仏と境内が描かれている。

以上のように巻之十六は、巻之十三の「藤沢御殿蹟」における「慶長五年、大神君様、大阪(ママ)より東国御進発のとき、六月廿八日当所に御泊り、それより鎌倉御遊覧」という徳川家康の行程を受けて、六月二九日における江の島↓片瀬↓鶴岡八幡宮の経路に沿う形で構成されている。行程の途中に存在する「江島」や鎌倉の各寺社へ家康は参詣しており、「自序」Cにおける名所としての存在の前提に家康の参詣が位置づけられている。同じく「自序」Cにおいて名所とされた巻之八の1「大山寺」と同様な位置づけである。また、10「長谷観音堂　長谷村」における「御合戦の御利運」の「御立願」とその後における堂宇の再建は、巻之十四の1「鶴岡八幡宮」と同様であり、鎌倉の諸寺社の中でも重要視されていることになろう。

巻之十七

巻之十七は、1「和賀江島　材木座村」、2「光明寺　同村」、3「本興寺　大町村」、4「長勝寺　同村」、5「安養院　同村」、6「別願寺　同村」、7「祇園天王社　同村」、8「妙本寺　同村」、9「本覚寺　小町村」、10「大巧寺　同村」、11「宝戒寺　同村」、12「荏柄天神社　西御門村」、13「覚園寺　二階堂村」、14「瑞泉寺　同村」、15「杉本観音堂　同村」、16「浄妙寺　浄妙寺村」の一六項目である。材木座村・大町村・小町村・二階堂村・浄妙寺村を対象としており、地域的には鎌倉の東方に位置する村々である。巻之十六では慶長五年（一六〇〇）六月二九日における藤沢宿→鶴岡八幡宮という徳川家康の行程に沿う形で叙述の順序が構成されているが、巻之十七はそれを受ける形で同年七月一日における鶴岡八幡宮→武蔵国金沢という家康の行程の内、鎌倉郡の部分を対象としている。また、最南端で海に面している1「和賀江島　材木座村」から始まり、次第に北上して内陸へ入り、鶴岡八幡宮の東へ出て16「浄妙寺　浄妙寺村」から金沢へと抜ける金沢道という流れである。

挿絵は、①「和賀江島」、②「光明寺」、③「其二」、④「本興寺」、⑤「長勝寺」、⑥「安養院」、⑦「別願寺」、⑧「祇園山王社」、⑨「妙本寺」、⑩「其二」、⑪「本覚寺」、⑫「大巧寺」、⑬「宝戒寺」、⑭「荏柄天神社」、⑮「其二」、⑯「覚園寺」、⑰「瑞泉寺」、⑱「其二」、⑲「杉本観音堂」、⑳「浄妙寺」の二〇件である。

1**「和賀江島　材木座村」**では、「和賀江嶋は材木座村の内、飯嶋の西なる出崎をいへり」としてその地勢を述べ、「鎌倉より乗船するものは、多くハ此嶋より出船せり」とあり、船着場である旨を記す。ついで「按するに、慶長五年七月朔日、東照大神君様、鎌倉より国一の御舩に召させられ、金沢に至らせ給ひし事、或書に見ゆるハ、この島より御乗船あらせられし事なるへけれと、又今(此カ)年六月廿九日、江島より鎌倉御遊覧、鶴岡少別当の宅に御一宿、七月朔日、八幡宮へ御参詣あらせられ、即日、金沢に至らせ給ひし事見えたれは、御舩に召させられしは仰出されのミにて、風波あらきをもて、陸路を朝比奈切通より直に金沢に至らせたまひしことしるへし」として、慶長五年七月朔日に鶴岡八幡宮参拝を終えた家康が、御座船「国一」(丸)に乗船して鎌倉より金沢に渡海した旨が「或書」に記されているのは、和賀江島より乗船したこととも思われるが、実際の行程は風波が強いために朝比奈切通し越えの陸路＝金沢道で金沢へ向かったとしている。ただし、この海路の存在が相模湾岸→東京湾岸という巻之二十〜二十二の三浦郡の構成を規定することになる。末尾では「此所、海岸の眺望、尤勝れたり」とその眺望を称えている。挿絵①「和賀江島」は、鎌倉上空より飯島の先端に伸びる石の護岸跡＝「和賀江島」を画面中央よりやや下に描き、右上に「三崎」「城島」というように三浦半島の先端を配置している。

2**「光明寺　同村」**では、まず「光明寺は同村(材木座村)にあり、天照山蓮華院と号す、浄土十八檀林の一にして関東の惣本山なり、江戸伝通院と互に知恩院・増上寺に移転す」「当寺に年中四箇の大法会あり、正月廿五日御忌、三月十四日善導忌、七月六日開山忌、十月十夜なり」として、「関東の惣本山」という同寺の位置づけと「四箇の大法会」と称される代表的な年中行事を記す。中でも「後醍醐天皇より綸旨を給ハり、初て十夜を執行せしより、今に連綿し、殊に十月十三日より十五日に至るの間は僧俗群参せり、世に鎌倉の十夜といへり」とあるように、「自序」Cに「冬は鎌倉の十夜」と記されている一〇月一三日〜一五日の「十夜」の賑わいを述べる。あわせて「慶長五年六月、東照大神君様、鎌倉御遊覧の折しも、当寺に入らせたまひし事を伝ふ」として慶長五年六月における徳川家康の来訪記事を記す。実際には七月一日になるのかもしれない。また「か丶る御由緒あるをもて、今に境内二尊堂の内に御宮を安置し奉り」として「御宮」＝東照宮の所在を述べている。挿絵②「光明寺」、③「其二」では、連続した構図で同寺の境内を描いている。

3「本興寺　大町村」は、「本興寺は大町村の内、辻町にあり、日蓮宗にて、同村妙本寺の末なり、法華山と号す」として、天正一九年（一五九一）一一月付の寺領五五〇文の朱印状を載せる。挿絵④「本興寺」は同寺の境内を描いたものである。

4「長勝寺　同村」は、「長勝寺は同村（大町村）の内、松葉ケ谷にあり、石井山と号す、法華宗、京都本国寺の末」として、天正一九年一一月付の寺領四貫三〇〇文の朱印状を載せる。末尾に「近隣安国寺は安国論の旧跡、又、妙法寺は京都妙国寺の元地なり、共に松葉ケ谷にあり」として近隣の日蓮宗寺院である安国寺と妙法寺に触れる。挿絵⑤「長勝寺」は同寺の境内をやや引き気味に描く。

5「安養院　同村」は、「安養院は同村（大町村）の内、名越にあり、祇園山長楽寺と号す、浄土宗、京都知恩院の末」として、天正一九年一一月付の寺領一貫六〇〇文の朱印状を載せる。末尾に「境内に田代観音堂あり、坂東札所の第三番にして、本尊千手観音を安す、古は白花山普門寺と号し、妙本寺の東南にありて、当寺の末なりしを、中古、寺域の内に遷せり」として、境内の田代観音堂が坂東観音霊場の第三番札所である旨を記す。挿絵⑥「安養院」は同寺の境内を描いたもの。

6「別願寺　同村」は、「別願寺は同所（大町村）にあり、時宗、藤沢山の末、稲荷山超世院と号す」として、天正一九年一一月付の寺領二貫五六〇文の朱印状を載せる。挿絵⑦「別願寺」は同寺境内を描く。

7「祇園天王社　同村」は、「祇園天王社は同村（大町村）の内、松殿町にあり」として慶長九年三月一五日付の社領五貫文の朱印状を載せる。また「祭礼、例年六月七日より十四日に至り、四神輿巡幸の儀あり」として、六月七日～一四日の神輿巡幸を記す。挿絵⑧「祇園山王社」は同社の境内を描く。

8「妙本寺　同村」は、「妙本寺は同村（大町村）の内、比企ケ谷にあり、法華宗にて、長興山と号す、住僧は当寺と池上本門寺と両寺を兼帯す」として、住僧が妙本寺と池上本門寺を兼帯する事情と、慶長三年二月二四日付の寺領一貫二〇〇文の判物を載せる。また、「小田原陣のとき、住持日惺、東照大神君様の御推挙により、箱根にて賜ハりしといふ豊臣太閤の禁制書壱通を蔵す、凡、鎌倉中の諸寺院に多く此制札を蔵し、大神君様の御朱印と伝ふ、こは当寺の伝への如く、大神君様の御推挙により賜ハりしをもて、かく誤り伝へしなり」として、鎌倉の諸寺院が所蔵する「禁制書」「制札」は「大神君様の御朱印」＝徳川家康より与えられたとされているが、実際には「豊臣太閤」＝豊臣秀吉より出されたもの。妙本寺ではこの「禁制書」の下付について当時の「住持日惺」が徳川家康の「御推挙」を受けて箱根で秀吉から賜ったとしており、その解釈が正しいとする。挿絵⑨「妙本寺」、⑩「其二」では同寺の境内を描いている。

9「本覚寺　小町村」では、「本覚寺は小町村にあり、妙厳山と号す、身延山の末、当寺は東国法華宗の小本寺にて、俗に関東身延といへり、宗祖の分骨を安置す」とあり、「宗祖」日蓮の「分骨」を安置していることから「関東身延」と称されることを記す。また「二祖行学院日朝上人は明応九年六月廿五日寂す、此僧ハ身延山十一世の住職となり、山中の法式を定めし人なり、本堂に其木像を置、眼病のもの立願すれハ必験あり、世に普くしる所なり、毎月廿四日の夜より廿五日に至るまて、参詣の僧俗群集せり」として、日朝上人の木像が眼病に「必験」があり毎月二四日夜から二五日にかけて多くの人々が参詣する。寺領については「天正十九年、寺領拾弐貫弐百文の御朱印を賜ふ」

として、天正一九年付の寺領一二貫二〇〇文の朱印状を賜ったとするが、文書は掲載されていない。挿絵⑪「本覚寺」では同寺の境内を描く。

10「大巧寺　同村」は、「大巧寺は同村（小町村）にあり、長慶山と号す、法華宗、妙本寺の院家なり」として、天正一九年一一月付の寺領七貫二〇〇文の朱印状を載せる。また「境内に産女宝塔といふあり、安産を祈るに加護あり、諸人群参す」として、境内の「産女宝塔」が安産に功徳があり多くの参詣人があるとする。挿絵⑫「大巧寺」では同寺の境内を描く。

11「宝戒寺　同村」は、11「宝戒寺は同村（小町村）にあり、天台宗、東叡山の末、金龍山釈満院円頓宝戒寺と号す、寺地、元北条高時入道の亭跡なり、高時滅亡の後、平家の亡魂を得脱せしめんかために、尊氏将軍、後醍醐帝へ奏聞し、当寺を建立あり」として、北条高時の屋敷跡という由来と、天正一九年一一月付の寺領九貫六〇〇文の朱印状を載せる。挿絵⑬「宝戒寺」では同寺の境内を描く。

12「荏柄天神社　西御門村」では、「荏柄天神社は西御門村にあり、頼朝卿、大蔵御所の東隣、鬼門に当れるを以て、崇敬他に異なり」として、天正一九年一一月付の社領一九貫二〇〇文の朱印状を載せる。また、「当社の西に、頼朝屋敷跡あり、鎌倉幕府の旧跡なり、其山際に法華堂あり、堂の後山の中腹に、頼朝公の墓あり」と記し、「鎌倉幕府の旧跡」と「頼朝公の墓」の所在について触れる。挿絵⑭「荏柄天神社」、⑮「其二」では同社境内を描く。

13「覚園寺　二階堂村」は、「覚園寺は二階堂村にあり、真・台・禅・律四宗兼学、京都泉涌寺の末にて、輪番を勤む、永仁四年北条貞時の草創なり」として、天正一九年一一月付の寺領七貫一〇〇文の朱印状を載せる。また「境内に黒地蔵堂あり、霊験いちしるし、例年七月十三日、緇素群参す」として、「黒地蔵堂」の霊験ぶりと七月一三日の諸人群参を記す。挿絵⑯「覚園寺」では同寺の境内を描く。

14「瑞泉寺　同村」は、「瑞泉寺は同村(二階堂村)にあり、円覚寺塔頭に属し、関東十刹の第二なり、錦屏山と号す、本尊釈迦を安す、鎌倉管領足利左馬頭基氏朝臣の建立なり」として、鎌倉五山に次ぐ寺格である「関東十刹」の第二であり、「鎌倉管領」＝鎌倉公方の足利基氏の建立とする。挿絵⑰「瑞泉寺」、⑱「其二」では同寺の境内を描く。

15「杉本観音堂　同村」は、まず「杉本観音堂は同村(二階堂村)の内、杉本にあり、大蔵山と号す、坂東札所の第一番にして行基菩薩の開基なり」として、行基の開基で坂東三十三観音の第一番であることを記す。ついで「慶長の度、東照大神君様、鎌倉御巡覧の頃、御参詣あらせられし事を伝ふ、かゝる御由緒を以て其後、慶安二年十月、大猷院様より堂領五石六斗の御朱印を賜ハれり、鎌倉中の御朱印、皆貫高なり、石高の御朱印は当寺に限れり」として、慶長年間の「鎌倉御巡覧」に徳川家康が参詣した。また鎌倉における寺社の朱印高はいずれも「貫高」であるが、同寺のみ「石高」であるとする。挿絵⑲「杉本観音堂」では同寺の境内を描く。

16「浄妙寺　浄妙寺村」では、「浄妙寺は浄妙寺村にあり、五山の第五なり、稲荷山と号す、文治四年足利左馬頭義兼朝臣の草建」として、鎌倉五山の第五であることと、天正一九年一一月付の寺領四貫三〇〇文の朱印状を載せる。また末尾に「境内、東に続ける陸田を公方屋敷といふ、尊氏公の旧宅なり、当所より武州金沢へ壱里半あり」とあり、同寺が「尊氏公の旧宅」であること、及び巻之二十三で扱う金沢への道筋であることを記す。慶長五年六月末～七月初めにおける徳川家康の経路もこの行程であったと思われ、巻之二十三へ導く記述である。挿絵⑳「浄妙寺」では同寺の境内を描く。

以上、巻之十七は慶長五年七月一日における鶴岡八幡宮→武蔵国金沢という徳川家康の行程の内、鎌倉郡の部分を対象としており、その構成順序はおおむね家康の行程に対応するものとなっている。冒頭の1「和賀江島　材木座村」では、実際の行程である金沢道＝陸路とともに、想定された海路(＝三浦半島の相模湾→東京湾→金沢)を挙げ、続く巻之二十〜二十二の三浦郡へとつながりを導き出している。2「光明寺　同村」では「自序」Cに「冬は鎌倉の十夜」と記された同寺の「十夜」の賑わいを述べる。また、諸寺社への祈願・参詣のため人々が群参する賑わいと、12「荏柄天神社　西御門村」における「鎌倉幕府の旧跡」と、「頼朝公の墓」や16「浄妙寺　浄妙寺村」における「足利尊氏公の旧宅」の記載という源頼朝・足利尊氏に関する記述を記すことにより、中世東国の中心地であった鎌倉の位置づけについて記している。最後の項目の16「浄妙寺」の末尾は「当所より武州金沢へ壱里半あり」となっており、巻之二十三で扱う金沢への道筋であることを記している。

まとめ

巻之十六・十七の対象範囲は、巻之十四・十五で扱った鶴岡八幡宮と山内村・扇谷村を除く鎌倉と、江の島より鎌倉へいたる経路である。全体の構成と記載の順序は、鎌倉郡の最重要ポイントである鶴岡八幡宮(巻之十四)とそれと一体である建長寺・円覚寺・東慶寺を含む山之内村・扇谷村(巻之十五)を間に挟みながら、巻之十三の末尾である14「藤沢御殿跡」から鶴岡八幡宮へいたる慶長五年(一六〇〇)六月二九日における徳川家康の行程(巻之十六)と、鶴岡八幡宮を出発して巻之二十三の武蔵国金沢へといたる同年七月一日の家康の行程の内、鎌倉郡の部分(巻之十七)を対象としている。また、巻之十七の1「和賀江島」では同所から三浦半島の沖合を経由して金沢へといたる海路を紹介し、続く巻之二十〜二十二の三浦郡を導き出している。途中では「自序」Cに記された名所である「江島」や「光明寺」を始めとする鎌倉の諸寺社への参詣と、それぞれの寺社へ祈願・参詣のため人々が群参する賑わいを記述する。

第四節　鎌倉郡（3）―巻之十八・十九

鎌倉郡の第五・六冊となる巻之十八・十九は、巻之十四～十七で扱った鎌倉と江の島方面を除いた鎌倉郡の北部が対象であり、巻之十八の1～10と巻之十九の1～4までが藤沢宿から玉縄城といった東海道沿いの西部・南部方面、巻之十九の5～9が戸塚宿を中心とした東部方面となっている。ここでの主要テーマは次の五つになる。第一に巻之十八の1・2は、高座郡＝巻之十三の12～14につながる藤沢宿の記述である。ここでは徳川家の先祖にあたる有親・親氏父子が1「清浄光寺」の一二世上人尊観法親王の弟子であったという徳川将軍家と同寺の関係が中心となる。あわせて藤沢宿を構成する大鋸町を挿絵により描写している。第二に巻之十八の3・4は福原家の居村渡内村を対象としたもので、ここでは「相中留恩記略」の編纂者である福原家の由緒と徳川家康・源家との関連を記述している。第三に巻之十八の5・6は玉縄城とそれを守護する松平正次屋敷に関わるもの。第四に巻之十八の7～10と巻之十九の1～4は玉縄城とその周辺地域に関わる項目である。先述した巻之十八の3・4及び5・6とともに一体の内容となる。第五に巻之十九の5～9は5「戸塚宿」を中心に東海道戸塚宿から東海道における相武国境に近い9「一里塚平戸・品濃両村」までの範囲を扱っている。

巻之十八

巻之十八は、1「清浄光寺　藤沢宿」、2「感応院　藤沢大鋸町」、3「天嶽院　渡内村」、4「名主左平太　同村」、5「玉縄城跡　城廻村」、6「松平甚右衛門正次屋敷跡　同村」、7「久成寺　同村」、8「貞宗寺　同村」、9「龍宝寺　植木村」、10「青蓮寺　手広村」の一〇項目で、鎌倉郡北部の西方を対象としている。おおむね次の四つに分けることができる。1・2は、高座郡の巻之十三の12～14に続く藤沢宿を対象としたもの。3・4は福原家とその在所である渡内村関係の項目。5・6は玉縄城とそれを守護する松平正次屋敷に関わるもの。7～10は玉縄城周辺の村々に存在する寺院であり、巻之十九の1～4につながる。挿絵は、①「清浄光寺」、②「其二」、③「其三」、④「御水瓢」、⑤「藤沢宿　感応院」、⑥「渡内村　天嶽院」、⑦「同村　名主左平太」、⑧「其二」、⑨(御土器)、⑩「玉縄古城跡」、⑪「城廻村　松平甚右衛門屋敷跡・久成寺」、⑫「御弁当箱」、⑬「同村　貞宗寺」、⑭(御しやうしん箱)、⑮「植木村　龍宝寺」、⑯「手広村　青蓮寺」の一六件である。

まず、藤沢宿を対象とする1・2からみていく。

冒頭の項目は、「時宗遊行派の惣本寺」の**1「清浄光寺　藤沢宿」**=「藤沢道場」である。徳川氏の祖である「有親公」「親氏公」の「御父子」が同寺一二世上人尊観法親王の「御弟子」であった由緒をふまえて、徳川家関連の寺院を冒頭に配置する意図である。また高座郡=巻之十三の冒頭に同じく時宗の有力寺院である「無量光寺」=「当麻道場」を配置したこととの対比も想定される。

まず「清浄光寺は東海道藤沢宿にあり、〈宿中大鋸町に添るをもて鎌倉郡に属す〉、藤沢山無量光院と号し、藤沢道場と唱ふ、時宗遊行派の惣本寺なり」として、天正一九年(一五九一)一一月付の寺領一〇〇石の判物を載せる。ついで、「正中元年呑海上人、当国俣野之住人俣野五郎景平〈呑海上人の兄弟といふ〉と力を戮せて当寺を建立あり、景平は明阿弥陀伝と称す、貞和元年十月十七日卒す、境内に其霊社あり、俣野権現といへり、呑海上人は嘉暦二年二月十八日遷化す、其頃は隣村俣野郷に草創し〈今の東俣野村是なり〉、後年今の地に移れりといふ、今も隣村に道場坂等の名残れり、その旧跡と伝ふ、彼上人は遊行一遍上人四世の法灯を継、当山を創建し、諸国を遊行し、念仏往生の道を勧む」として、呑海上人による同寺の創建を述べる。そして、「是より代々当山にて遊行をなし、十二世の上人尊観法親王に〈亀山院第二の皇子恒明親王の御子なり〉至り、応永三年正月、上州辺遊行の時、新田郡祝人村の山寺に宿せらる時に有親公〈世良田左京亮様と称す〉、親氏公〈後年、松平太郎左衛門様と称す〉、同村に御蟄居ましく、御微運を御守本尊宇賀神にかこちたまひ、しはし御仮寝の霊夢に任せ、上人の宿寺に詣てられ、御父子とも御弟子にならせたまひ、有親公は長阿弥、親氏公は徳阿弥と改めたまふ、其後、徳阿弥公は上人に別れて、道場に来りたまひしに、鎌倉近きを以て、御子孫御開運の御願状を宇賀神に添られ、当山におとゝめありて、上人の跡をしたハせられ、遠州より三州大浜称名寺に随逐し給ひしよし、当山に伝ふる宇賀神縁起に見ゆ、今に第一の什宝とす」と記している。

それによれば、応永三年(一三九六)に清浄光寺の一二世上人尊観法親王が上野国を遊行し同国新田郡祝人村の寺に宿泊した時、同村に「蟄居」していた徳川家の祖である「有親公(世良田左京亮様)」「親氏公(松平太郎左衛門様)」父子が「御守本尊」の宇賀神による「御仮寝の霊夢」に任せて、上人の宿泊する寺に詣でて弟子となり、名をそれぞれ「長阿弥」「徳阿弥」と改めた。その後、「徳阿弥公」は上人と別れ、「道場」＝清浄光寺へ来訪した。そして、「鎌倉近き」という理由で「御子孫御開運の御願状」と宇賀神を当寺に残し、上人の跡を慕って遠江国から三河国へ移り、ここから三河国における松平氏が始まることになる。その経緯は寺の「第一の什宝」の「宇賀神縁起」に記されているとする。ここでは徳川氏の祖である「有親公」「親氏公」が一二世上人尊観法親王の弟子であったという清浄光寺と徳川家との特別な由来を強調している。「凡例」第三条における「御歴代」に関連した内容である。あわせて「親氏公」が清浄光寺へ「御子孫御開運の御願状」を納めたのは「鎌倉近き」という理由であり、鎌倉の鶴岡八幡宮を意識したものと思われる。慶長五年（一六〇〇）における家康の鶴岡八幡宮参詣はこの「御願状」に対応した事柄であると高峰は解釈していることになろうか。

また、「足利家官《（管）》領の頃、関東合戦の時、兵士、此道場に遁れ、また当所にて生害ありし事は其ころの戦記に往々見ゆ、小田原北条氏分国の頃も拾三貫七百廿六文の地を寄られしより、其頃のものに載せ、元亀二年七月、武田信玄より弐百貫の地を寄附ありしことは所蔵の文書に見ゆ」として、鎌倉府・小田原北条氏の時期における保護について触れている。

そして「東照大神君様、御打入の後も寺領若干を附させられ、御判物を賜ふ」「大神君様、此辺御巡見および御放鷹の時、此道場に御立寄あらせられ、上人御目見仰付られし事ハ数度に及ひしとなり、表門・裏門の下馬札、及ひ慶長八年に制札をも賜ふ」として、徳川家康の関東「御打入」後に若干の寺領を与えられたことや、家康の巡見・鷹狩時の来訪が数度に及ぶことと、慶長八年六月六日付の「禁制」を載せる。さらに宝物として「当山什宝数品の内に大神君様より拝領の御水飜あり」と記されている。

また、「当山例年の法会は、正月十一日御札切、是ハ年中配札の名号を押せるなり、七月十四日の晩、薄の葉を立、中に一遍上人自筆の名号を掲け、躍念仏を執行す、八月廿一日より三日の間、開山忌を行ひ、十二月七日、七夜の間、別時念仏を執行し、廿七日の夜〈但、小□の月ハ廿六日の夜なり〉に至り、上人僧徒を集て連歌をなし、開山の伝衣を着し、打鉦をたゝき法会を勤し後、本堂・方丈・庫裏以下の灯明を悉く打消し暗夜とし、本堂にて僧徒弐人をして上下二所にありて、新に切火打をなさしめ、一打にて灯を点せしむ、例年かくの如くにて、今夜に至りて火を改む、是を当山古様の法要といひ、俗に遊行の一すりと呼へり」として、年中行事の「法会」として正月一一日の「御札切」、七月一四日の「躍念仏」、八月二一日〜二三日の「開山忌」、一二月二七日の「遊行の一すり」を挙げている。

末尾には「宇賀神社　境内裏の山上にあり、前にいふ徳阿弥御願文と共に御納ありし御守本尊にて、弘法大師の作、御長四寸なりと、寛政九年八月当社再建の時、板倉周防守殿奉ハられ、公より白銀三拾枚を賜ハれり、天保三年十二月再建の時も水野出羽守殿奉ハられ、また白銀三拾枚を賜ふ、本社の額は酒井雅楽頭殿、拝殿の額は酒井左衛門尉殿の筆跡なり」とあり、前述した「徳阿弥御願文」と弘法大師作の（「有親公」「親氏公」の）「御守本尊」の存在を記す。

挿絵①「清浄光寺」、②「其二」、③「其三」は、同寺の境内とそれに隣接する鎌倉郡大鋸町部分の藤沢宿の情景を描く。この①〜③の挿絵は、藤沢宿の内、高座郡の坂戸町・大久保町を対象とした巻之十三の⑳「藤沢宿　農民吉右衛門・同久兵衛・御殿跡」、㉑「其二　御殿跡」、㉒「其三」に続くものであり、これにより藤沢宿全体が挿絵で描写されたことになる。また、④「御水齀」は家康より拝領の「御水齀」を描く器物図である。

2「感応院　藤沢大鋸町」は、「感応院は藤沢宿の内、大鋸町にあり、古義真言宗、紀州高野山末にて三島山瑞光寺と号す」「かゝる古跡なるをもて、大神君様藤沢御殿に成らせられし頃、当寺に御立寄あらせられ、慶長十四年八月関東法談修学所の列に加へさせたまひ、寺地をも賜ひしとなり」として、家康の藤沢御殿滞在時における来訪を記している。挿絵⑤「藤沢宿　感応院」では同寺の境内を描いている。

以上、巻之十八の1・2は、巻之十三の12〜14とあわせて、東海道藤沢宿関係の項目である。藤沢宿＝鎌倉郡大鋸町に所在する1「清浄光寺」が徳川家と特別な由来を持つ寺院であることを明示するとともに、大鋸町を対象とした挿絵①「清浄光寺」、②「其二」、③「其三」により、高座郡の坂戸町・大久保町を対象とした巻之十三の⑳「藤沢宿　農民吉右衛門・同久兵衛・御殿跡」、㉑「其二　御殿跡」、㉒「其三」とあわせて、藤沢宿全体を挿絵で描写している。

ついで、3・4は「相中留恩記略」の編纂者である福原家が名主を勤める渡内村に関する項目である。

3「天嶽院　渡内村」は、「天嶽院は玉縄領渡内村にあり、禅宗曹洞派にて功徳山と号し野州富田大中寺の末なり、当院ハ玉縄の城主北条左衛門大夫綱成、北条早雲菩提のため草創し、則早雲を開基とす」として、玉縄城主北条綱成が北条早雲の菩提を弔うために建立した経緯と、天正一九年一一月付の寺領三〇石の朱印状を載せる。渡内村の天嶽院が玉縄城主北条綱成の開基であることは、渡内村と玉縄城が近い関係にあることをイメージさせる。挿絵⑥「渡内村　天嶽院」では同寺の境内を描く。

4「名主左平太　同村」は、「相中留恩記略」の編纂者である福原高峰自身のこと。まず「祖先は三浦党佐原八郎為連の男、左近四郎景連なり、景連、母方の氏を冒して福原と号す」として、三浦党の佐原八郎為連の子である左近四郎景連を祖先とし、景連が母方の姓である福原を名乗ったという「祖先」と家名の由来を記す。ここからは福原家が代々源家に忠勤を尽くした三浦党の流れを組むという自家認識と、それを裏打ちする三浦党の本拠である三浦郡、特に巻之二十二の1「清雲寺　大矢部村」、2「満昌寺　同村」、3「不動堂　衣笠村」の記述へつながる。

次に「それより十代孫十郎重種に至り、天正十八年、小田原落去の後、東照大神君様、上村岡〈今当村の郷名なり〉より玉縄辺御巡見の時、御路次の案内を勤む、其時、上村岡は御遠祖頼義公・義家公、奥州御征伐の時、御止宿の地なれは委しく御尋ありて、孫十郎の家に御腰を掛させたまひしかは、此地に産する梅干を奉りし時、御側の衆戯言ありしを興しさせたまひしとなり〈此例により松平右衛門大夫正綱殿領主たりし頃は、梅干を公へ献せらるといふ、今も地頭所へ捧く〉其後御案内の御賞美として五石の夫免〈慶長二年五月彦坂小刑部元正殿より松平甚右衛門正次殿へ当村を知行に渡されし御書出に高五石の地は百姓衆夫面に可引と見ゆ〉及ひ御土器を賜ふ、それより同所の小名峯といふ所に登らせ給ひ〈今其地を宮山と号す〉玉縄城を御遠見あらせられしとなり」とある。

ここでは、天正一八年の小田原落城後における徳川家康の上村岡・玉縄周辺巡見に際して、福原家の一〇代孫十郎重種が「御路次の案内」を勤めたとする。福原家と徳川家康の直接的な関係を示す記述である。家康による「玉縄辺御巡見」の目的は、「奥州御征伐の時」＝前九年・後三年の役の際に「御遠祖」である源頼義と義家が宿泊した源家由来の地である渡内村＝上村岡の地へ、源家「御遠祖」への仰慕の念を抱く家康が実際に来訪・見分することにより、源家「御遠祖」と一体化するためであった。この際、家康より孫十郎重種に対して、「委しく御尋」があったという。「御尋」の具体的な内容は記されていないが、当然「御遠祖頼義公・義家公奥州御征伐の時、御止宿の地」に関わるものであり、それに関わる事柄が福原家において代々伝承されていることが前提となる。「御尋」の際、家康は孫十郎の家に腰を掛け、同人が梅干を献上した時に「御側の衆」が「戯言」（内容は不明）を述べたことに「興し」る程、和やかな雰囲気であった。あるいは「梅干」の献上も頼義・義家に由来するものなのかもしれない。こうした「御尋」の結果、後に「御案内の御賞美」として「五石の夫免」と「御土器」を賜わるように、源家由縁の地とその地に代々居住して守護してきた名主福原家に対して家康が特別な想いを寄せたという趣旨であり、福原高行・高峰親子が徳川家康への強い「仰慕」の念を抱く事由・根拠と考えられる。なお、「御遠祖頼義公・義家公奥州御征伐の時」は「校注編」では「奥羽御征伐の時」とされているが、「本文編」にもとづいて修正した。

また、この部分は「凡例」第三条後半の「御遠祖」に対応する記述であるとともに、「御遠祖」である頼義・義家に由縁する場所への訪問という意味において、巻之十四の1「鶴岡八幡宮」冒頭に記された頼義・義家・頼朝が奥州へ出兵する際に鶴岡八幡宮へ参詣したという「源家の御吉例」をふまえた慶長五年における家康の鶴岡八幡宮参詣の先駆にもなる。相模国の「国魂」を付着させる天正一八年の小田原入城後における家康の行程と慶長五年における鶴岡八幡宮への参詣が、上村岡＝渡内村という空間と福原家の当時の当主孫十郎重種という人物を媒介として結びついていることになる。源家・徳川家にとってきわめて重要なこの場所に代々居住し守護してきた家が福原家なのである。

「御尋」に引き続き、家康は渡内村の小名「峯」から玉縄城を「御遠見」した。この「御遠見」は、高座郡・鎌倉郡を管轄範囲とする小田原北条氏の有力支城の玉縄城を自らの支配下に治めたことを象徴的に表現したものであるとともに、渡内村＝上村岡の地を守護する玉縄城という位置づけを想定していよう。また、家康への梅干献上を先例として、松平正綱が領主であった時には福原家より「公」へ梅干を献上したとしている。松平正綱については6「松平甚右衛門正次屋敷跡」でその事歴を紹介されるが、ここでは松平正綱を媒介として徳川家康と福原家が結びついていることに留意しておきたい。

さらに「孫十郎の子を新兵衛と称す、時の領主松平右衛門大夫正綱殿に従ひ、慶長十九年大坂御陣、及ひ元和三年御神柩久能山より日光山へ遷輿の時も領主と共に従ひ奉れりといふ、かゝる御由緒をもて、同八年小名峯の御床机塚の上に壺井の社〈頼義公・義家公を祀る〉を移し、又御神号を木に記して御相殿に祀り奉り、今壺井三社大権現と崇め奉る、御木牌の図左の如し、彼賜ハりし御土器をも社内に納む、其図左の如し、毎年四月十七日神酒供物を捧るなと、今に替らす、扨また慶安年中検地の時、夫免の地は領主に収めて、永代夫役を免さるゝ事とハなれり」と記している。それによれば、孫十郎の子新兵衛は、領主の松平正綱に「従ひ」慶長一九年の大坂の陣に出陣、さらに元和三年（一六一七）の「御神柩」＝家康の遺骸を久能山より日光へ「遷輿」する際には「領主と共に従ひ奉れり」としている。慶長一九年の大坂の陣における「従ひ」という表現は領主松平正綱に対するものであるが、元和三年の「御神柩」への随従における「従ひ奉れり」という敬語表現の対象は「御神柩」本体であるので、福原新兵衛は家康との直接的な関係にもとづいて「御神柩」の行列に供奉したことになる。家康個人との関係においては、福原新兵衛は家康と直接的に結びつく、領主である松平正綱と同レベルの関係にあるという自家認識である。

こうした福原家と家康との直接的な関係という「御由緒」をふまえ、元和八年にかつて家康が玉縄城を「御遠見」した小名峯の「御床几塚」に、頼義・頼家を祭った「壺井の社」を移転し、あわせて家康の神号を木に記して相殿して「壺井三社大権現」と称し、毎年四月一七日には神酒・供え物を捧げているという。徳川家康による「御遠見」の意図を永遠化するように、「御遠祖頼義公・義家公奥州御征伐の時、御止宿の地」を守護する玉縄城をさらに守護する場所の設定である。また「三社」とは頼義・義家・家康のことであり、頼朝以前における頼義・義家以来の源家と福原家の関係を表現していると考えられる。

また、「当村ハ村岡良文の居城にして霊社あり、山王権現と崇む、今に裔孫、村岡六蔵良毅殿より歳時の礼奠あり、又間宮豊前守康俊の屋敷跡あり」として、「当村」＝渡内村は「村岡良文の居城跡」であり、山王権現という「霊社」が存在する。「村岡良文」は、10「青蓮寺」の項目にある「鎮守府将軍良文」のことで、ちなみに福原家が属する三浦党は村岡良文の子孫にあたる。挿絵⑦「同村　名主左平太」(福原家本では「同村　農民左平太」となっている)は斜め上方からの俯瞰で、福原家の屋敷と二伝寺・村岡城跡などを描写している。⑧「其二」は「村岡山王社」の境内を描く。⑨(御土器)は家康より拝領した土器を描く。

以上、3・4によれば、渡内村＝上村岡郷は「御遠祖」である源頼義・義家が前九年・後三年の役に奥州へ赴く際に「御止宿」した源家の故地であり、明確な表現は避けているが、同村の名主である福原家が代々「守護」してきた

巻之十八 挿絵⑦「同村(渡内村)　農民左平太」 福原家本(藤沢市文書館写真提供)

ことになる。おそらく玉縄城にも頼義・義家の「御止宿」の地である上村岡の守護という役割が想定されていよう。こうした由来をふまえて、天正一八年の小田原落城後に徳川家康は上村岡・玉縄周辺を巡見し、渡内村において福原家の当時の当主であった孫十郎重種にその由来について詳しく尋問したのである。家康は同村より玉縄城を「御遠見」しており、渡内村と玉縄城の強い関連性がうかがわれる。あわせて渡内村は福原家の出自である三浦党の祖である村岡良文の居城でもあった。

次に5・6は玉縄城に関連する項目である。小田原北条氏の有力支城として高座郡・鎌倉郡を管轄する玉縄城は、相模国東部における小田原北条氏の支配を象徴する城といえよう。

5「玉縄城跡　城廻村」では、まず「玉縄城跡は玉縄領城廻村の中ほとなる山上にあり、西方字城宿より次第に登る方を大手跡といふ、永正年中、北条早雲、当城を築きしとなり、享禄のはしめ、北条左馬助氏時城主となり、天文の頃より北条左衛門大夫綱成、当城の主となり、其子常陸介氏繁、其子左衛門大夫氏勝に至る」として、玉縄城の構造と氏時・綱成・氏繁・氏勝という歴代の城主を記す。ついで「時に天正十八年小田原陣のとき、城主氏勝、北条氏の命により当城には留守を置、豆州山中の城に籠りしに、同年三月かの城落去して、松田右兵衛大夫已下討死せしかは、氏勝面目を失ひ、竊に閑道を歴て当城に帰り、打残されたる家子郎党を集め、城を枕として打死と覚悟を極め、氏直より招きけれと、小田原に至らさりし、然るに東照大神君様、兼て氏勝をしろしめされしかは、本多中務太輔殿を以て、御味方に参るへきよし御書を成下され、榊原式部大輔殿、井伊兵部少輔殿も台命を伝へられしかと、更に承引なかりし時に、忠勝殿御預りの士、都筑弥左衛門・松下三郎左衛門二人に命し此事を計られしに、城辺植木村龍宝寺は氏勝菩提所にて、時の住僧良達は、三郎左衛門か俗縁あるをもて、彼僧に謀り、又、当郡岩瀬村大長寺も氏勝の菩提所にて、当住源栄は兼て大神君様知しめされしより、御内命を蒙り、両僧より数度降参の事を勧めしかは、終に仰に随ひ黒衣の姿となり、当城をは本多・榊原・井伊の人々に渡し、大神君様御同道あらせられ、豊臣家へ出仕ありしとなり、かくて小田原落去ありて、大神君様、当城御巡見ありし事は、村内久成寺の伝にもいへり」として、植木村龍宝寺・岩瀬村大長寺の住職を仲介とする北条氏勝の降伏の経緯と小田原落城後における玉縄城巡見のことを記す。

なお、仲介に当たったともに「氏勝菩提所」の住職であった両人について、龍宝寺良達が関与した理由は直接の担当者の一人である松下三郎左衛門との「俗縁」とされるが、大長寺源栄については「大神君様」の「御内命」によるとなっており、両人の位置づけに差異がみられる。ちなみに植木村龍宝寺については本巻の9「龍宝寺　植木村」に、岩瀬村大長寺については巻之十九の1「大長寺　岩瀬村」に、それぞれ立項されている。

それによれば、天正一八年の小田原陣において小田原北条氏の命により玉縄城主の北条氏勝は伊豆国山中城へ籠城した。同年三月に山中城は落城、氏勝は玉縄城へ戻り「城を枕として打死」の覚悟を決め、北条氏直からの招きに応じることなく、小田原城へは赴かずに玉縄城へ籠城した。これに対して、家康はかねてから氏勝と面識があったので、本多・榊原・井伊等の家臣を通じて「御味方に参るへきよし」を通達したが、氏勝はこれを断った。そこで、家康は本多忠勝「御預りの士、都筑弥左衛門・松下三郎左衛門」の二人へ交渉を担当させた。この内、松下三郎左衛門は「氏勝菩提所」の植木村龍宝寺の住僧良達と「俗縁」があり、良達を仲介として交渉を行った。また、同様に「氏勝の菩提所」である岩瀬村大長寺「当住」源栄は、従前より徳川家康と面識がある人物で、家康の「御内命」を受けて仲介に当たった。この「両僧」(良達・源栄)による「降参の事」の勧告を受けて、氏勝は「黒衣の姿」で降伏し、玉縄城を家康の家臣である「本多・榊原・井伊の人々」に渡したという。

この点について、巻之四の2「御陣場跡　今井村」では「(四月)廿一日北条左衛門大夫氏勝、染衣の姿となりて、大神君様の御陣営に参候し、大神君様に供奉して、秀吉公の陣営に至りて、則、秀吉公に謁せし事見ゆ」とあり、四月二一日に氏勝は「染衣の姿」で徳川家康の「御陣営」=今井村の陣場へ「参候」し、家康に供奉して秀吉に謁見したとする。ここでのポイントは玉縄城主である北条氏勝が直接的には徳川家康に降伏したことである。先述した4「名主左平太」における玉縄城関係の記述をふまえれば、玉縄城は「御遠祖頼義公・義家公奥州御征伐の時、御止宿の地」である上村岡を守護する存在である。したがって、同城が秀吉の手を経ることなく徳川家康のものになったことは、「御遠祖頼義公・義家公」との関係を徳川家康がその時点で継承し、慶長五年における鶴岡八幡宮参詣が必然化されるという論理構成である。

そして「此時、水野織部忠守殿に任せ、玉縄の本城を守り、兵士に二三の丸を守らせられし事、或書に見ゆ、引続きて本多佐渡守正信殿に当城を給ハり、其子上野介正純殿伝領せしに、元和五年野州宇都宮に移りて後、廃城となりしならん」として、小田原北条氏が降伏するまでの間は家康の家臣で水野織部忠守が入城していたとする。その後、本多正信が城主となった経緯を述べるが、本多正信とその子で次の城主である正純に関する記述は無く、玉縄城の「守護」については後述する松平正次・正綱が担当している。

さらに「此間、大神君様、中原御殿より城辺御放鷹のころ、しは〳〵当城へも成らせられしと伝へり」として、中原御殿を拠点として行われた鷹狩に際して家康がしばしば玉縄城を来訪したとする。家康にとって玉縄城が重要な場所であり、何度も訪れたことを示す記述である。最後に「今、城跡は少し芝地ありて、其余は御料・私領入会の林となれり、されと空堀土手形は残れり、字に七回り・御厩曲輪・本丸裏口・円光寺曲輪・太鼓櫓・諏訪壇・蹴鞠場等の唱へ残れり」という現状を述べる。挿絵⑩「玉縄古城跡」は、見開きの構図で峻険な城の構造を良く示している。画中に「本丸」「大手」等の文言が記されている。

6「松平甚右衛門正次屋敷跡　同村」は、「松平甚右衛門正次屋敷跡は同村(城廻村)にあり、玉縄城跡より三、四町を隔つ、濶さ山林を合せて三千四百坪余、正次殿は長沢の松平氏にして、先祖松平備中守親常殿八代の孫なり、父を松平甚右衛門親光といふ、正次殿の弟松平念誓親宅、大神君様へ初花の御茶入を献し奉りしことは武徳編年集成にも見えたり、世々御当家に仕へ奉られ、正次殿に至る」として、松平正次の屋敷跡が城廻村の内、玉縄城から三〜四町程の近接した場所に存在することと、長沢松平氏の出身である同人の系譜を紹介する。

次に「小田原落城の後、大神君様鎌倉・玉縄辺御巡見の時正次殿供奉せられ、御杖の先にて居屋敷を給ハりし所、則、此地なり、且当所にて采地五十石をたまハれり、かくて正次殿当所に住居せられ、上村岡の御旧地および玉縄城をも守護せられしとなり、或書に正次殿玉縄の御代官を勤めし事見ゆ、大神君様、此辺屢御放鷹ありし頃は、この宅地へも御立寄ありしと伝ふ」と記している。それによれば、小田原落城後における家康の「鎌倉・玉縄辺御巡見」に松平正次が供奉している。この「鎌倉・玉縄辺御巡見」は、4「名主左平太」にみられる「上村岡(割註略)より玉縄辺御巡見」と、5「玉縄城跡」における「小田原落去ありて、大神君様、当城御巡見」と同じ天正一八年時の行程であろう。この際、家康は供奉している松平正次に対して、「御杖の先にて居屋敷を給」わるとともに城廻村で五〇石の知行地を与えたという。これを受けて、正次は「当所」＝城廻村の「居屋敷」＝「宅地」に「住居」して「上村岡の御旧地および玉縄城をも守護」したと記されている。「御杖の先にて」とは家康が携帯していた杖の先で自ら屋敷地の場所を指示・選択した意であり、正次を自らの分身として「上村岡の旧地および玉縄城」を「守護」させる家康の意図であるという高峰の解釈であろう。「上村岡の御旧地」とは前述した「上村岡は御遠祖頼義公・義家公奥州御征伐の時、御止宿の地」である上村岡郷＝渡内村のこと。「上村岡の御旧地」＝渡内村を「守護」するために玉縄城が存在するとともに、その二つを自らの分身として「守護」させるために、家康は玉縄城が所在する城廻村に松平正次の屋敷地を設けたことになる。4「名主左平太」における「壺井三社大権現」の設置と同様な意味になる。

ついで、「正次殿の養子は長四郎正久殿といふ、実は大河内金兵衛秀綱殿の次男なり、十二歳の時、三州田野にて大神君様に拝謁し奉り、御懇の上意あり、思召あらせらる、により、正次殿の養子となすへきとの命あり、暫し此屋敷に来り、養父正次殿の方に同居せられしに、文禄元年召出され、大神君様に奉仕、同年六月三日別に当国淘綾郡万田村にて采地三百石余を給ハれり、これ正久殿出身の初めなり、慶長十五年正月朔日、正次殿当所にて卒す、渡内村二伝寺に葬る、徳祥院殿と謚す〈今に松平備中守殿より年々香火の奠あり〉かくて正久殿元和年中養父正次殿の家督を襲ひ、当所の領地をも給ひし時、当村の内にて別に屋敷を造り住せらる、今に其地を陣屋と呼、畑地となれり、当屋敷より東の方三町程を隔て、玉縄城跡の南麓なり、鎌倉志に松平備前守隆綱居宅と載せしもの是なり、正久殿次第に登庸せられ、禄二万五千石に至る、後、松平右衛門大夫正綱と称せし人是なり、正綱殿、日光山辺路次の左右山中十余里の間、杉樹を植られ御宮に寄進せられし事は、慶安元年四月羅山道春先生の撰まれし彼地に建る碑文に詳なり」

と記している。なお「大河内金兵衛秀綱」は「校注編」では「大河内金兵衛秀総」となっているが、「本文編」により修正した。

ここでは正次の養子である長四郎正久＝正綱について述べ、大河内金兵衛秀綱の次男という出自と、一二歳の時に家康に「拝謁」し「御懇の上意」を受け、さらに家康の「思召」により正次の養子となった経緯を紹介している。正久＝正綱は「御懇」と記されるように家康と親しい関係にあり、それ故、松平正次の養子として、「上村岡の御旧地および玉縄城」を「守護」する正次の役割を継承することになった。正久はしばらくの間、正次の屋敷に同居していたが、文禄元年（一五九二）に召し出されて、相模国淘綾郡万田村に三〇〇石の知行を与えられた。慶長一五年に正次が死去すると、元和年間にその跡を継承し、正次の屋敷から東へ三町程離れた玉縄城の南麓に新たな屋敷を設けた。その後、次第に登用され二万五〇〇〇石の大名となり、日光街道に杉並木を植樹したという。先述した福原新兵衛の日光供奉に関わる記述であるとともに、「上村岡の御旧地および玉縄城」の「守護」を家康から指示された正久＝正綱家の移封後は、名主である福原家が単独でその任を担っているという福原高峰の自家認識が表現されている。

さらに「さて、正次殿の実子は新助正吉殿といへり、当屋舗に住し、後、駿河大納言忠長卿に仕奉られ、其子新兵衛久次に至り、忠長卿御事あらせられし後、右衛門大夫正綱に預られ、遂に家臣となり、当屋敷は己か所持とせしを、元禄十一年正綱殿の後、弾正忠正久殿に至り、領地三州吉良へ転せられし時、久次の孫、甚之助某願ふやう、此屋敷は大神君様より先祖正次に賜ハりし以来、代々住居の地なれは、屋敷守を置、年貢諸役ハ勤め、甚之助の家にて抱置たきの旨、備前守殿正久殿より松平美濃守殿をもて公へ願ひあけ、許可ありてより、今に上総国大多喜の城主松平備中守殿の藩士松平甚之助某、抱地となせり」として、正次の実子正吉とそれ以降の系譜について触れている。正次の実子である正吉の屋敷は徳川家康より下賜された「代々の住居の地」と記されているが、正次に命じられた玉縄城の「守護」の役割は養子である正綱に継承されたとするのが福原高峰の見解である。

以上、5「玉縄城跡　城廻村」と6「松平甚右衛門正次屋敷跡　同村」では、「御遠祖頼義公・義家公奥州御征伐の時、御止宿の地」である上村岡郷＝渡内村を「守護」する玉縄城の存在と、玉縄城を「守護」するために設置された松平正次の屋敷とそれを継承した松平正綱について記述している。小田原北条氏の支城として高座郡・鎌倉郡を管轄した玉縄城は、源家の「御遠祖」である頼義・義家の「奥州御征伐の時、御止宿の地」である上村岡を「守護」するためのものであり、天正一八年の小田原攻めにおいて城主北条氏勝が徳川氏に降伏することにより、豊臣軍の手を経ずに、徳川家康が直接的に継承したことになる。こうした源家に関わる故地を継承したことが慶長五年の鶴岡八幡宮参詣につながるという論理構成であろう。そして、この玉縄城を「守護」する役割を担ったのが松平正次とその養子である松平正綱であり、そのため城廻村において屋敷地が与えられたことになる。正綱は徳川家康の「御遺命」である箱根宿の開設（巻之三の4「御殿蹟　箱根宿」）や鶴岡八幡宮の造営（巻之十四の1「鶴岡八幡宮」）の担当者でもあり、家康の意を受けた人物として想定されている。その正綱家の移封後は、福原家が単独で「御遠祖頼義公・義家公奥州御征伐の時、御止宿の地」である上村岡郷＝渡内村を「守護」しているということになる。

7～10は玉縄城周辺に存在する寺院を対象としている。

7「久成寺　同村」は、「久成寺は同村（城廻村）にあり、日蓮宗にて光円山と号し、鎌倉本覚寺の末なり」「四世仏乗院日顗住職のころ、天正十八年小田原御陣に天下泰平国家安全のため、法華経三千部読誦の志願を発し、一千部成就の日、大神君様小田原御陣所より上村岡・玉縄辺御巡見の時、かの読経執行の思趣を聞しめされ、御祈禱を仰付られ、その御恩賞として寺領を賜ふへき仰を蒙り」と記されている。それによれば、当寺の住職日顗が、天正一八年の小田原陣の際に「天下泰平国家安全」のため「法華経三千部読誦」を「志願」した。丁度「一千部成就」にあたる日

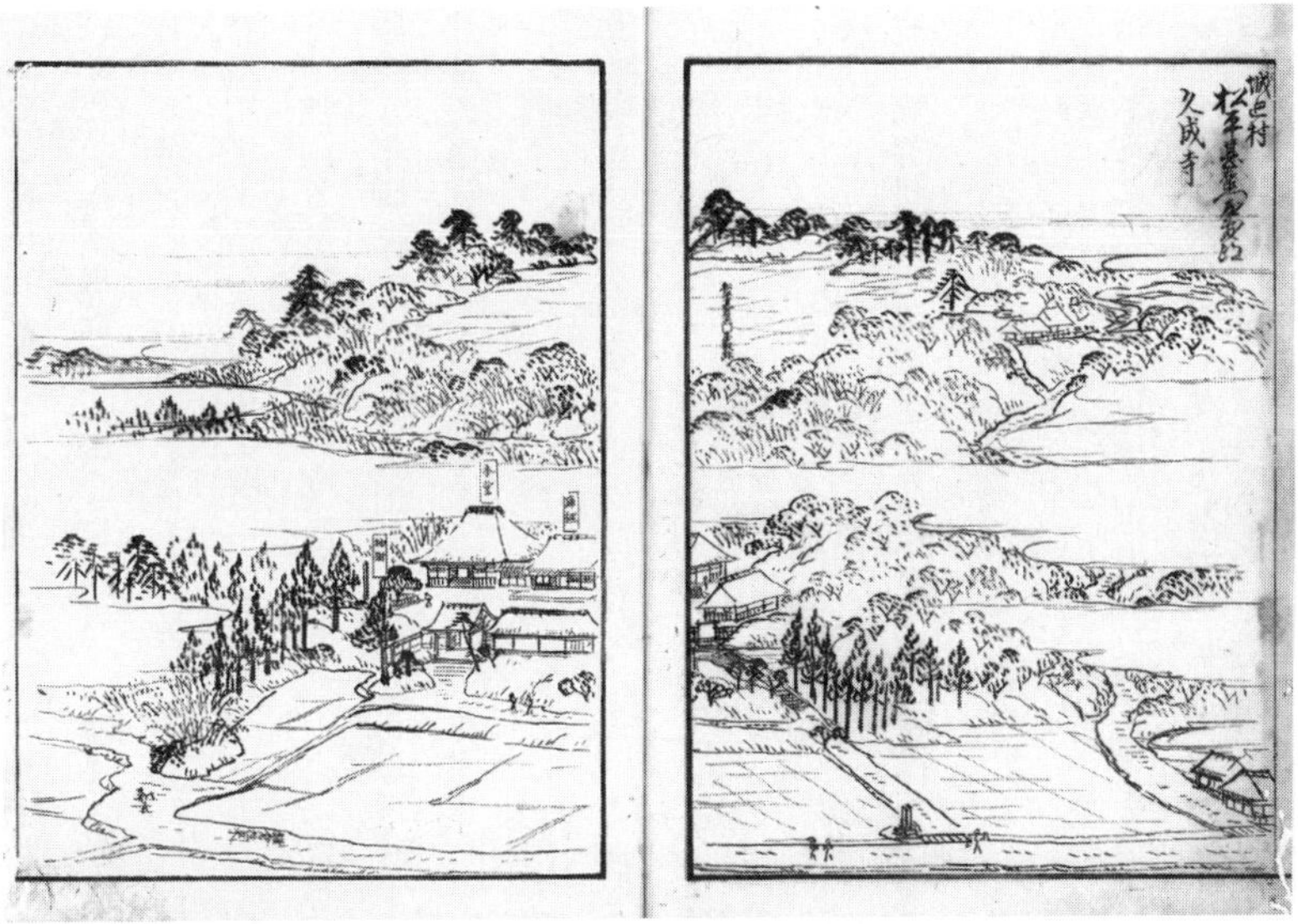

巻之十八 挿絵⑪「城廻村　松平甚右衛門屋敷跡・久成寺」
福原家本(藤沢市文書館写真提供)

に徳川家康が「上村岡・玉縄辺」を「御巡見」しており、先述した「読経執行の思趣」を聞いて「御祈禱」を命じ、その「恩賞」として寺領を与えられたとして、天正一九年一一月付の寺領三石の朱印状を載せるとともに、4「名主左平太」と5「玉縄城跡」に記述された天正一八年の徳川家康の「上村岡・玉縄辺御巡見」を記す。「其後、此辺御放鷹のころ、当寺に入御あらせられ、昼の御膳を召上らる時に、日頟庭前の柚の実三ツを献し奉りしを、御感にて携へ給ひし割子をたまハりしとて、今に御弁当箱を寺宝とす」とあり、家康の鷹狩時における来訪とその際における「割子」=弁当箱の下賜を述べる。

6・7に対応する挿絵が⑪「城廻村　松平甚右衛門屋敷跡・久成寺」、⑫「御弁当箱」である。⑪は上空から「松平甚右衛門屋敷跡」と「久成寺」を俯瞰した構図。⑫は久成寺の「寺宝」である「御弁当箱」である。

8「**貞宗寺　同村**」は、まず「貞宗寺は同村(城廻村)にあり、浄土宗にて増上寺末、玉縄山珠光院と号す、本尊阿弥陀を安す、開山星蓮社暁誉上人源栄和尚、開基大檀越貞宗院殿英誉珠光大禅定尼、慶長十四年四月十九日卒す、そも〳〵貞宗院様は台徳院様及ひ左中将忠吉君の御母堂、宝台院様の御実母なり、御諱は於貞、西郷氏正勝殿の女、戸塚五郎大夫忠春殿の妻となり〈今に子孫、備前守忠栄殿より年々香火の奠あり〉故ありて大神君様へ奉仕、御年寄を勤めたまふ、然るに、天正十九年隠栖の御願により、大神君様、松平甚右衛門正次殿に仰付られ、当所に屋敷を給ひ、住せらる、正次殿より家臣某を御附とせらる、後、薙髪して淙山と号す、今に当寺に其碑あり、貞宗院様は兼て岩瀬大長寺四世源栄大和尚の高徳を深く御帰依あらせられ、慶長八年御授戒あり、貞宗禅尼と称せらる、同十四年四月十九日逝去の時、御遺言に任せ、源栄、御導師となり、則此地の南続にて荼毘し、御屋敷の内に葬埋せり、同七月仮に阿弥陀堂を建て、念仏修行せり、其後源栄和尚の願により、同十六年御屋敷を一寺に御建立ありて、源栄和尚を開山に命せられ、大長寺より兼帯す、今、本堂中に貞宗院様御俗躰の木像を安置す、源栄の作といふ」と記している。それによれば、貞宗寺の開基貞定院は秀忠の母宝台院の実母であり、天正一九年に隠居して松平正次に預けられ、当地に屋敷を構えたという。貞宗院は慶長一四年に死去、同一六年に大長寺住職源栄を開山として貞宗寺が建立され、住職は大長寺の源栄が兼帯した。

ついで、「寛文十二年、当所の領主松平備前守隆綱殿推挙ありて五世輪誉和尚御修復を願ひし時、其料として近村、高谷村の内にて十石を附せらる、此時、本寺本長寺を改めて増上寺末となれり、御朱印を賜ひしハ貞享二年なり、又、荼毘所をも除地となされ、当寺にたまふ」として、寛文一二年(一六七二)に堂宇の修復を行った際にその費用として寺領一〇石を与えられ、あわせて本寺を開山源栄が住職であった本長寺から将軍家菩提寺の増上寺へ改めた。さらに「本尊の仏器・水引・打鋪等ミな葵御紋を附たり、其内に打鋪は台徳院様より貞宗院様へたまひしよし、慶長十四年の裏書あり、またいにしへ供物の仕立に用ひしといふ箱切溜大小六ツあり、春慶塗にて銀の葵御紋を附、大のかたには銀にて御しやうしんと記す、これは御授戒以前の御膳具御遺物なるへし」と記し、由緒の寺宝を記す。

挿絵⑬「同村　貞宗寺」は同寺の境内を描く。また⑭〈御しやうしん箱〉は先述した「供物の仕立に用ひしといふ箱切溜大小六ツあり、春慶塗にて銀の葵御紋を附、大のかたには銀にて御しやうしんと記す」箱を描いている。

9「龍宝寺　植木村」は、「龍宝寺は植木村にあり、曹洞宗にて陽谷山と号す、玉縄城主北条左衛門大夫綱成の開基なり」として、玉縄城主北条綱成の開基であることを記す。ついで「天正十八年小田原御陣の頃、氏勝、山中城落去の後、玉縄城に栖籠り打死と思ひ極めしを、大神君様の仰により、本多忠勝殿へ附属の士、弐人の内、松下三郎左衛門は、時の住職良達和尚の甥なりしをもて、大神君様の上意を伝へ、良達心を尽し終に氏勝を降参なさしめし事は玉縄城蹟の条に詳なり、後年、法系の争論にて衆徒、良達に随ハす、既に訟に及ひしかは、良達は当寺を退去し、北条氏も離壇して、父祖の墳墓も上岳寺〈初大徳寺〉に移し、同寺に良達和尚を住しむ、それより同寺は北条氏領分所替の地に随逐して、今に遠州北原川村に残れりとなり、されと開基なれは、今に当寺に綱成・氏繁・氏勝三代の位牌を安置す」と記している。それによれば、天正一八年の小田原陣の際に玉縄城主の北条氏勝を「降参」させるのに、同寺の住職良達が尽力した旨を記しており、その詳細は「玉縄城蹟の条」＝5「玉縄城跡」に詳述されているとする。しかし、その後、「法系の争論」により良達は龍宝寺を退去し、北条氏も離檀した。ただし、北条氏による開基なので、綱成・氏繁・氏勝という三代の位牌は安置されている、というその後における同寺の変遷を記す。挿絵⑮「植木村　龍宝寺」では同寺の境内を描く。

10「青蓮寺　手広村」は、「青蓮寺は手広村にあり、古義真言宗にて紀州高野山金剛峯寺の末なり、飯盛山仁王院と号す、弘法大師を開山とす、天正十八年小田原落去の後、大神君様古刹なるを聞しめされ、先規の如く寺領の御書をたまひ、其後関東檀林所三十四ケ寺の法談所に加へられ、当国二十六ケ寺の本寺となれり」として、徳川家康が弘法大師開山という「古刹」であることをふまえて寺領を与え、「関東檀林所三十四ケ寺の法談所」に加え、さらに

「当国二十六ケ寺の本寺」としたという由緒と、天正一九年一一月付の寺領二五石の朱印状を載せる。末尾に「西の方に御霊社あり、村岡五村の惣鎮守なり、鎮守府将軍良文の勧請といふ、相殿に鎌倉権五郎景政を祀れり」として、手広村の御霊社が「鎮守府将軍良文の勧請」による「村岡五村の惣鎮守」であるとする。挿絵⑯「手広村　青蓮寺」では「青蓮寺」「御霊社」等をやや引き気味の構図で描いている。

以上、7～10は、玉縄城が存在する城廻村の7「久成寺」、8「貞宗寺」と、その近隣に位置する植木村の9「龍宝寺」と10手広村の「青蓮寺」を対象としている。7・10では天正一八年における徳川家康の「上村岡・玉縄辺御巡見」時における来訪記事を載せている。8では貞宗寺が秀忠の母宝台院の実母貞宗院の屋敷地であり、後に大長寺の住職源栄を開山として開基した旨を記す。9では玉縄城主北条氏勝の「降参」に尽力した龍宝寺の住職長栄を記述している。あわせて手広村に「鎮守府将軍良文の勧請」による村岡郷の惣鎮守の御霊社が存在することに触れている。他の地域における寺社より詳しい記述であり、編纂者である福原家の地元であることがその理由であろう。

以上、巻之十八は、冒頭の藤沢宿にかかわる1・2、渡内村と福原家を記述した3・4、玉縄城に関連する5・6、玉縄城周辺の寺院を対象とする7～10、の四つに分かれる。1・2では徳川氏の祖である「有親公」「親氏公」が弟子となった清浄光寺を中心に述べるとともに、巻之十三の末尾に続くように藤沢宿の挿絵を配置して藤沢宿全体を描いている。3・4では「相中留恩記略」の編纂者である福原家自身を記述しており、渡内村が「御遠祖頼義公・義家公奥州御征伐の時、御止宿の地」という源家由来の地であり、福原家が頼義・義家以来の源家へ忠誠を尽した三浦党の流れを引く出自をふまえ、代々その故地を「守護」してきた由緒を記している。また、前九年の役における源頼義と後三年の役における源義家がそれぞれ止宿した由緒をもつ「旧蹟」へ天正一八年の小田原落城後に徳川家康が来訪していることは、慶長五年における鶴岡八幡宮参詣を先取りした行為である。5・6では、相模国東部における小田原北条氏の拠点であった「玉縄城跡」の近辺に設置された「松平甚右衛門正次屋敷跡」が中心的項目である。ここでは「小田原落城の後、大神君様、鎌倉・玉縄辺御巡見の時、正次殿供奉せられ、御杖の先にて居屋敷を給はりし」との記述があり、松平正次が「上村岡の御旧地および玉縄城」の「守護」を家康から命じられ、さらにその役割が養子の正久＝正綱へ継承された。そして、正綱家の移封後は、名主である福原家が単独でその任を担っているという福原高峰の自家認識が表現されていると思われ、そうした認識が「相中留恩記略」編纂の大きな要因ということになろう。7～10では玉縄城周辺に存在する寺院を記述している。

巻之十九

巻之十九は、1「大長寺　岩瀬村」、2「農民八兵衛　本郷公田村」、3「長慶寺　本郷中之村」、4「長光寺　小菅谷村」、5「戸塚宿」、6「清源院　戸塚宿」、7「五太夫橋　同宿吉田町」、8「大善寺　上矢部村」、9「一里塚　平戸・品濃両村」の九項目が立項されている。鎌倉に近い岩瀬村→本郷公田村→本郷中之村→小菅谷村へと北上し、戸塚宿にいたる。それよりは東海道を東＝江戸方向へ進み、武蔵国・相模国の国境の境木に近い相模国最東端の一里塚である平戸・品濃村の一里塚にいたっている。対象地域としては、巻之十八の3～10と一体的な1～4と、戸塚宿とその周辺を扱う5～9に二分され、前者は鎌倉市から横浜市栄区域、後者は横浜市戸塚区域に属する。挿絵は、①「大長寺」、②「公田村農民八兵衛・中之村長慶寺」、③「高麗焼御茶盌」、④「小菅谷村　長光寺」、⑤「薬師如来」、⑥「東海道戸塚宿　清源院」、⑦「其二」、⑧「同宿吉田町五太夫橋・上矢部村大善寺」、⑨「打鉦」、⑩「御盃」、⑪「高麗焼御茶盌」、⑫「金梨子地御茶碗」、⑬「平戸・品濃両村一里塚」、⑭「其二」の一四件である。

まず、前半の1～4についてみる。

1「**大長寺　岩瀬村**」はまず、「大長寺は岩瀬村にあり、浄土宗にて、亀鏡山護国院と号す、京知恩院の末なり」という概要を記す。ついで、「四世暁誉源栄上人住職のころ、天正十八年、小田原御陣の時、軍勢諸寺院に入て乱妨するもの多し、よりて制札を乞請んとせしか、願ひ出へき縁なかりしを、源栄上人は兼て、三州大樹寺にて、大神君様へ御目見ありしかは、近郷本寺分の住職を同道して、御陣所へ願出しより、秀吉公より諸寺院へ制札を賜ひしとなり」として、小田原陣において豊臣軍の軍勢が寺院に侵入して乱暴を働くため、秀吉の「制札」を入手しようとしたが、仲介する「縁」が無く困惑していたところ、大長寺の住職源栄は三河大樹寺で徳川家康へ御目見えしたことがあり、これを「縁」として「近郷本寺分の住職を同道して」（家康の）「御陣所」へ願い出ることにより、各寺院へ秀吉の「制札」が下された経緯を述べる。

ついで「其後、北条左衛門大夫氏勝、玉縄城に籠りて戦死を極めし時、大神君様、氏勝降参のことを謀らせたまひ、源栄上人に内命ありて、植木村龍宝寺良達和尚と心を合せ、終に氏勝を降参なさしめしとなり」として、徳川家康の「内命」を受けて、源栄が植木村龍宝寺の良達とともに、玉縄城主北条氏勝の降伏を仲介した功を述べる。なお、この件の詳細は巻之十八の5「玉縄城跡」に記述されている。

さらに「御入国の後、此辺、屢御放鷹のとき、当寺へ成らせられ、法義御聴聞あらせられ、又、或時、山号御尋により亀鏡山と申あけしを、然らハ寺僧は大長寿なるへしとの上意にて、寺号の文字を改められ、境内・寺領とも先規のことく賜ハりしを、旧領玉縄岡本村にてハ程隔たるをもて願ひあけ、門前の地に改めたまひて寺領を附賜ハりしとなり」として、鷹狩の折々に同寺へ立ち寄り、ある時山号についてのお尋ねがあり「亀鏡山」と答えたところ、それでは寺僧は「大長寿」であろうと家康が述べたのをうけて、「大頂寺」の寺号を「大長寺」に改めたという。また、従来の寺領岡本村が遠いため、「門前の地」に改めて寺領を与えられたとして、天正一九年(一五九一)一一月付の寺領五〇石の判物を載せる。

また、「其後も鎌倉辺御放鷹の時々、当寺に立寄らせたまひ、法義御尋問あらせられ、御帰依の余り、御父君道幹君〈瑞雲院殿と称し奉る〉尊牌を御安置ありし時、寺領をも加へ給ふへき上意ありしかと、固く辞し奉りしとなり、又或時俄に当寺に成らせらる丶よしを聞て、源栄上人急き中門まて迎へ奉り、御目見の時又御放鷹にやと申あけしを聞しめされ、南無阿弥陀仏、鳥はとらさり、と上意ありしを、とりあへす上人、有かたのゑこう〳〵で、日のくる丶〳〵と続け奉りしを深く興したまひ、御供の衆に書とめよと上意ありしとなり」として、家康の深い帰依により「御父君道幹君」(家康の父松平広忠)の尊牌を安置したが、寺領の加増については固辞した。あるいは鷹狩時における家康と源栄の詩歌のやりとりのエピソードを載せる。

そして、「同(慶長)十六年貞宗様御隠居屋敷を源栄願ひあけ、一寺に御建立、則開山に仰付らる、同年大神君様藤沢御殿御止宿の時召せられ、法義御談話の上、堂宇修理料として銀千両を賜ハりし事、駿府政事録に載たり、是より先、内藤修理亮殿、高座郡座間村に宗仲寺を開基し、源栄上人を請し開山とす、是より大長・宗仲・貞宗の三寺を兼帯す」とあり、源栄による貞宗寺と宗仲寺の開基が記されている。ちなみに貞宗寺については巻之十八の8「貞宗寺」に、宗仲寺については巻之十三の4「宗仲寺」に、それぞれ立項されている。寺宝として「東照大神君様御神影一軸」があり、本堂南の「三社権現堂」の中央には「大神君様御束帯の御像」が配置されている。本堂の前の「銀杏樹」は「大神君様当寺へ成らせられし時」の「御手植」とされている。挿絵①「大長寺」では同寺の境内を描いている。

2「農民八兵衛　本郷公田村」は、「農民八兵衛は本郷公田村の民なり、松平を氏とす、先祖藤三郎正則は松平甚右衛門正次殿の弟なり、正次殿は玉縄にて知行屋敷を賜ハり、正則は武州三河島にて知行五拾石〈又百石とも云〉を賜ひしとなり、正則、三州にて度々戦功を励し、御感に預りしか、故有て御勘気を蒙り落魄して甲州に至り武田家に属し、彼家にても屢戦功ありしとなり、後、御赦免を蒙り、召帰され、江戸裏二番町にて屋敷を賜ひ、虎之間御番を勤む、其頃先采地三河島、物成詰の御切米を賜ひしとなり、其後隠居を願ひし時、伊奈備前守忠次殿に命せられ、当所にて宅地を給ひ、除地とせられ、此地に退隠して死す、岩瀬大長寺に葬る」として、農民八兵衛の先祖藤三郎正則は巻之十八の6「松平甚右衛門正次屋敷跡」で触れた松平正次の弟であり、武蔵国三河島で知行地を賜り、その後、公田村にて除地とされた宅地を得て隠居した。

ついで「其子三郎六郎重正も御入国の時、父と共に供奉す、家督を賜ひし後、同く虎之間御番を勤め、大坂御陣の時は深尾掃部組にて富士見御櫓御番を命せらる、彼人々を三河之者留守居百騎衆と唱へしとなり、御帰陣の後、願ひあけて隠居し、又、この屋敷に閑居す、其頃当国検地の事ありし時、屋鋪拝領の御書なけれは其証なしとて農民屋敷並の年貢地に定めらる、此重正も当所にて死す」とあり、正則の子の重正は父とともに家康に仕え、大坂陣から帰陣した後、隠居することとなり、公田村にある正則の「宅地」に「閑居」していた。しかし、その頃実施された「当国」検地にあたり、「屋鋪拝領の御書」が無かったため、「農民屋敷並の年貢地」になった。

さらに「其子藤三郎重清、父の家督を継て、番町に住し、同く富士見御番を勤めしに、多病なれは、其子太左衛門某、その家を継しか、故ありて御勘気を蒙りて後、死去ありしかは、跡式召あけらる、依て父重清、此地より江戸に出て先祖より御奉公の筋目をもて願ひあけしかは、次男藤三郎重久を召出され、下谷にて屋敷を賜ひ、富士見御番を勤む、元禄十二年死す、其子又次郎某、富士見御番を勤めし時、明和七年故ありて家断絶す、扨、重久の弟、三郎右衛門は浪人にて、父重清と共に此地に在て、屋敷地を譲り受、其子次郎右衛門相続ありしより、終に村民となり、子孫、今の八兵衛に至るといふ、今に大長寺の檀越なり」として、重正の子重清以降の系譜について述べている。重清の跡を継いだ太左衛門某は「御勘気」を蒙った後に死去して断絶。次男の藤三郎重久は召し出されたものの、その子又次郎某の時に同じく断絶。重久の弟の三郎右衛門は「浪人」して公田村に居住、その子次郎右衛門の相続時から「村民」となり、現在の八兵衛にいたり、大長寺の「檀越」であると記している。

このように2「農民八兵衛　本郷公田村」の項目は、巻之十八の6「松平甚右衛門正次屋敷跡」に関連したものである。

3 **「長慶寺　本郷中之村」**は、「長慶寺は本郷中之村にあり、浄土真宗にて中村山天岳院と号す、往古は顕密の道場にて玉縄にありしとなり、僧超世住職の頃、親鸞上人に帰依して当宗に改むといふ、其後実好普古といふ僧、法脈を相続せしころ摂州石山の合戦に馳登りしにより、古跡退転せしかは、帰国の後、此地に草庵を結ひ住せしに、大神君様御放鷹の御路次、当寺に御立寄あらせられ、寺傍の清水を召上られしと伝へて、今に其時の御茶碗を蔵す、其後慶長十六年藤沢御殿へ召せられ、堂舎再建御手当として金一包を給ひ、一寺全く成就せしとなり」とあり、徳川家康が鷹狩の際に立ち寄り、寺の傍らの清水を召し上がった時の茶碗が残されているという。慶長一六年(一六一一)に藤沢御殿へ召し出され、堂舎再建の費用として「金一包」を下賜された結果、堂舎が成就した。末尾に「本郷ハ此辺六ケ村の惣名にして、郷中上之村に頼朝卿、佐奈田与一義忠か菩提の為に建立ありし証菩提寺あり」として、源頼朝が佐奈田与一の菩提を弔うために建立した証菩提寺の存在に触れている。

2と3に対応する挿絵が②「公田村農民八兵衛・中之村長慶寺」、③「高麗焼御茶盌」である。②では「八兵衛」の屋敷、長慶寺・証菩提寺を見開きの構図に入れた風景を描いている。③は家康が長慶寺に立ち寄った際に用いた「御茶碗」を描いている。

4「長光寺　小菅谷村」は、まず「長光寺は小菅谷村にあり、浄土真宗京西本願寺末、菅谷山医王院と号す」として、同寺の概要を記す。ついで「本尊薬師は文覚上人の作なり、慶長年中、東照大神君様、紬川辺、御放鷹の時、御鷹それて当寺境内の老松にとまりしかは、本尊に御祈念遊ハされしに、忽、御手に立戻りしとなり、よりて寺辺の花を摘せたまひ、仏前へ御手向遊ハされしとて、御花立の薬師と呼り、其後、東照山の号は憚りて今の山号を称す」として、家康の鷹狩時に鷹が同寺の老松にとまり、文覚上人作の本尊薬師仏に念じたところ、たちまち家康の「御手」に戻った。よって近くにある花を摘み、仏前へ御手向けをした。これ以後、本尊の薬師仏は「御花立の薬師」と呼ばれるようになったという。その後、「東照山」という山号をはばかり、医王山の山号を使用しているという。ついで「延享中、了含住職のころ、増上寺覚誉上人と熟縁あるをもて、本尊の由来を語り、大神君様御由緒のよしを述しかは、上人筆を染て東照山の額を書し、薬師へ奉納ありしとて今に蔵す、かゝる御由緒あるをもて、今に七ケ年目毎に登城、御礼申上るを例とす、薬師如来の台座に葵御紋を附たり、また大神君様の御尊牌を安置し奉れり」として、今も七か年ごとに登城して御礼を申し上げている。本尊の台座には「葵御紋」がついており、徳川家康の「御尊牌」を安置している。挿絵④「小菅谷村　長光寺」は同寺と周辺の風景を、⑤「薬師如来」は本尊の薬師如来を、描いている。

以上の1「大長寺　岩瀬村」、2「農民八兵衛　本郷公田村」、3「長慶寺　本郷中之村」、4「長光寺　小菅谷村」は、玉縄城開城に尽力した1「大長寺」の住職源栄や、松平正次の弟正則を先祖とする2「農民八兵衛」からもうかがわれるように、玉縄城周辺の地域として巻之十八の7～10と一体的な部分である。

これに対して、5～9は戸塚宿から品濃一里塚にいたる東海道沿いの地域を扱っている。

5「戸塚宿」は「戸塚宿は東海道五十三駅の一なり、当宿起立の事は、今、問屋を勤める九郎左衛門（右）といへる者の先祖沢辺宗三といひしもの、大神君様御遺命の由をもて元和二年宿駅に願ひ上し時の願書案、今に蔵す」「此時程ケ谷宿苅部修理より贈りし書付」「同年十一月宿駅に定め給ひ駄賃の御奉書を給ハれり、其御文の写」とあり、戸塚宿は問屋九郎右衛門の先祖沢辺宗三が徳川家康の「御遺命」を仰ぎ元和二年(一六一六)に開宿した宿場であり、それに関わる辰年二月二九日付の「冨塚郷沢辺宗三」による「乍恐書付を以申上候」、辰年二月一八日付の「ほとかや郷苅部修理」書状、元和二年霜月(一一月)付の「安藤対馬」「土井大炊」「酒井備後」「本多上野」「板倉伊賀」連署の「定」写しを載せる。なお、戸塚宿の開設は、現在では慶長九年で確定しているが、「相中留恩記略」では元和二年として理解されており、それが家康の「御遺命」であったとされる。相模国における東海道の宿場の内、家康死後に設置されたとされる箱根宿・戸塚宿はいずれも家康の「御遺命」によるものであり、それもまた家康の「留恩」であるという認識である。なお、沢辺家については「九郎右衛門は沢辺を氏とす、先祖修理亮信直ハ天文七年国府台の合戦に討死せしといふ、按するに鎌倉円覚寺雲頂庵所蔵に冨塚郷彼院領たりし頃、応仁元年九月沢辺孫次郎森忠か出せし証状あり、森忠は則、此家の祖先なるへし」と記し、円覚寺雲頂庵の所蔵文書である応仁元年九月付の訴状を出している沢辺孫次郎森忠が同家の先祖であるとしている。

次に「当宿の中ほと西側にて山の中腹に仰月亭といへるあり、近隣の水田を一望して、尤賞月に可なり、又萃美亭とも云、額は林家培斎先生の墨蹟なり、亭の主を宜白といふ、鈴木を氏とす、父は源七といへり、天明三年の凶作に奇特の事ありて、同五年五月水野出羽守殿指揮せられ、御褒美を賜ひ、寛政六年にも亦奇特の事ありて同年六月戸田采女正殿指揮により白銀を賜ふ、同九年七月金沢文庫旧蔵の尚書正義壱本を公へ献し、彼書全備せしを賞し給ハり、安藤対馬守殿指揮せられ金若干を賜ハれり」として、戸塚宿の中程西側の山腹に所在する月見の名所「仰月亭」とその主人である鈴木氏の事蹟を紹介する。

6「清源院　戸塚宿」は、「清源院は同宿(戸塚宿)にあり、浄土宗、知恩院の末なり、南向山長林寺と号す、開基は清源院理宗大禅定尼なり、禅尼、大神君様に仕へ奉り、駿府に在しか、年四十余にして、仕を辞し尼となりたき旨願ひしかは、御免ありて彦坂小刑部元正殿に預けられ、当郡岡津村元正殿陣屋に送り遣ハさる、よりて元正殿草庵を営ミて閑居せしむ、元和二年の春、御不例の由を聞て、急き駿府に馳参りしかは斜ならす御悦ありて、御看経仏安阿弥作の弥陀を賜ハれり、御他界の後、草庵に帰り、勝地を得て当寺を造立し、彼如来を安置し、念仏三昧なりしといふ、立像、長弐尺弐寸、歯吹如来と称し、今に本尊とす、御戸帳に葵の御紋章をつく、また、御紋縫入七条袈裟一領を寺宝とす」とある。それによれば、家康の側室清源院理宗大禅定尼が彦坂元正へ預けられ、元正は自らの陣屋がある岡津村の近くに「草庵」を造り、そこに「閑居」させた。その後、戸塚宿の地に「勝地」を得て当寺を造立したという。

挿絵⑥「東海道戸塚宿　清源院」、⑦「其二」は、連続した構図で、清源院から「天王社」をへて「八幡社」(冨塚八幡宮)にいたる戸塚宿の内、戸塚町の中心部を描いている。

7「五太夫橋　同宿吉田町」は、「五太夫橋は同宿(戸塚宿)内、吉田町にあり、東海道往来に懸る土橋、長三間許、むかし石巻五太夫殿、大神君様御通行あらせられ候由を聞、橋辺にいて、御出迎申あけしかは、上意なと蒙りしとそ、其後、橋名に呼りと云伝ふ、按するに、家譜に拠は、石巻下野守康敬殿、御入国の頃、戸塚駅にて御目見申あけ、其頃、隣村中田村にて屋敷分として、高百拾壱石余の地を賜ハれりとなり、村内中田寺は康敬殿の開基にして、其墓あり、今、御旗本石巻七郎左衛門康寧殿九代の祖なり」とあり、徳川家康の通行に際して石巻五太夫がこの橋で出迎えたという名称の由来が記されている。石巻家の「家譜」によれば、家康の入国時に石巻康敬が戸塚駅で御目見えし、隣村の中田村で「屋敷分」として一一一石の知行地を与えられた。なお、中田村の中田寺は同人の開基である。

8「**大善寺　上矢部村**」は、「大善寺は上矢部村にあり、矢部郷は、鎌倉谷七郷の一なり、浄土宗、京知恩院の末、退魔山不退院と号す、開山牛秀、慶長十年六月十二日寂、開基ハ御旗本石川八郎左衛門重政殿なり、文禄二年五月廿三日当所の陣屋にて卒す、今に陣屋跡残れり、則、寺内に葬る、法名正林院本誉浄順禅定門といふ、天正中、大神君様、此辺御鷹野の時、御膳所となれりといふ、此時、打鉦を重政に賜ハりしを、当寺へ寄附せしとなり、重政殿の子孫、今石川大隅守正保殿是なり、今に檀越たり、又、高麗焼御茶碗壱ツ、金梨子地御紋付御茶碗壱ツ、葵御紋弐ツ、鶴弐羽を画ける御盃壱ツをも蔵す、同時用ひ給ひしものといふ」として、同寺が上矢部村に陣屋を持つ旗本石川重政の開基であり、家康の鷹狩り時に同寺が「御膳所」になったとする。その際に重政へ賜った打鉦は同寺へ寄付された。あわせて慶安二年(一六四九)八月付の寺領一〇石の朱印状の存在を記す。末尾で「又、淡島の社あり、霊験いちしるしく、毎年二月三日に参詣多し」と記している。

7・8に対応する挿絵が⑧「同宿吉田町五太夫橋・上矢部村大善寺」と、⑨「打鉦」、⑩「御盃」、⑪「高麗焼御茶盌」、⑫「金梨子地御茶碗」である。⑧は7「五太夫橋　同宿吉田町」と8「大善寺　上矢部村」に対応する挿絵で、東海道にかかる「五太夫橋」を描いたもの。⑨～⑫は大善寺所蔵の寺宝を描いたものである。

9「**一里塚　平戸・品濃両村**」はいわゆる品濃の一里塚であり、「一里塚は、武相の堺なる境木立場の三町余南の方、焼餅坂の上にあり、東海道の往還、江戸より当国に入て初ての里堠なり、土俗の伝へに、東照大神君様の仰により御築立ありしといふ」として、この一里塚が存在する場所を「武相の堺なる境木立場の三町余南の方」と記し、また「東海道の往還、江戸より当国に入て初ての里堠なり」というように江戸から相模国に入って最初の一里塚である。「凡例」第二条の「東は武州の堺なる境木の辺」に対応する記述である。この一里塚の「築立」は、「土俗の伝へ」として家康の「仰」＝指示という地元の伝承を記している。

この後に「此里堠の辺、東は平戸村、西は品濃村なり」「又、里堠の辺は、西面うち開けて、冨嶽已下、足柄・箱根・雨降の諸峯を一望す、されは、世に此地を百冨士の一と称せり、傍に冨士見茶屋と呼る茶舗あり」として、一里塚の所在地と同地からの眺望を述べる。西側の眺望が開けており、富士山の他に足柄・箱根・「雨降」＝大山といった相模国西部を代表する「諸峯」が一望できるとし、そのためこの地を「百富士の一」と称し、かたわらに「富士見茶屋」と呼ぶ茶店があるとする。

挿絵⑬「平戸・品濃両村一里塚」では、見開きで「一里塚」付近の東海道を描いている。画面中央に位置する一里塚の左側に「富士見茶屋」が、右下段には「焼餅坂」の文字がみえる。遠方には右側から「大山」・富士山・「二子山」が遠望される。⑭「其二」は坂下の情景で「新見正勝墓」「白幡社」の文言がみえる。

以上、5「戸塚宿」、6「清源院　戸塚宿」、7「五太夫橋　同宿吉田町」、8「大善寺　上矢部村」、9「一里塚　平戸・品濃両村」は、戸塚宿から品濃一里塚における東海道沿いを対象としている。5「戸塚宿」では元和二年とされる戸塚宿の開設を記し、それが徳川家康の「御遺命」であるとする。6「清源院」と7「五太夫橋」はそれぞれ戸塚宿内の寺院と橋である。8「大善寺」も同宿周辺の寺院。また、挿絵⑥「東海道戸塚宿　清源院」、⑦「其二」、⑧「同宿吉田町五太夫橋・上矢部村大善寺」では戸塚宿が描写されている。9「一里塚　平戸・品濃両村」は「武相の堺なる境木立場の三町余南の方」とあるように、東海道の内、相模国東端に存在する一里塚である。挿絵⑬「平戸・品濃両村一里塚」、⑭「其二」とあわせて、巻之三における箱根宿と巻之二の小田原宿以来の相模国における東海道の記述は完結する。

以上のように巻之十九は、巻之十八から続く前半の1～4と、戸塚宿から品濃一里塚へとつながる後半の5～9という二つのまとまりから構成されている。前半は、玉縄城開城に尽力した1「大長寺」の住職源栄や、松平正次の弟正則を先祖とする2「農民八兵衛」からもうかがわれるように、玉縄城周辺の地域として巻之十八の7〜10と一体的な部分である。後半は5「戸塚宿」と9「一里塚　平戸・品濃両村」が主要な項目であり、戸塚宿から品濃一里塚における東海道沿いを対象としている。5「戸塚宿」では元和二年とされる戸塚宿の開設を記し、それが徳川家康の「御遺命」であるとする。また、挿絵⑥「東海道戸塚宿　清源院」、⑦「其二」、⑧「同宿吉田町五太夫橋・上矢部村大善寺」では戸塚宿が描写されている。9「一里塚　平戸・品濃両村」は東海道の内、相模国東端に存在する一里塚であり、巻之三における箱根宿と巻之二の小田原宿以来の相模国における東海道の記述は完結する。ただし、慶長五年六月〜七月時における徳川家康の行程と合流させるためには、巻之二十三における記述が必要となる。

まとめ

巻之十八・十九は、藤沢宿から玉縄城といった東海道沿いの西部方面を扱う巻之十八の1〜10と巻之十九の1〜4と、戸塚宿を中心とした東海道沿いの東部方面を対象とする巻之十九の5〜9に大別されるが、前者はさらに四つに分かれる。第一の部分は、巻之十八の1・2であり、高座郡＝巻之十三の12〜14につながる藤沢宿の記述である。第二の部分は、巻之十八の3・4で、福原家の居村渡内村を対象としたもので、ここでは「相中留恩記略」の編纂者である福原家の由緒と徳川家康・源家との関連を記述している。第三の部分は、巻之十八の5・6で、玉縄城とそれを守護する松平正次屋敷に関わるもの。第四の部分は、巻之十八の7〜10と巻之十九の1〜4であり、玉縄城とその周辺地域に関わる項目である。以下、五つに区分した範囲の内容を順番に確認しておきたい。

巻之十八の1・2は、巻之十三の12～14とあわせて、東海道藤沢宿関係の項目であるが、まず藤沢宿を構成する大鋸町に所在する1「清浄光寺」を冒頭に置いている。徳川氏の祖である「有親公」「親氏公」の「御父子」が同寺一二世上人尊観法親王の「御弟子」であった由緒をふまえて、徳川家関連の寺院を冒頭に配置する意図である。それは、応永三年に尊観法親王が上野国を遊行した際、「有親公(世良田左京亮様)」「親氏公(松平太郎左衛門様)」父子が「御守本尊」宇賀神の「御仮寝の霊夢」により上人の弟子となった。その後、名を「徳阿弥」と改めた親氏は、清浄光寺へ来訪し、「鎌倉近き」という理由で「御子孫御開運の御願状」と宇賀神を当寺に残して三河国へ移った、という内容である。「凡例」第三条の「御歴代」に対応する記述であるとともに、「御子孫御開運の御願状」を同寺に納めた理由が「鎌倉近き」であることは、鎌倉の鶴岡八幡宮を意識したものであり、巻之十四の1「鶴岡八幡宮」に記された慶長五年(一六〇〇)における家康の鶴岡八幡宮参詣と関ケ原合戦の勝利と幕府の創設がこの「御願状」に対応した事柄であるということになる。この他、同寺におけるさまざまな年中行事の「法会」の賑わいを述べている。また、挿絵①「清浄光寺」、②「其二」、③「其三」は、同寺の境内とそれに隣接する鎌倉郡大鋸町部分の藤沢宿の情景を描いている。これにより、藤沢宿の内、高座郡の坂戸町・大久保町を対象とした巻之十三の⑳「藤沢宿　農民吉右衛門・同久兵衛・御殿跡」、㉑「其二　御殿跡」、㉒「其三」とあわせて、藤沢宿全体が挿絵で描写されたことになる。

次に巻之十八の3・4は「相中留恩記略」の編纂者である福原家が名主を勤める渡内村を扱っている。主要項目は4「名主左平太　同村(渡内村)」である。「名主左平太」は「相中留恩記略」の編纂者である渡内村名主の福原高峰自身であり、本項目の記述内容には同書編纂の契機・動機となる事柄が記されている。ここでは、三浦党の佐原八郎為連の子である左近四郎景連を祖先とし、景連が母方の姓である福原を名乗ったという福原家の系譜と、三浦党の祖に当たる村岡良文の居城跡である山王権現の存在を述べている。ついで、一〇代孫十郎重種の時に、「御遠祖頼義公・義家公奥州御征伐の時、御止宿の地」を訪ねる天正一八年(一五九〇)小田原入城後における徳川家康の上村岡・玉縄周辺巡見において「御路次の案内」を勤めた故事を記す。すなわち福原家の居村である渡内村＝上村岡は源頼義・義家が奥州征伐の途次に止宿した場所であり、そうした「御遠祖」の「留恩」が遺る源家由来の地を慕って来訪した家康に対して、代々同地に居住＝守護してきた福原家の当主が案内し(同地に関する)家康からの「詳しく御尋」に対応したのである。「凡例」第三条の「御遠祖」に対応する記述であるとともに、渡内村＝上村岡に遺る源家「御遠祖」の「留恩」が福原家を媒介にして徳川家康に一体化したという理解であろう。

この天正一八年時における「御遠祖頼義公・義家公奥州御征伐の時、御止宿の地」への来訪は、相模国の「国魂」が付着する第一段階である小田原入城と、第二段階である慶長五年における鎌倉鶴岡八幡宮参詣を結びつける位置にあるとともに、「源家の御吉例」をふまえた慶長五年の鶴岡八幡宮参詣の前提・先駆となる。源家・徳川家にとってきわめて重要なこの場所に代々居住し守護してきた家が福原家なのである。さらに家康が玉縄城を「御遠見」した小名峯の「御床几塚」に頼義・義家・家康を祀る「壺井三社大権現」の存在を記す。「御遠祖頼義公・義家公奥州御征伐の時、御止宿の地」を守護する玉縄城をさらに守護する場所の設定であり、同地に対応する玉縄城の役割を示唆する。

巻之十八の5「玉縄城跡　城廻村」と6「松平甚右衛門正次屋敷跡　同村」は、「御遠祖頼義公・義家公奥州御征伐の時、御止宿の地」である上村岡を守護する役割を持つ玉縄城に関連するものである。ここでは「御遠祖頼義公・義家公奥州御征伐の時、御止宿の地」である上村岡郷＝渡内村を「守護」する玉縄城の存在と、玉縄城を「守護」するために設置された松平正次の屋敷とその役割を継承した松平正綱について記述している。小田原北条氏の支城として高座郡・鎌倉郡を管轄した玉縄城は、源家の「御遠祖」である頼義・義家の「奥州御征伐の時、御止宿の地」である上村岡を「守護」するためのものであり、天正一八年の小田原攻めにおいて城主北条氏勝が徳川氏に降伏することにより、豊臣軍の手を経ずに、徳川家康が直接的に継承したことになる。こうした源家に関わる故地を継承したことが慶長五年の鶴岡八幡宮参詣につながるという論理構成であろう。そして、この玉縄城を「守護」する役割を担ったのが松平正次とその養子である松平正綱であり、そのため城廻村において屋敷地が与えられたことになる。正綱は徳川家康の「御遺命」である箱根宿の開設(巻之三の4「御殿蹟　箱根宿」)や鶴岡八幡宮の造営(巻之十四の1「鶴岡八幡宮」)の担当者でもあり、家康の意を受けた人物として想定されている。その正綱家の移封後は、福原家が単独で「御遠祖頼義公・義家公奥州御征伐の時、御止宿の地」である上村岡郷＝渡内村を「守護」しているということになる。

巻之十八の7～10と巻之十九の1～4は、玉縄城が存在する城廻村とその周辺村々を対象としたもので、巻は異なるが一体的な内容といえる。巻之十八の7「久成寺」と10「青蓮寺」では天正一八年における徳川家康の「上村岡・玉縄辺御巡見」時における来訪記事を載せている。同じく8「貞宗寺」は秀忠の母宝台院の実母貞宗院の屋敷地であり、後に大長寺の住職源栄を開山として開基した旨を記す。また、9「龍宝寺」では玉縄城主北条氏勝の「降参」に尽力した龍宝寺の住職良達を記述している。巻之十九の1「大長寺」では同じく北条氏勝との交渉を担当するとともに貞宗寺を開基した住職源栄について触れる。同巻の2「農民八兵衛　本郷公田村」では松平正次の弟正則を先祖とする八兵衛家を記している。他地域における項目より詳しい記述であり、編纂者福原家の居村周辺であるとともに、巻之十八の3～6に対する補論的な位置づけになろう。

巻之十九の5～9は、5「戸塚宿」を中心に東海道戸塚宿から東海道における相武国境に近い9「一里塚　平戸・品濃両村」までの範囲を扱っており、5「戸塚宿」と9「一里塚　平戸・品濃両村」が主要な項目となる。5「戸塚宿」では元和二年とされる戸塚宿の開設を記し、それが徳川家康の「御遺命」であるとする。あわせて挿絵⑥「東海道戸塚宿　清源院」、⑦「其二」、⑧「同宿吉田町五太夫橋・上矢部村大善寺」では戸塚宿が描写されている。9「一里塚　平戸・品濃両村」は「武相の堺なる境木立場の三町余南の方」とあるように、東海道の内、相模国東端に存在する一里塚である。挿絵⑬「平戸・品濃両村一里塚」、⑭「其二」とあわせて、巻之三における箱根宿と巻之二の小田原宿以来の相模国における東海道の記述は完結する。ただし、慶長五年六月～七月時における徳川家康の行程と合流させるためには、巻之二十三における記述が必要となる。

以上、巻之十八・十九では、鎌倉・江の島を除く鎌倉郡を扱い、編纂者である福原家の居村渡内村と玉縄城、及び東海道の藤沢宿・戸塚宿を主要な内容とする。天正一八年の小田原入城後における「御遠祖頼義公・義家公奥州御征伐の時、御止宿の地」である渡内村への徳川家康の来訪は、同地に遺る源家「御遠祖」の「留恩」が家康に付着するとともに、小田原城と鎌倉鶴岡八幡宮という相模国の「国魂」が存在する二つの場所への行程を結びつけるものである。こうした源家「御遠祖」由来の地を代々守護してきたのが、三浦党の流れを組む福原家であるという論理構成である。「御遠祖頼義公・義家公奥州御征伐の時、御止宿の地」を守護する玉縄城をさらに守護するために松平正次・正綱の屋敷が設定されるものの、正綱家の移封後は福原家が単独で守護していることになる。あわせて相模国における徳川家康の行程の基本的な経路となる東海道の藤沢宿と戸塚宿は項目・挿絵によって記述している。また、東海道の記述は武蔵国との国境にあたる境木までいたっており、これによって相模国における東海道の記述が完了する。

第五節　三浦郡

三浦郡は、相模国の最後の郡であり、巻之二十〜二十二の三巻構成である。三浦郡における主要なテーマは、第一に巻之十七の「和賀江島」の項目で記述された鎌倉↓金沢の海路であり、その航路は三浦郡＝三浦半島を相模湾沿いに北から南へと下り、三浦半島先端の湊である三崎を経て東京湾沿いに北上し、浦賀・榎戸を経て金沢へいたる。三巻にわたる三浦郡の記載順序は、おおむねこれに対応するように設定されている。第二に三浦党の流れを組む福原家との関係でいえば、三浦郡は三浦党の本拠地である。特に巻之二十二の冒頭の1〜3の三項目は三浦党に関わるもので、福原家の由緒との関係が強く意識されている。

巻之二十

巻之二十は、鎌倉郡に隣接する相模湾北部から相模湾にそって南下する。現在の逗子市・葉山町の範囲に該当し、各寺社に関する天正一九年（一五九一）一一月付の寄進状の紹介が中心的な内容である。1「岩殿観音堂　久野谷村」、2「延命寺　逗子村」、3「東昌寺　池子村」、4「神武寺　沼間村」、5「海宝院　同村」、6「森戸明神社　堀之内村」、7「相福寺　同村」、8「長徳寺　同村」、9「御霊社　長柄村」、10「森山明神社　一色村」、11「新善

光寺　上山口村」、12「大昌寺　同村」、13「本円寺　木古庭村」の一三項目と、①「久野谷村　岩殿観音堂」、②「桜山村　田越ヨリ眺望図」、③「其二」、④「逗子村　延命寺」、⑤「池子村　東勝寺」、⑥「沼間村　神武寺」、⑦「其二」、⑧「沼間村　海宝院」、⑨「堀之内村　森戸ヨリ眺望図」、⑩「森戸明神　社地図」、⑪「堀之内村　相福寺」、⑫「堀之内村　長徳寺」、⑬「長柄村　御霊社」、⑭「一色村　森山明神」、⑮「上山口村　新善光寺」、⑯「上山口村　大昌寺」、⑰「木古庭村　本円寺」の一七件の挿絵から構成されている。

1「岩殿観音堂　久野谷村」は、「岩殿観音堂は、久野谷村にあり、坂東札所の弐番にて、十一面観音の像を安す、行基菩薩の開基なり、鎌倉将軍しは〳〵参詣ありし事、東鑑に往々見ゆ」「御入国の後、御代官長谷川七左衛門長綱殿、堂宇を再建あり、且、願ひあけて、堂領五石の御朱印を給ふ」として、坂東三十三観音の二番札所であることと鎌倉幕府の将軍がしばしば参詣した旨を記すとともに、御入国の際に堂宇を再建した代官長谷川七左衛門長綱の願いにより下付されたとする天正一九年一一月付の寺領五石の朱印状を載せる。これに対応する挿絵が①「久野谷村　岩殿観音堂」である。やや引き気味の構図で、観音堂にいたるまでの階段の高さが強調されている。本文の末尾には「堂地、山上にあり、小坪・桜山等の村々を眼下に見、眺望、尤美なり」と記されている。この観音堂からの眺望に対応する挿絵が②「桜山村　田越ヨリ眺望図」、③「其二」である。②③は連続した構図で、②には「久野谷村」と「岩殿観音堂」が、③には相模湾の風景が描かれ江の島と富士山が配置されている。相模国における最後の郡となる三浦郡の冒頭において、相模湾を眺望する意図があろう。

2「延命寺　逗子村」は、「延命寺は逗子村にあり、黄雲山地蔵院といふ、古義真言宗にて、高野山の末、本尊大日及延命地蔵を安す、行基菩薩の開基なり」として、天正一九年一一月付の寺領五石の朱印状を載せる。④「逗子村　延命寺」では、同寺周辺を描写している。

3「東昌寺　池子村」は、「東勝寺は池子村にあり、青龍山と号す、古義真言宗にて、逗子村延命寺の末なり」として、天正一九年一一月付の寺領二石の朱印状を載せる。末尾に「境内に阿弥陀堂あり、丈六の弥陀を安す、運慶の作にて、三浦七阿弥陀の一なり」として、三浦七阿弥陀の一つである運慶作の阿弥陀仏が安置されるとする。⑤「池子村　東勝寺」は同寺の境内を描く。

4「神武寺　沼間村」は、「神武寺は沼間村にあり、神嶽と称す、天台宗、鎌倉宝戒寺の末、境内石山にして、惣門より五町許を登りて、本堂に至る、甚、嶮岨なり、境内に薬師堂あり、行基菩薩の創建にて、自作の像なり、三十三年目に開帳せり」として、行基作の薬師が三三年ごとに開帳される旨を記す。ついで「鎌倉将軍殊に信仰ありて参詣ありし事、東鑑承元三年五月十五日の条に見ゆ」とあり、鎌倉幕府の将軍による信仰と参詣を記す。さらに天正一九年一一月付の寺領五石の朱印状を載せる。末尾に「山上殊に幽邃にして、天狗腰掛松・久明親王の廟・弘法大師護摩壇石なと唱ふるあり、薬師堂より上の山頂は女人禁足の地なり」として、「幽邃」とされる山上の様子と薬師堂より上部における「女人禁足」を記す。挿絵⑥「沼間村　神武寺」、⑦「其二」は同寺の境内を描く。⑥は薬師堂を中心とした山上の風景を、⑦は惣門からの参道を、それぞれ描いている。

5「海宝院　同村」は、「海宝院は同村(沼間村)にあり、長谷山といふ、洞家にて、駿州富士郡伝宝村保壽寺の末、開山の僧を支源といふ、本山にありし頃常に菊を愛し、退隠の後、草庵の辺に多く菊を植置しに、東照大神君様御鷹野の次に草庵に至」るとして、天正一九年一一月付の寺領一八石の朱印状を載せる。「長谷山」という山号からもうかがえるように、海宝院は、近世初頭に三浦半島一帯の支配を担当していた代官頭長谷川七左衛門長綱の開基である。これ以降、三浦郡において海宝院の末寺として所収される各寺はいずれも長谷川長綱がその開基・中興に関わっている。⑧「沼間村　海宝院」では同寺の境内を描く。

6「森戸明神社　堀之内村」は、「森戸明神社は堀之内村森戸といへる所の海浜にあり」として、天正一九年一一月付の社領七石の朱印状を載せる。これに対応する挿絵が⑨「堀之内村　森戸ヨリ眺望図」、⑩「森戸明神　社地図」である。⑨「堀之内村　森戸ヨリ眺望図」は同地から相模湾越しに富士山を遠望する構図で、相模湾側の眺望図としては②「桜山村　田越ヨリ眺望図」、③「其二」に続くもの。⑩は海岸に面した同社の境内を描いている。

7「相福寺　同村」は、「相福寺は同村（堀之内村）にあり、長江山無量寿院といふ、浄土宗にて鎌倉光明寺の末」として、天正一九年一一月付の寺領二石の朱印状を載せる。挿絵⑪「堀之内村　相福寺」では同寺の境内を描く。

8「長徳寺　同村」は、「長徳寺は同村（堀之内村）にあり、南朝山といふ、臨済宗にて鎌倉円覚寺の末」として、天正一九年一一月付の寺領二石の朱印状を下賜されるも、文禄二年（一五九三）一一月一一日の火災で焼失したとする。挿絵⑫「堀之内村　長徳寺」では同寺の境内を描く。

9「御霊社　長柄村」は、「御霊社は長柄村にあり、村内の鎮守なり、鎌倉権五郎景政を祀りしなるへし、神躰は木像にして、本地仏薬師を置、祭礼九月朔日」として、天正一九年一一月付の社領三石の朱印状を載せる。挿絵⑬「長柄村　御霊社」では同社の境内を描く。

10「森山明神社　一色村」は、「森山明神社は一色村にあり」として、天正一九年一一月付の社領三石の朱印状を載せる。また、「土人当社を世計明神といふ、其いわれハ毎年十一月十四日御神水と称し壺の中に清水を入て宝前に納む、明る年の十一月十五日の早天に此壺を開き水の減する多少により翌年の豊凶を計る、譬は水三分減すれハ七分の出来とし、弐分減すれハ八分の出来をしるの験とす」として、「世計明神」の由来とその効験を語る。末尾には「社地海涯にありて勝地なり」として、海に面する社地からの眺望が「勝地」である旨が記されている。挿絵⑭「一色村　森山明神」では同社の境内を描いている。

11「新善光寺　上山口村」は、「新善光寺は上山口村にあり、不捨山摂取院といふ、浄家にて鎌倉光明寺の末」として、天正一九年一一月付の寺領三石の朱印状を載せる。挿絵⑮「上山口村　新善光寺」では同寺の境内を描く。

12「大昌寺　同村」は、「大昌寺は同村(上山口村)にあり、八勝山法林院と号す、是も光明寺の末」として、天正一九年一一月付の寺領二石の朱印状を載せる。挿絵⑯「上山口村　大昌寺」では同寺の境内を描いている。

13「本円寺　木古庭村」は、「本円寺は木古庭村にあり、法華宗金谷村大明寺末、天明山と号す」として、天正一九年一一月付の寺領三石の朱印状を載せる。挿絵⑰「木古庭村　本円寺」では同寺の境内を描く。

以上、巻之二十は巻之十七の1「和賀江島」に隣接した1「岩殿観音堂　久野谷村」から始まり、13「本円寺　木古庭村」まで南下していく。その範囲は現在の逗子市・葉山町の範囲に限定されており、三浦郡全体を全三巻から構成するにしてはやや狭いようにも感じられる。鎌倉に近接する地域として福原家の調査が他の三浦郡域よりも頻繁であったことの結果かもしれない。内容的には「凡例」第三条前半と第四条に対応するものとなっている。

巻之二十一

「巻之二十一　三浦郡之二」は、1「正行院　秋谷村」、2「十二天社　芦名村」、3「浄楽寺　同村」、4「天満宮　佐嶋村」、5「東漸寺　武村」、6「海南明神社　三崎町」、7「笹塚不動堂　上宮田村」、8「八幡宮　久里浜村」、9「東福寺　西浦賀」、10「御宮　東浦賀」、11「観音寺　鴨居村」、12「能満寺　同村」、13「大泉寺　走水村」という一三項目がみられる。三浦半島西側の相模湾側から、半島先端の三崎を経て、東側の東京湾側へと回っている。①「秋谷村　正行院」、②「蘆名村　十二天社・浄楽寺」、③「佐島村　天神社」、④「其二」、⑤「武村　東漸寺」、⑥

「三崎町　海南明神社」、⑦「其二」、⑧「上宮田村　笹塚不動」、⑨「久里浜村　八幡宮」、⑩「西浦賀　東福寺」、⑪「東浦賀　御宮」、⑫「其二」、⑬「鴨居村　観音寺」、⑭「鴨居村　能満寺」、⑮「走水村　大泉寺」、⑯「其二」の一六件の挿絵がみられる。

1「正行院　秋谷村」は「正行院は秋谷村にあり、浄土宗にて鎌倉光明寺の末、紫雲山秋谷寺と号す」とある。天正一九年(一五九一)付の朱印状が寛永一七年(一六四〇)一二月七日の火事で焼失したため、慶安元年(一六四八)八月付の寺領三石の朱印状を載せる。これに対応する挿絵が①「秋谷村　正行院」であり、秋谷村の正行院・神明社などを描く。

2「十二天社　蘆名村」は、「十二天社は蘆名村にあり、村内の鎮守なり、神躰は古き仮面なり、古社にして、寿永元年八月十一日実朝公誕生の時、佐原十郎義連奉幣使を奉りしこと東鑑に見ゆ」として、寿永元年(一一八二)八月一一日における源実朝の誕生の際に佐原義連が同社への奉幣使を勤めたことと、天正一九年一一月付の社領二石の朱印状を載せる。佐原義連に関する記述は福原家の由緒に関連させたものか。末尾には「当社につゝきて淡島明神あり、毎年二月三日の神事には諸人群参す、社辺打開けて美景なり」として、同村の淡島明神と二月三日の神事に人々が群参する旨を記す。

3「浄楽寺　同村」は、「浄楽寺は同村(芦名村)にあり、金剛山勝長寿院といふ、浄家、鎌倉光明寺末にて、同寺二世寂恵中興す、往古ハ和田義盛か建立にて七阿弥陀堂の一なりといふ」として、七阿弥陀堂の一つである旨と、天正一九年一一月付の寺領三石の朱印状を載せる。巻之二十の3「東昌寺」で触れられた「三浦七阿弥陀」の一つになる。

2「十二天社　芦名村」と3「浄楽寺　同村」に対応する挿絵が②「蘆名村　十二天社・浄楽寺」であり、高所より芦名村を見下ろす構図で、常楽寺・十二天社を描く。

4「天満宮　佐嶋村」は、「天満宮は佐嶋村の海面、天神島にあり」「例祭正月十五日」として天正一九年一一月付の社領二石の朱印状を載せる。末尾に「此、天神島に続きて笠嶋・毛なし島なと呼る島あり、眺望頗美なり、海上には江島及網代湊を見、東に顧ミれは郡中第一の高山武山を一望す」と記されており、西方を望めば相模湾の江の島から伊豆半島の網代湊まで、東方を顧みれは三浦半島第一の高山である武山を見ることができるという。5「東漸寺　武村」へ続く記述である。これに対応する挿絵が③「佐島村　天神社」、④「其二」である。③では陸地から「天神島」「笠島」という相模湾側を望んだ構図。巻之二十の②「桜山村　田越ヨリ眺望図」、③「其二」と、⑨「堀之内村森戸ヨリ眺望図」に続く相模湾の眺望図である。④は海岸から武山を見上げる構図であり、5「東漸寺　武村」と⑤「武村　東漸寺」につなぐ意図があろう。

5「東漸寺　武村」は、「東漸寺は武村にあり、浄土宗にて、鎌倉光明寺の末、松得山長島院と号す」として、天正一九年一一月付の寺領三石の朱印状を載せる。挿絵⑤「武村　東漸寺」は武山の山容が描写されている。

6「海南明神社　三崎町」は、「海南明神社は三崎町にあり、郡中の惣社といふ」とし、三浦郡の惣社である旨と天正一九年一一月付の社領五石の朱印状を載せる。また、「祭礼六月十八日賑へり、十一月初申の日に市を立」として六月一八日の祭礼の賑わいと一一月初申の日における市を記す。ついで「抑、三崎は倭名抄所載当郡の郷名にして、古は御埼と記せり、湊ありて古書にも三崎津、三崎浦なと往々見えたり、いと繁栄の地にして、人家軒をならへ、廻船輻輳す、慶長五年、関ケ原御陣已前、東照大神君様、鎌倉より此地に渡らせ玉ハんとの仰ありし事、或書に見えたり、此地の眺望、山海の覧観をそなへ、無双の勝地なり、されは頼朝卿已下、代々の将軍及騒人墨客、しは〳〵遊覧ありし事、往々所見あり、又、海上四町余を隔て、城ケ嶋といへる一島あり、島上に篝屋を設く、廻船の目当として、夜毎に松炬を燃せり、且三崎の地は水関の要枢なるをもて、御入国の後、御船手頭小浜民部左衛門景隆殿、向井兵庫頭正綱殿、千賀孫兵衛某殿、間宮虎之助信高殿、当所に居住せられ、水軍の事を指揮せられしこと、北条五代記に見えたり、今に其人々の屋敷跡残れり」と述べている。ここでは三崎町を、人家が軒をつらね廻船が輻輳する「繁栄の地」と述べ、湊町としての繁栄を記す。これに関連して、「慶長五年、関ケ原御陣已前、東照大神君様、鎌倉より此地に渡らせ玉ハんとの仰ありし事、或書に見えたり」として、「或書」によれば、慶長五年における鎌倉から金沢への徳川家康の行程について、鎌倉より「此地」＝三崎へ海路で移動する旨の指示があったとする。巻之十七の1「和賀江島」の記述に対応する内容である。ついで「此地の眺望、山海の覧観をそなへ、無双の勝地なり」として、「山海の覧観」を眺望できる「無双の勝地」とその風景を称し、頼朝以来代々の将軍や文人墨客がしばしば遊覧に訪れた。また、「水関の要枢」として水軍の拠点・要衝であり、徳川氏の入国後、徳川水軍の「船手頭」が三崎に居住して水軍を指揮しており、現在もその屋敷跡が残るとしている。あわせて対岸の城ケ島には篝屋を設置し、廻船が航行する際の目印として夜ごとに松明を燃やしている。

これに対応する挿絵が⑥「三崎町　海南明神社」、⑦「其二」である。⑥は同社の境内を描いている。⑦は三崎町から海を挟んで対岸の城ケ島を望む構図であり、停泊する船舶が左側に配置され、湊の賑わいを描いている。ここまでの相模湾の風景を描く眺望図とは異なり、湊と廻船の賑わいを表現する意図がうかがわれる。

7「笹塚不動堂　上宮田村」からは三浦半島の東海岸＝東京湾側となる。ここでは「笹塚不動堂は上宮田村小名笹塚にあり」として、天正一九年一一月付の寺領二石の朱印状を載せる。挿絵⑧「上宮田村　笹塚不動」では同社の境内を描いている。

8「八幡宮　久里浜村」は、「八幡宮は久里浜村の内、八幡の鎮守なり」として、久里浜村の字八幡の鎮守であるとし、天正一九年一一月付の社領三石の朱印状を載せる。また、「御相殿に御宮を勧請し奉る、神扉に御紋を附たり」とあり、「御宮」＝東照宮が相殿されている。末尾に「当村の惣鎮守は住吉明神なり、古は栗浜明神と称せり、寿永元年八月、頼家卿誕生の時、神馬を奉納あり、及ひ頼朝卿・頼家卿参詣ありし事、東鑑に見えたり、社地海涯の出先にありて、眺望尤美なり」として、久里浜村の惣鎮守である住吉明神は、寿永元年（一一八二）に頼家の誕生時に神馬を奉納され、頼朝・頼家が参詣したとする。挿絵⑨「久里浜村　八幡宮」では手前右下に八幡宮を、中央上部に住吉社を配し、左側には東京湾が広がっている。

9「東福寺　西浦賀」は、「東福寺は西浦賀にあり、延命山と号す、曹洞宗、沼間村海宝院の末」として、天正一九年一一月付の寺領二石の朱印状を載せる。これに対応する挿絵が⑩「西浦賀　東福寺」である。西浦賀よりみた浦賀湊の賑わいを描くが、実際には後述する⑪⑫とセットの内容である。西浦賀の高所より臨んだ構図であり、湾内に停泊する多数の廻船を描いている。右下には「御番所」「御船蔵」があり、それより上部には「燈明堂」がみえる。その先の海上には「湊口」の文言がみえる。湊の賑わいを描き、⑦「其(三崎町)二」から引き続く意図があろう。

10「御宮　東浦賀」は、「御宮は東浦賀の惣鎮守叶明神の社地に勧請し奉る、社地は明神山と唱ふ、叶明神は正保元年九月、西浦賀の本社を勧請する所なり」「彼本社は養和元年、文覚上人、源家繁栄を祈らんために石清水八幡宮を勧請し、平家滅亡の後、所願成就の旨を以て、今の神号に改」とし、「御宮」＝東照宮が東浦賀の鎮守である叶明神の境内地に存在する。ちなみに東浦賀の叶明神は正保二年（一六四五）に西浦賀の「本社」（叶明神）から勧請したもの。西浦賀の本社は、養和元年（一一八一）に文覚上人が「源家繁栄」を祈願するために石清水八幡宮を勧請し「平家滅亡」の「所願」が成就した（＝叶った）ので現在の社名に改めたとする。

ついで、「此地に湊あり、浦賀湊と称するもの是なり、右大将頼朝卿の頃より開けし湊にして、古より繁栄の地なり、殊に享保の頃、豆州下田の御番所を当所に移したまひ、諸国の廻船、江戸に入津するもの皆、此湊にかゝり、御改めを受、されは昼夜、数百艘の舩、輻輳す、江戸まて水路十三里あり」と記し、「浦賀湊」の繁栄ぶりを述べる。源頼朝の頃より存在する湊であり「古より繁栄の地」であったが、特に享保年間に伊豆国下田に置かれていた「御番所」が移転してからは、江戸へ入る諸国の廻船が浦賀湊に入津して荷改めを受けるため、昼夜数百艘の船が出入している。ちなみに江戸までの海路は一三里である。

これに対応する挿絵が⑪「東浦賀　御宮」、⑫「其二」である。⑪は対岸の西浦賀より湾内に停泊する多数の廻船越しに東浦賀をのぞむ構図。右側に東浦賀の「叶明神社」、その奥の山中付近に同社の奥宮と「御宮」が見える。⑫は⑪よりも湾奥を対象としたもの。画面下部に西浦賀の「東福寺」「叶明神社」がみえる。ともに三崎湊に続く浦賀湊の賑わいを描写する。

11 **「観音寺　鴨居村」** は、「観音寺は鴨居村の内、観音崎にあり、仏崎山といふ、是も海宝院の末なり」として、天正一九年一一月付の寺領三石の朱印状を掲載する。末尾に「当寺は海涯にさし出つ、前は大洋にして、上下の廻舩、相連続して、順風に飽帆し、遠くは房総の山々を望ミ、いと佳景なり」と記している。これに対応する挿絵が⑬「鴨居村　観音寺」である。海に面した崖下の人工的に整地され石垣を組んだ場所に「観音寺」があり、敷地の右端には「燈明堂」がある。海上には浦賀湊を出帆し、東京湾の奥を目指して帆を一杯に張った複数の廻船が進んでいる。

12 **「能満寺　同村」** は、「能満寺は同村（鴨居村）にあり、鴨居山と号す、曹洞宗にて、沼間村海宝院の末なり」として、天正一九年一一月付の寺領二石の朱印状を掲載する。挿絵⑭「鴨居村　能満寺」では、東京湾上空より同寺を俯瞰した構図。手前には帆を張った廻船が三艘描かれている。

13「大泉寺　走水村」は、「大泉寺は走水村にあり、洞家、沼間村海宝院の末、走水山と号す」として、天正一九年一一月付の寺領二石の朱印状を載せる。末尾には「当所は景行天皇の二十八年、日本武尊東征のとき、当国を経歴したまひ、此地より上総国に渡海せられし古跡にして、此地に鎮座せる走水権現は、則、尊を祀りし社なり、海岸の眺望尤勝れたり」として、日本武尊の東征における「古跡」であると紹介している。これに対応する挿絵が⑮「走水村　大泉寺」、⑯「其二」である。⑮⑯は連続した構図で、大泉寺背後の山上より東京湾・浦賀水道を眺望している。

巻之二十一は、巻之二十に引き続き、1「正行院　秋谷村」より相模湾沿いに南下し、4「天満宮　佐嶋村」にいたる。5「東漸寺　武村」において一旦内陸へ入るが、ここまでは横須賀市域に該当する。その後、一挙に6「海南明神社　三崎町」へ飛び、東京湾と相模湾を分かつ三浦半島の先端部に到達する。ここでは「慶長五年、関ケ原御陣已前、東照大神君様、鎌倉より此地に渡らせ玉ハんとの仰ありし事、或書に見えたり」と述べ、鎌倉から三崎への海路が記されている。その後における三崎からの行程は浦賀を経由して巻之二十三の金沢へいたる海路となる。それより7「笹塚不動堂　上宮田村」で東京湾岸へと出る。6・7は現在の三浦市域である。8「八幡宮　久里浜村」から再び横須賀市域へ入り、浦賀・鴨居・走水と進む。10「御宮　東浦賀」の項目では「浦賀湊」に触れ、「諸国の廻船、江戸に入津するもの皆、此湊にかゝり、御改めを受、されは昼夜、数百艘の船、輻輳す」とその繁栄ぶりを記す。

巻之二十二

「巻之二十二　三浦郡之三」は、1「清雲寺　大矢部村」、2「満昌寺　同村」、3「不動堂　衣笠村」、4「大明寺　金谷村」、5「妙蔵寺　池上村」、6「宗源寺　公郷村」、7「三浦安針屋敷跡　逸見村」、8「雷電社　浦之郷村」、

9「良心寺　同村」、10「自得寺　同村」、11「能永寺　同村」の一一項目から構成されている。この内、1〜3は、福原家の祖先「佐原八郎為連の男、左近四郎景連」の出身である三浦党に関する項目であり、4〜11とは異なる区分となる。これに関連して①「大矢部村　清雲寺」、②「大矢部村　満昌寺」、③「衣笠村　不動堂」、④「金谷村　大明寺」、⑤「池上村　妙蔵寺」、⑥「公郷村　宗源寺」、⑦「逸見村　三浦安針屋敷跡」、⑧「浦之郷村　雷電社・良心寺」、⑨「雀ケ浦」、⑩「浦之郷村　自得寺」、⑪「浦之郷村　能永寺」の一一件の挿絵がある。

1「清雲寺　大矢部村」、2「満昌寺　同村」、3「不動堂　衣笠村」は、福原家の祖先「佐原八郎為連の男、左近四郎景連」の出身である三浦党に関する項目である。

1「清雲寺　大矢部村」は、「清雲寺は大矢部村にあり、大冨山といふ、済家、鎌倉円覚寺末、本尊毘沙門を置、和田義盛の為に敵の矢を請しとて、矢請の毘沙門と称す、三浦平太郎為継の開基なり、為継は奥州後三年の役に戦功ありし人」として、同寺とその本尊「矢請の毘沙門」をふまえて三浦党に関わる由来を記す。開基の三浦為継は後三年の役に源義家に従って「戦功」があり、後三年の役における三浦党による源家への忠誠が記されている。あわせて天正一九年(一五九一)一一月付の寺領二石の朱印状を掲載する。挿絵①「大矢部村　清雲寺」では参道と境内を描いている。

2「満昌寺　同村」は、「満昌寺は同村(大矢部村)にあり、義明山と号す、済家、鎌倉建長寺末、建久五年九月、頼朝卿、三浦大介義明追福のために建立あり」「義明、頼朝卿のために衣笠城に籠りて、治承四年八月廿七日討死せし事は、世の人しる所なり」として、「義明山」という山号からも明らかなように、源頼朝が自らのために討死した三浦大介義明を追福するために建立した由来を述べ、あわせて天正一九年一一月付の寺領三石の朱印状を所収する。なお、後者の引用文について、「校注編」一六八頁では「義朝、頼明卿のために」とするが、これは誤りで、ここでは「本文編」に拠り修正した。挿絵②「大矢部村　満昌寺」では同寺の境内を描いている。

3「不動堂　衣笠村」は、「不動堂は衣笠村の内、衣笠古城にあり、本尊ハ行基の作仏にて、長三尺、箭執不動と号す、三浦長門守為通、信崇して城内の鎮護とす、奥州後三年の役に為通の子、平太郎為継、八幡太郎義家に従ひ、血戦せし時、此像出現し、敵方から放てる箭をとりて、力を戮せしとそ、因てかく名付といふ」として、行基作の本尊「箭執不動」は奥州後三年の役に三浦長門守為通の子平太郎為継が源義家に従って「血戦」した際に出現したもので、その後、「衣笠古城」＝衣笠城の鎮護となった。そして「かゝる古跡」という理由で与えられた天正一九年一一月付の堂領二石の朱印状を掲げる。

さらに「衣笠古城は山城にて、麓より登る事三町、頂上に蔵王権現の社あり、此所を本丸跡といふ、椎の老樹あり、南へ下りて平地あり、二丸跡といふ、不動堂地なり、東西を大手口といふ」として「山城」である衣笠城の構造を記す。そして、「当城は鎮守府将軍村岡五郎良文の嫡孫、村岡小五郎忠通の長子、三浦平太郎為通〈後長門守に任す〉、康平の昔、初て居城となし、其子平太郎為継、其子三浦庄司義継、義継の子大介義明に至るまて相継て居住せしに、治承四年八月、頼朝卿のために、当城において討死し、永く武名を留めしは世にしる所なり、かゝる源家忠勤の家なれは、東照大神君様の仰に、三浦氏は源家相伝の氏族なれはとて、正木氏を三浦氏に改めさせ玉ひし事、或書にも載たり」と記している。それによれば、三浦党は「鎮守府将軍」村岡良文の子孫であり、衣笠城は三浦平太郎為通以来、大介義明にいたるまで三浦党代々の居城であった。福原家が居住する渡内村は上村岡郷に属し、同郷に村岡良文の居城が存在していた事柄との関連を意識した文言である。また、「三浦氏」は「源家忠勤の家」であり、家康も「源家相伝の氏族」として認識していたとする。

挿絵③「衣笠村　不動堂」では、引き気味の遠景で峻険な山城であった「衣笠城跡」を描き、「蔵王権現」「不動堂」等の文言が記されている。

以上の1「清雲寺　大矢部村」、2「満昌寺　同村」、3「不動堂　衣笠村」は、福原家の由緒に関わる事柄としてまとめることができる。上村岡を本拠地とした村岡良文の流れを組む三浦党は、源義家による後三年の役と源頼朝の挙兵の両度において「源家」に「忠勤」を尽くした「源氏相伝の氏族」であり、その流れを組む福原家が「相中留恩記略」を編纂することは、現在は農民身分であるとはいえ、先祖である三浦党が源家へ「忠勤」を尽くしたことと同様であるというのが、福原高峰の認識である。こうした由緒を意識することにより、「源家」＝徳川家康＝徳川将軍家と福原家の距離は一挙に縮まるという考えと思われる。

4「大明寺　金谷村」は、「大明寺は金谷村にあり、金谷山といふ、法華宗、京都本国寺末」として、天正一九年一一月付の寺領一六石の朱印状を載せる。挿絵④「金谷村　大明寺」は同寺の境内を描く。

5「妙蔵寺　池上村」は、「妙蔵寺は池上村にあり、大塚山と号す、則、大明寺の末」として、天正一九年一一月付の寺領五石の朱印状を載せる。挿絵⑤「池上村　妙蔵寺」は同寺の境内を描く。

6「宗源寺　公郷村」は、「宗源寺は公郷村にあり、東光山と号す、洞家、沼間村海宝院の末」として、慶長四年（一五九九）二月二一日付の寺領三石の朱印状を所収する。挿絵⑥「公郷村　宗源寺」では同寺の境内を描く。

7「三浦安針屋敷跡　逸見村」は、「三浦安針屋敷跡は逸見村の中程にて、浄土真宗浄土寺の南にあり、今は畠地となれり、伝へいふ、安針は朝鮮《（ママ）》の人にて、本朝に帰化し、三州に住す、炮術に妙を得、其術を諸士に相伝す、よりて東照大神君様に拝謁し奉り、関東御打入の後、当村にて弐百弐拾石の知行を賜ハれり、故に三浦を氏とす、また江戸にて邸宅を賜ハれり、今の安針町是なり、後、当村に住居せり、村内鹿嶋明神、寛永十三年の棟札に、大檀那三浦安針と記せり、一子ありしか早世して家絶たりとそ、浦賀道の傍なる山上に安針夫婦の墓あり、安針、平生いへらく、我死なは江戸を一望すへき高き地に葬るへし、さあらは永く江戸を守護し奉り、将軍家の御厚恩を黄泉の下に報ひ奉らんとの遺言に任せ、此山上に葬りしとなり、山上の眺望、海面をこえて、金沢・神奈川・羽根田・品川の辺を一望して佳景なり」が全文である。「三浦安針」は三浦按針のこと。ここでは「将軍家の御厚恩」に報いて「永く江戸を守護」するため「江戸を一望すへき高き地」を墓所とするという「三浦安針」の「遺言」を紹介するとともに、実際に金沢・神奈川・羽根田(羽田)・品川を一望できる墓所からの眺望を記している。これに対応する挿絵⑦「逸見村　三浦安針屋敷跡」は表題と異なり、東京湾の沖合から廻船越しに逸見村の「鹿島明神」「浄土寺」「安針屋敷」「安針塚」を遠望したもの。巻之二十一の⑭「鴨居村　能満寺」に続く東京湾を題材としたものである。

8「雷電社　浦之郷村」は、「雷電社は浦之郷村にあり、村の鎮守とす」として、同社宛の天正一九年一一月付の社領二石の安堵状を所収している。

9「良心寺　同村」は、「良心寺は同村(浦之郷村)にあり、久遠山大悲院と号す、浄土宗にて、京都知恩寺《ママ》の末」として、天正一九年一一月付の寺領一五石の朱印状を掲載する。また、本項目の末尾には「当村の海岸を雀ケ浦といふ、又、大天神・小天神なと呼る出崎ありて、尤、佳景なり」と記している。この文言に対応する挿絵が⑨「雀ケ浦」である。海岸に岩のそそり立つ場所を道が通り、海に突き出た岩には「大天神」「小天神」の文字が付されている。沖合には三艘の小船がみえるが、いずれも早船であろうか。

8「雷電社　浦之郷村」と9「良心寺　同村」に対応する挿絵が⑧「浦之郷村　雷電社・良心寺」である。画面中央やや左側に「良心寺」、右上の丘陵部に「雷電社」がみられる。右下には「松平大和守陣屋」の門がみえるが、陣屋本体の構造はおそらくは意識的に霞状にぼかされている。

10「自得寺　同村」は、「自得寺は同村(浦之郷村)にあり、補陀山といふ、済家にて、鎌倉建長寺末、開山聞叟は応永十三年八月十一日寂す、天正十九年、寺領三石の御朱印を賜ハりしに、寛永二年焼失せし後、地所のミ領すれと、御朱印ハ下したまハらす」とあり、天正一九年一一月付の家康朱印状は受領したものの、寛永二年(一六二五)の火災で焼失し、その後は朱印状を与えられていないという。これに対応する挿絵が⑩「浦之郷村　自得寺」であり、自得寺の本堂・庫裏を描く。

11**「能永寺　同村」**は、「能永寺は同村(浦之郷村)にあり、楽浦山長立院といふ、時宗、藤沢山の末」として、天正一九年一一月付の寺領三石の朱印状を掲げる。末尾では「当寺は小名榎戸にありて、海岸に臨ミ、門外は則、湊なり、榎戸湊と唱ふ、眺望尤美なり、文明中、道興准后の廻国雑記にも、此湊の事を載、むかし、頼朝卿の鎌倉に住せたまふ時、金沢・榎戸・浦河とて三の湊なりけると見ゆ」として、能永寺の所在地である浦之郷村の字榎戸は「榎戸湊」という湊であり、文明年間に道興准后が記した「廻国雑記」には「金沢・榎戸・浦河(浦賀)」の三つの湊が併称されているとする。次巻である巻之二十三の武蔵国金沢を導き出す意図があろう。この記述に対応するように、挿絵⑪「浦之郷村　能永寺」では、画面左側に能永寺の本堂と庫裏がみえ、右側の入海には「榎戸湊」の文字が記されている。榎戸の北側には武蔵国金沢が存在しており、鎌倉から金沢へいたる陸路と、三浦半島の西側＝相模湾から先端の三崎を経て、半島東側＝東京湾へといたる海路が出会うことになる。

このように第三冊にあたる巻之二十二は、1「清雲寺　大矢部村」から始まる。これに続く2「満昌寺　同村」と3「不動堂　衣笠村」までは、福原家の祖である三浦党に関わる記述である。その後、4「大明寺　金谷村」からは東京湾沿いの海岸部に移り、7「三浦安針屋敷跡　逸見村」というやや特異な項目をへて、8～11の「浦之郷村」で終わる。同村の北で武相国境を越えれば、巻之二十三で扱う武蔵国金沢となる。

まとめ

以上、三浦郡は巻之二十・二十一・二十二の全三冊から構成されており、相模湾を南下して三浦半島先端の湊である三崎を経由して東京湾側に出る。そして、浦賀・榎戸といった港を経て巻之二十三の武蔵国金沢へいたる海路が記述順序のベースとされている。

最初の巻である巻之二十では、巻之十七の「和賀江島」に隣接した1「岩殿観音堂　久野谷村」から始まる。その後、海沿いと内陸への行き交いを経ながら13「本円寺　木古庭村」まで南下していく。ただし、巻之二十の記載範囲は現在の逗子市・葉山町の範囲に限定されており、三浦郡全体を全三巻から構成するにしてはやや狭いようにも感じられる。坂東三十三観音の第二番札所である1「岩殿観音堂　久野谷村」が存在するように鎌倉に近接する地域であり、福原家による事前調査が他の三浦郡域よりも頻繁であったことの結果かもしれない。

巻之二十一は、巻之二十に引き続き、1「正行院　秋谷村」より相模湾沿いに南下し、4「天満宮　佐嶋村」にいたる。5「東漸寺　武村」において一旦内陸へ入るが、ここまでは横須賀市域に該当する。その後、一挙に6「海南明神社　三崎町」へ飛び、東京湾と相模湾を分かつ三浦半島の先端部に位置する三崎湊へ到達する。ここでは「慶長五年、関ケ原御陣已前、東照大神君様、鎌倉より此地に渡らせ玉ハんとの仰ありし事、或書に見えたり」と述べ、鎌倉から三崎への行程が記されている。巻之十七の1「和賀江島」に対応する記述であり、先述した巻之二十の構成順序はこれに合致するものとなっている。その後、三崎からの海路は浦賀を経由して巻之二十三の金沢へいたる行程となり、本巻及び次巻の巻之二十二の構成順序を規定している。なお、同社は「此地の眺望、山海の覧観をそなへ、無双の勝地なり」とされている。それより7「笹塚不動堂　上宮田村」で東京湾岸へと出る。6・7は現在の三浦市域である。8「八幡宮　久里浜村」から再び横須賀市域へ入り、浦賀・鴨居・走水と東京湾沿いを北上し、日本武尊による東京湾の渡河地点とされる13「大泉寺　走水村」で終わる。10「御宮　東浦賀」の項目では「浦賀湊」に触れ、「諸国の廻船、江戸に入津するもの皆、此湊にかゝり、御改めを受、されは昼夜、数百艘の船、輻輳す」とその繁栄ぶりを記している。巻之二十一の対象範囲は、三浦郡全体で考えると比較的広い地域を一巻で扱っていることになる。この巻の中心は6「海南明神社　三崎町」、9「東福寺　西浦賀」、10「御宮　東浦賀」であり、三崎・浦賀といった港湾の賑わいが記されている。巻之十七の「和賀江島」の項目で記述された海路を意識したものであろう。これに関連して、東京湾沿いを扱った挿絵には廻船の停泊・航行に関わるものが多く描かれている。

最後の巻である巻之二十二は、1「清雲寺　大矢部村」から始まる。これに続く2「満昌寺　同村」と3「不動堂　衣笠村」までは福原家の祖である三浦党に関わる記述。その後、4「大明寺　金谷村」からは東京湾沿いの海岸部に移り、7「三浦安針屋敷跡　逸見村」というやや特異な項目をへて、8～11の「浦之郷村」で終わる。11「能永寺」では榎戸湊の存在に触れ、三崎→浦賀→榎戸→金沢という海路の行程を意識させている。そして、同村の北で武相国境を越えれば、巻之二十三で扱う武蔵国金沢となる。

以上、相模国最後の郡である三浦郡は、巻之二十・二十一・二十二の三巻で構成されている。主要テーマは巻之十七の1「和賀江島」で記された武蔵国金沢へといたる海路であり、全三巻の項目の順序はほぼ相模湾→東京湾という その海路にもとづいて構成されている。あわせて三崎・浦賀・榎戸という代表的な湊を取り上げつつ、東京湾沿いの項目の挿絵では湊と海上における停泊・廻航する多数の廻船を描写している。もう一つの主要テーマは福原家の祖先にあたる三浦党に関する記述であり、主に巻之二十二の1～3が該当する。ここでは後三年の役と頼朝挙兵の両度において三浦党が源家に忠節を尽くしたことを挙げている。三浦党は「源家」に「忠勤」を尽くした「源氏相伝の氏族」であり、その流れを組む福原家が「相中留恩記略」を編纂することは、現在は農民身分であるとはいえ、先祖である三浦党が源家へ「忠勤」を尽くしたことと同様であるという福原高峰の認識である。こうした由緒を意識することにより、「源家」＝徳川家康＝徳川将軍家と福原家の距離は一挙に縮まるという考えと思われる。

第六節　武蔵国金沢

武蔵国金沢は、「相中留恩記略」本文の最後の巻となる巻之二十三の一巻構成である。「凡例」第一条の末尾に「金沢は武州久良岐郡中の領名にして、当国の外なれと、古へより鎌倉・金沢と並ひ称して一区の勝槩となれり、故に鎌倉志等の例に倣い、末に附載す」とあるように、「金沢」は武蔵国久良岐郡の「領名」であり、「当国」＝相模国の「外」ではあるが、古くより「鎌倉・金沢」と双称される「一区の勝槩」＝一体の名所であるので、「鎌倉志」等の先例により「末」＝本文末尾の巻之二十三に「附載」するとしている。

巻之二十三には、1「御宮　社家分村」、2「瀬戸明神社　同村」、3「瀬戸橋　同村」、4「龍源寺　洲崎村」、5「塩焼場　同村」、6「名主団右衛門　泥亀新田」、7「称名寺　寺前村」、8「能見堂　谷津村」が立項されている。ここで意識されているのは、巻之十三以降、継続する慶長五年（一六〇〇）六月末から七月初頭における徳川家康の行程である。巻之十七最後の項目である16「浄妙寺」の末尾には「当所より武州金沢へ壱里半あり」として金沢への里数が記されている。これを受けて、巻之二十三における項目の順序は、鎌倉より朝比奈峠を越えて武蔵国金沢に入り、1の「御宮」＝東照宮にいたる。その後、2→3→4→7の順序で金沢道を経て8「能見堂」に到着する。能見堂は金沢八景一覧の場所として知られており、ここで金沢の地が終わるという組み立てである。ただし、朝比奈切通から1「御宮」へ至る間の経路については立項されていない。巻之十七の16「浄妙寺」から朝比奈切通しまでの立項が無いのと同様である。また、鎌倉と金沢の一体性を示すためであろうか、この間に存在する相武国境の記述もみられない。

挿絵は①「社家分村　御宮」、②「金龍院境内眺望図　瀬戸橋・洲崎塩浜」、③「其二」、④「其三　瀬戸明神社」、⑤「洲崎村　龍源寺」、⑥「泥亀新田」、⑦「寺前村　称名寺」、⑧「其二」、⑨「谷津村　能見堂」、⑩「能見堂ヨリ眺望図」、⑪(其二)という一一件が所収されている。

巻之二十三

1「御宮　社家分村」は、「御宮は社家分村の内、小名引越にある円通寺の境内、岩山に祀り奉る」とあるように、社家分村の小名引越の円通寺境内に所在する「御宮」＝東照宮のことで、徳川家康に由縁を持つ「御宮」＝東照宮の項目を冒頭に配置したもの。「万治年中、八木次郎右衛門殿、此辺の御代官たりし時、岩を切開き勧請し奉り、御供料拾七石を寄附し奉れりといふ」として、万治年間に金沢領代官の八木次郎右衛門が岩山を切り開いて建立し、「御供料」一七石を寄進した旨を記す。社前には寛文三年(一六六三)四月一七日付の久世大和守源広之寄進と、享保六年(一七二一)九月一七日付の米倉丹後守保教寄進の石灯籠一対がある。久世広之へは寛文二年に金沢領と本牧領が加増されており、その直後に灯籠を寄進したことになる。また、米倉保教は享保六年に陣屋を金沢へ移転しており、その直後における寄進となる。近世前期の金沢領代官の八木氏が建立、その後に歴代の領主が灯籠を寄進しており、「御宮」の存在と灯籠の寄進が当該地域の支配を行う人物にとって必須の要件ということになる。

これに対応する挿絵が①「社家分村　御宮」である。右側には、金沢道と思われる道筋から石段を上った地点に

「御宮」が、左側には「米倉様陣屋」として米倉家＝武州金沢藩の金沢陣屋の一部と金沢道に面した同陣屋の裏門が、それぞれ描かれている。

続く2「瀬戸明神社　同村」、3「瀬戸橋　同村」、4「龍源寺　洲崎村」、5「塩焼場　同村」、6「名主団右衛門泥亀新田」、7「称名寺　寺前村」、8「能見堂　谷津村」の六項目には、巻之十四〜十七の鎌倉郡の記述に引き続くように、慶長五年(一六〇〇)七月一日から二日における徳川家康の行程関係の記事がみえる。

2「瀬戸明神社　同村」は現在の瀬戸神社であり、「相中留恩記略」における武蔵国最初の古社になる。まず「瀬戸明神社は同村(社家分村)の内、小名瀬戸にあり、祭神は大山祇命なり」として所在地と祭神を記す。ついで「社伝に治承四年、頼朝卿の勧請なりと、或は頼朝卿、伊豆の三島明神を勧請せんとて、神号を札に記して海に投せられ、その流れ着し地に勧請せんと祈誓あり、其後、此所に彼札着たりしを祀りしとなり、又、往古、この神当所の金龍院境内山上の大石に飛移りたまひしを爰に祀れりと、今に同院の庭中に飛石と唱ふる大石あり、何れか其正しきは知されと、旧社なる事は論なし」と記し、源頼朝による勧請等、同社の開創に関わるいくつかの説を併記しつつ、「旧社」であるとする。さらに「鎌倉年中行事」を引き「正月廿九日鎌倉公方、雪下今宮より直に当社へ参詣、四月八日には当社臨時の祭礼にて同く社参あり、中の酉には御一家の御代官参詣ありしことを載たれは、足利家管領のころも、尊敬浅からさりし事しらる、祭礼は毎年四月・十一月中の酉の日に、神輿を社地の前なる琵琶島の弁天社まて渡す、此時、神主衣冠にて供奉せり、小田原北条氏分国のころも、社領として八拾五貫九百五拾八文の地を寄附せらる」として、「足利家管領」＝鎌倉公方による参詣と小田原北条氏の社領寄進を挙げている。先述した頼朝による勧請とあわせて、鶴岡八幡宮と同様に中世関東の武家権力による崇敬と保護を受けていることになる。そして「是等の例をもて」として、天正一九年(一五九一)一一月付の社領一〇〇石の判物を載せる。また「東照大神君様、景勝御征伐として御下向あらせられし頃、慶長五年七月朔日、当社に御拝礼あらせ給ひ、称名寺に御泊りとなりし事、当時の記録に見ゆ」とあり、慶長五年七月一日に同社を「御拝礼」後、称名寺に宿泊したとする。「御拝礼」の目的は上杉景勝征伐の祈願であり、源頼朝による勧請という同社の由来をふまえて鶴岡八幡宮への参詣と同様な意味を持たせている。

3「瀬戸橋　同村」は、「瀬戸橋は同村(社家分村)と洲崎村の界なる入海の中程に、土台を築きて、左右に橋弐ツを架せるもの是也、ともに長六間、幅九尺程なり、古はひとつの橋にして、杭なき角橋なりしといふ、慶長五年七月、大神君様、この辺御遊覧遊ハされし時、この橋を御覧ありて、岩たゝく　波のよる〳〵　来てミれハ　月さへ渡る　瀬戸の角橋　と御詠吟ありしよし、土人の云伝へあり」が全文である。瀬戸橋は瀬戸神社より洲崎村にいたる金沢道が入海を渡る橋であり、あわせて「岩たゝく　波のよる〳〵　来てミれハ　月さへ渡る　瀬戸の角橋」という地元に伝わる家康の和歌を紹介している。「波のよる〳〵」は、「波が寄る」(潮が満ちる)と(月が出る)「夜」を掛けたもの。「月さへ渡る」は、「冴え渡る」と、六月から七月へと月が渡る(替わる)ことに掛けている。天空の新月が満月に向けて満ちていく様子を詠みつつ、上杉征伐の成功を自ら言祝いだ和歌である。また、慶長五年七月の「大神君様」の「御遊覧」は、2「瀬戸明神社　同村」にみられる「慶長五年七月朔日」のことになろう。

4「龍源寺　洲崎村」では、まず「龍源寺は洲崎村にあり、古義真言宗にて、京御室仁和寺の末、知足山弥勒院と号す、檀林所なり」として、同寺の概要を記す。寺号については「天正十九年の冬、東照大神君様、当寺に入御あらせられ、寺号御尋のとき、御奏者、龍華寺を誤りて、龍源寺と言上ありしを、聞しめされ、立源といふ音の響、吉兆の寺号なりと御感悦の余り、御修復を命せられ、寺領の御朱印を賜ふといふ、その御文に(寄進状の部分省略)、それより今の寺号に改めしとなり」とあり、本来の寺号は「龍華寺」であったが、天正一九年冬に当寺を来訪した徳川家康が寺号を尋ねた際に「御奏者」が誤って「龍源寺」と申し上げたところ、家康は「龍源」を「立源」=「源」(源家)

が「立つ」(繁栄する)と解し、その音の響きが「吉兆」であるとして、寺堂の「御修復」を命じ寺領の御朱印を賜わったことから、「龍源寺」の寺号に改めたという。末尾の割註には「按するに武徳編年集成に、慶長五年七月朔日、東照宮、金沢御遊覧あらせられ、同所龍源寺に御止宿ありしこと見えたれと、或書には今夜称明寺に御止宿遊ハされしと載す、然れは当寺は全く御休憩の所となりし事しらる」とあり、慶長五年七月一日の家康の行程に際して龍源寺が「御休憩の所」であったとする。挿絵⑤「洲崎村　龍源寺」では同寺の境内を描く。

5「塩焼場　同村」は、まず「塩焼場は同村(洲崎村)の内、南の方にあり、野島の辺、入海の堤内にあり」として、その所在地を記す。ついで「或書に慶長五年七月朔日、東照大神君様、金沢御遊覧のころ、瀬戸明神を過させたまひ、海民の塩焼を上覧ありて、青銅を賜ひ、其夜は称名寺に御止宿ありし事見ゆ、則、此所の塩浜なり」として、「或書」に慶長五年七月一日の徳川家康「金沢御遊覧」の折、瀬戸明神から宿泊地である称名寺の間において「海民の塩焼」を上覧したが、その場所が洲崎村の塩焼場であるとしている。

以上の2〜5に対応する挿絵が②「金龍院境内眺望図　瀬戸橋・洲崎塩浜」、③「其二」、④「其三　瀬戸明神社」である。2「瀬戸明神社」において「当所の金龍院境内」と紹介された金龍院(九覧亭)からの金沢八景を中心とする眺望図である。

6「名主団右衛門　泥亀新田」では、「団右衛門は泥亀新田に住し、名主を勤む、先祖は長嶋泥亀と称す、儒を以て擢られ、後、医を業として、食禄五百石を賜ひしとなり、後年、其禄を弟長島道仙に譲りて、此地に退隠し、寛文八年、おのか財をもて新田を開きしより、則、新田の号とす、それより農家となり、今の団右衛門に至れり、昔より家に、東照大神君様の御書を蔵す、其故は今伝へされと、先祖泥亀の頃よりの伝来なるへし」として、泥亀新田とその開発者である団右衛門家の由緒を述べるとともに、同家が所蔵する「東照大神君様の御書」を所収する。挿絵⑥

「泥亀新田」では泥亀新田と団右衛門家の屋敷を描写している。なお、福原家本には末尾に「この宅地は海岸に臨みて、眺望いとうるわしく、庭中に植立し牡丹数十株は、先の年姫侯より賜はりし由にて、花の頃は壮観なり」という文言が追加されている。安政三年（一八五六）に追加された「相中留恩記略」の「附録」では、新たに細川氏の預かり地となった相模国三浦郡・鎌倉郡と武蔵国久良岐郡の「御預所」「大組合惣代」を紹介しているが、久良岐郡の「大組合惣代」は泥亀新田の名主永島段右衛門忠篤であるので、この際に追記されたものであろうか。

7「称名寺　寺前村」では、まず「称名寺は寺前村の北にあり、古義真言律宗にて、金沢山弥勒院と号し、南都西大寺の末なり、当寺は北条越後守実時の本願にて、其子金沢越後守顕時、文永年中の建立なり」として、執権北条氏の一族である金沢氏が建立した由来を述べるとともに、天正一九年一一月付の寺領一〇〇石の判物を載せる。ついで「慶長五年七月朔日、東照大神君様、鎌倉御遊覧、今夜当寺に御止宿あらせられ、翌日神奈川駅に到らせたまふ事、或書に見えたり」として、徳川家康の「鎌倉御遊覧」に際して慶長五年七月一日の宿泊場所を称名寺とし、翌二日に神奈川宿にいたるとする。鶴岡八幡宮から始まる七月一日の行程がここで終わり、翌二日には称名寺を発ち、途中の保土ケ谷宿において東海道と合流することになる。また「境内に名高き木石、寺宝に霊像・霊仏・古筆の画幅、金沢文庫の仏経、古文書数十通、其余、什物古雅なるもの多し、鐘楼に正安年中の古鐘をかく」として多数の寺宝が所蔵され、さらに「阿弥陀院の地内に、金沢文庫の旧跡あり、越後守顕時の建し文庫にて、和漢の群書を納めしところなり」と記して「金沢文庫の旧跡」の存在を述べる。挿絵⑦「寺前村　称名寺」、⑧「其二」では称名寺の境内を描いている。⑦では本堂とその周囲の池が、⑧では山門から仁王門までの参道が、それぞれ描写されている。

8「能見堂　谷津村」では、まず「能見堂は谷津村にあり、海道の側なる山上なり、曹洞宗、江戸千駄谷町瑞円寺の末、擲捨山地蔵院と号せり、文明中、万里和尚の著せし梅花無尽蔵にも、此堂の名見ゆ、八景を一望する所にして、世にしれる景地なり、堂前に三囲はかりの古松あり、金岡の筆捨松と呼へり、巨勢金岡、此樹の下にて当所の佳景を写さんとて筆をとりしか、筆に及ハすとて、筆を捨てしよりの名なりといふ」として、「金岡の筆捨松」の由来に触れつつ、金沢八景一望の景地として知られた名所であるとする。

末尾では「慶長五年七月、東照大神君様金沢御遊覧の砌、朔日称名寺御泊り、翌日此堂に御立寄、しはし眺望に時を移させ給ひ、それより神奈川に到らせられし事、或書に見えたり、当所より東海道程ケ谷宿へ三里半余、神奈川駅まて四里半余の道程なり」と記している。「或書」によれば、慶長五年七月における「東照大神君様」＝徳川家康の「金沢御遊覧」の行程は、同月一日に金沢称名寺に宿泊。翌日能見堂へ立ち寄ってその眺望を楽しんだ後、神奈川へ向かった。そして、「相中留恩記略」の末尾でもある本項目の最後に「当所より東海道程ケ谷宿へ三里半余、神奈川駅まで四里半余の道程なり」と記し、金沢能見堂から東海道「程ケ谷宿」＝保土ケ谷宿までは三里半余、その先の「神奈川駅」＝神奈川宿までは四里半余の「道程」と述べている。いうまでもなく神奈川宿の先には江戸城が存在する。これによって、巻之十三の12〜14と巻之十八の1・2における藤沢宿から巻之十九の5〜9における戸塚宿から品濃一里塚・境木にいたる相模国内の東海道の記述と、巻之十六の藤沢宿〜鶴岡八幡宮→巻之十七の鶴岡八幡宮〜浄妙寺村→巻之二十三の「御宮」→能見堂という慶長五年六月二九日〜七月二日における徳川家康の行程、さらには巻之十七の1「和賀江島　材木座村」における鎌倉〜金沢間の海路(具体的な経路は巻之二十〜二十二における三浦半島の西岸＝相模湾から東岸＝東京湾を経て金沢へいたる)、という三つが合流することになる。逆にいえばこれらを合流させるために「相中留恩記略」の最後の巻之二十三に金沢を設定していることになろう。

8「能見堂　谷津村」に対応する挿絵が⑨「谷津村　能見堂」、⑩「能見堂ヨリ眺望図」、⑪(其二)である。⑨「谷津村　能見堂」は、下部を左右に通る金沢道より石段を登った地点に位置する能見堂を描いているが、「江戸名所図会」第六冊に所収されている「能見堂擲筆松」とほぼ同じ構図である。続く⑩「能見堂ヨリ眺望図」、⑪(其二)は、能見堂より名所金沢八景を一望する構図であるが、こちらも「江戸名所図会」第六冊所収の「金沢勝槩一覧の図」に酷似している。

まとめ

武蔵国の金沢を扱う巻之二十三は、冒頭に1「御宮」と2「瀬戸明神社」が配置されている。最初に1「御宮」＝東照宮という徳川家関連の項目を置き、ついで源頼朝に勧請されたとする地域で最も由緒のある2「瀬戸明神社」を続けるという順序である。これ以降、8「能見堂」にいたるまでの項目の配列は、7「称名寺」における七月一日の宿泊を含めて、七月一日・二日における「鎌倉御遊覧」「金沢御遊覧」という徳川家康の行程に沿ったものとなっている。「相中留恩記略」本文最後の項目である8「能見堂」は、金沢より保土ケ谷へいたる金沢道の途中に位置し、その先には東海道の程ケ谷宿(保土ケ谷宿)、さらには神奈川宿が存在しており、能見堂から両宿までの距離が記されている。そして、神奈川宿の先には徳川家康の居城である江戸が存在することになる。慶長五年六月～七月における徳川家康の行程との関連でいえば、巻之十六の藤沢宿～鶴岡八幡宮→巻之十七の鶴岡八幡宮～浄妙寺村→巻之二十三の「御宮」→能見堂という慶長五年六月二九日～七月二日における徳川家康の行程、さらには巻之十七の1「和賀江島　材木座村」における鎌倉～金沢間の海路(具体的な経路は巻之二十～二十二における三浦半島の西岸＝相模湾から東岸＝東京湾を経て金沢へ至る)、という三つが合流することになる。

おわりに

第四章では、相模国の高座郡(巻之十三)・鎌倉郡(巻之十四～十九)・三浦郡(巻之二十～二十二)と武蔵国金沢(巻之二十三)について検討した。

第一節では巻之十三の一巻構成である高座郡を分析した。高座郡の全一四項目は、藤沢宿・藤沢御殿に関連する12～14と、それより北部に位置する1～11の二つに分かれる。1～11については、時宗の有力寺院である1「無量光寺」、坂東三十三観音第八番札所の2「星谷観音堂」、元和三年(一六一七)における家康遺骸の通行時の「御休輿」場所である3「外記宿」、4「宗仲寺」、相模国の国分寺である5「国分寺」、同じく一宮の9「寒川神社」等、興味深いものもみられるが、「相中留恩記略」の全体構成に関わる項目は存在しない。これに対して、12～14は藤沢宿が高座郡の坂戸町・大久保町と鎌倉郡の大鋸町から構成されていることをふまえ、鎌倉郡に接続する末尾に配置されている。藤沢宿関連の項目により、それまで相模川に沿って大住郡→愛甲郡→津久井県→高座郡と南北方向に進んでいた「相中留恩記略」の記述が、足柄上郡の矢倉沢村の御陣場→足柄下郡の小田原城・小田原宿と箱根宿→淘綾郡の大磯宿→大住郡の平塚宿・中原御殿と続く、家康の行程とその主要な経路である東海道という本筋の流れへ戻ったことになる。藤沢宿関係における中心的な項目は、徳川家康による同御殿休泊の内容を示す「大略」が記されている14「藤沢御殿跡」である。同様に「大略」が記されているのは、小田原城と中原御殿のみであるので、「相中留恩記略」における藤沢御殿の重要性がうかがわれる。あわせて藤沢御殿裏門の扉が「鎌倉郡渡内村名主左平太の家」＝福原家に

「秘置」されていることを述べ、巻之十八の4「名主左平太」への伏線としている。また、挿絵⑳～㉒により藤沢宿の高座郡部分（坂戸町・大久保町）が描写されており、巻之十八の冒頭へと続いている。

次に巻之十四～十九の全六巻からなる鎌倉郡については、巻数の多さと記述範囲から、第二節（巻之十四・十五）・第三節（巻之十六・十七）・第四節（巻之十八・十九）の三つに分割して検討した。

第二節で扱った巻之十四・十五は、鶴岡八幡宮（巻之十四）と山之内村・扇谷村（巻之十五）を対象としている。山之内村には鶴岡八幡宮とともに「四ケ所」と称され、他の寺社と比較して別格的存在であった鎌倉五山の第一である建長寺、同じく第二の円覚寺、鎌倉尼五山の第二で実質的に筆頭の地位にある東慶寺が存在しており、鶴岡八幡宮と一体的なものという意識である。

まず、巻之十四は1「鶴岡八幡宮」2「御茶屋蹟」の二項目から構成されており、紙数の大半は1「鶴岡八幡宮」に割かれている。2「御茶屋蹟」は徳川家康の鶴岡八幡宮参詣時における「休憩」施設であるので、実質的に鶴岡八幡宮のみで一巻を構成していることになる。所収項目の取り扱い方としては破格であり、それだけ鶴岡八幡宮の重要性が高いことになる。鶴岡八幡宮は源頼義・義家・頼朝という源家の歴代により創始・修営・造営された神社であり、鎌倉幕府における源家「将軍」三代と「執権」北条氏九代、鎌倉府の「管領」＝鎌倉公方（関東足利氏）、小田原北条氏等、源家とそれを補佐・継承する「北条氏」という関東を掌握した武家権力により「造営」「修復」が行われている。小田原城を本拠地とした小田原北条氏が「関東武家の棟梁」たりえたのも、鶴岡八幡宮の「修復」を同氏が行っているように、鶴岡八幡宮の存在をふまえたものである。天正一八年（一五九〇）の相模国入国と小田原入城を経て、こうした伝統は徳川家康に継承された。そして、会津の上杉景勝征伐のため江戸へ下る途中である慶長五年（一六〇〇）六月二九日に奥州征伐にあたり鶴岡八幡宮へ参詣するという「源家の御吉例」をふまえ、徳川家康が鶴岡八幡宮へ参拝することにより、源家歴代の伝統と鎌倉幕府以来の全国支配権という相模国の「国魂」が家康に付着し、将軍就任・幕府開設にいたるとしている。

これに対し、第二冊目である巻之十五では鶴岡八幡宮の西から西北に位置する山之内村と扇谷村を対象としており、鎌倉において鶴岡八幡宮とともに特別な地域として認識されている。なお、山之内村が先に配置されているのは、同村に鶴岡八幡宮とともに「四ケ所」と称される鎌倉五山の第一である建長寺、同じく第二の円覚寺、鎌倉尼五山の第二で実質的な筆頭の地位にある東慶寺が、存在していたためであり、項目の順番もこの順序で記されている。巻之十五で記述されている寺院の多くは鎌倉幕府の執権北条氏(得宗家)が開基しており、源家による鶴岡八幡宮の創設に対応する位置づけになる。

第三節では巻之十六・十七を対象とした。巻之十四・十五で扱った鶴岡八幡宮と山内村・扇谷村を除く鎌倉と、「江島」より鎌倉へいたる範囲が扱われている。全体の構成と記載の順序は、鶴岡八幡宮(巻之十四)とそれと一体である建長寺・円覚寺・東慶寺を含む山之内村・扇谷村(巻之十五)を間に挟みながら、巻之十三の末尾である14「藤沢御殿跡」から鶴岡八幡宮へいたる徳川家康の行程(巻之十六)と、鶴岡八幡宮を出発して巻之二十三の武蔵国金沢へといたる家康の行程の内、鎌倉郡の部分(巻之十七)をベースにしている。すなわち、巻之十六は鶴岡八幡宮から西南の片瀬・「江島」・極楽寺・坂之下・長谷の各村である。名所としての「江島」を中心としながら、藤沢御殿を出発し鶴岡八幡宮へ入る六月二九日の行程を、巻之十七は鶴岡八幡宮より東方の材木座・大町・小町・西御門・二階堂・浄妙寺の各村を対象としており、鶴岡八幡宮を出立して金沢称名寺へ到着する七月一日の経路の内、鎌倉郡部分を、それぞれ扱っている。途中では「自序」Cに記された名所である「江島」や「光明寺」を始めとする鎌倉の諸寺社への参詣と、それぞれの寺社へ祈願・参詣のため人々が群参する賑わいをも記述している。また、巻之十七の1「和賀江島」では同所から三浦半島の沖合を経由して金沢へといたる海路を紹介し、続く巻之二十〜二十二の三浦郡を導き出している。以上の巻之十四〜十七までが都市域としての鎌倉の範囲になる。

第四節では巻之十八・十九を検討した。便宜上、二巻に分かれているが、内容的には藤沢宿から玉縄城といった東海道沿いの西部方面を扱う巻之十八の1〜10と巻之十九の1〜4と、戸塚宿を中心とした東海道沿いの東部方面を対象とする巻之十九の5〜9に大別される。前者についてはさらに巻之十八の1・2、巻之十八の3・4、巻之十八の5・6、巻之十八の7〜10と巻之十九の1〜4の四つに細分される。

巻之十八の1・2は、巻之十三の12〜14とあわせて東海道藤沢宿の項目であり、1「清浄光寺」が主要項目である。応永三年（一三九六）に同寺一二世上人の尊観法親王が上野国を遊行した際に、徳川氏の祖先である「有親公（世良田左京亮様）」「親氏公（松平太郎左衛門様）」父子が「御守本尊」宇賀神の「御仮寝の霊夢」により上人の弟子となった。その後、名を「徳阿弥」と改めた親氏は、清浄光寺へ来訪し、「鎌倉近き」という理由で「御子孫御開運の御願状」と宇賀神を当寺に残して三河国へ去ったという由緒が記されている。「凡例」第三条の「御歴代」に対応する記述であるとともに、「御子孫御開運の御願状」を同寺に納めた理由が「鎌倉近き」であることは、鎌倉の鶴岡八幡宮を意識したものであり、巻之十四の1「鶴岡八幡宮」に記された慶長五年における家康の鶴岡八幡宮参詣と関ケ原合戦の勝利と幕府の創設がこの「御願状」に対応した事柄であるということになる。この他、同寺の年中行事の賑わいを述べている。また、挿絵①「清浄光寺」、②「其二」、③「其三」は、同寺の境内とそれに隣接する鎌倉郡大鋸町部分の藤沢宿の情景を描いている。これにより、藤沢宿の内、高座郡の坂戸町・大久保町を対象とした巻之十三の⑳「藤沢宿　農民吉右衛門・同久兵衛・御殿跡」、㉑「其二　御殿跡」、㉒「其三」とあわせて、藤沢宿全体が挿絵で描写されたことになる。

巻之十八の3・4は「相中留恩記略」の編纂者である福原家が名主を勤める渡内村を扱った部分で、4「名主左平太　同村（渡内村）」が主要項目である。「名主左平太」は「相中留恩記略」の編纂者である渡内村名主の福原高峰自身である。ここでは、三浦党の佐原八郎為連の子である左近四郎景連を祖先とし、景連が母方の姓である福原を名乗ったという福原家の系譜を述べている。ついで、一〇代孫十郎重種の時に、「御遠祖頼義公・義家公奥州御征伐の時、御止宿の地」を訪ねる天正一八年小田原入城後における徳川家康の上村岡・玉縄周辺巡見において「御路次の案内」を勤めた故事を記す。すなわち福原家の居村である渡内村＝上村岡は源頼義・義家が奥州征伐の途次に止宿した場所であり、そうした「御遠祖」の「留恩」が遺る源家由来の地を慕って来訪した家康に対して、代々同地に居住＝守護してきた福原家の当主が案内し（同地に関する）家康からの「委しく御尋」に対応したのである。「凡例」第三条の「御遠祖」に対応する記述であるとともに、渡内村＝上村岡に遺る源家「御遠祖」の「留恩」が福原家を媒介にして徳川家康に一体化したという理解であろう。この天正一八年時における「御遠祖頼義公・義家公奥州御征伐の時、御止宿の地」への来訪は、地理的・年次的に相模国の「国魂」が付着する第一段階である天正一八年の小田原入城と第二段階である慶長五年における鎌倉鶴岡八幡宮参詣を結びつけるポイントであるとともに、「源家の御吉例」をふまえた慶長五年における家康の鶴岡八幡宮参詣の先駆となるものである。さらに家康が玉縄城を「御遠見」した小名峯の「御床几塚」に頼義・義家・家康を祀る「壺井三社大権現」の存在を記す。「御遠祖頼義公・義家公奥州御征伐の時、御止宿の地」を守護する玉縄城をさらに守護する場所の設定であり、同地に対応する玉縄城の役割を示唆している。

巻之十八の5「玉縄城跡　城廻村」と6「松平甚右衛門正次屋敷跡　同村」は、「御遠祖頼義公・義家公奥州御征伐の時、御止宿の地」である上村岡を守護する役割を持つ玉縄城に関連するもの。ここでは「御遠祖頼義公・義家公奥州御征伐の時、御止宿の地」である上村岡郷＝渡内村を「守護」する玉縄城の存在と、玉縄城を「守護」するために設置された松平正次の屋敷とそれを継承した松平正綱について記述している。玉縄城は、源家の「御遠祖」頼義・義家の「奥州御征伐の時、御止宿の地」である上村岡を「守護」するためのものであり、天正一八年の小田原攻めにおいて城主北条氏勝が徳川氏に降伏することにより、豊臣軍の手を経ずに、徳川家康が直接的に継承したことになる。こうした源家に関わる故地を継承したことが慶長五年の鶴岡八幡宮参詣につながるという論理構成である。そして、この玉縄城を「守護」する役割を担ったのが、城廻村において屋敷地が与えられた松平正次とその養子である松平正綱である。特に正綱は徳川家康の「御遺命」である箱根宿の開設(巻之三の4「御殿蹟　箱根宿」)や鶴岡八幡宮の造営(巻之十四の1「鶴岡八幡宮」)の担当者でもあり、家康の意を受けた人物として想定されている。そして、正綱の移封後は、福原家が単独で「御遠祖頼義公・義家公奥州御征伐の時、御止宿の地」である上村岡＝渡内村を「守護」していることになる。

巻之十八の7～10と巻之十九の1～4は、玉縄城が存在する城廻村とその周辺村々を対象としたもので、巻は異なるが一体的な内容である。巻之十八の7「久成寺」と10「青蓮寺」では天正一八年における徳川家康の「上村岡・玉縄辺御巡見」時における来訪記事を載せている。同じく8「貞宗寺」は秀忠の母宝台院の実母貞宗院の屋敷地であり、後に大長寺の住職源栄を開山として開基した旨を記す。また、9「龍宝寺」では玉縄城主北条氏勝の「降参」に尽力した龍宝寺の住職良達を記述している。巻之十九の1「大長寺」では同じく北条氏勝との交渉を担当するとともに貞宗寺を開基した住職源栄について触れる。同じく2「農民八兵衛　本郷公田村」では松平正次の弟正則を先祖とする八兵衛家を記している。他地域における項目より詳しい記述であり、編纂者福原家の居村周辺であるとともに、巻之十八の3～6に対する補論的な位置づけになろう。

巻之十九の5〜9は、5「戸塚宿」を中心に東海道戸塚宿から東海道における相武国境に近い9「一里塚　平戸・品濃両村」までの範囲を扱っており、5「戸塚宿」と9「一里塚　平戸・品濃両村」が主要な項目となる。5「戸塚宿」では元和二年(一六一六)とされる戸塚宿の開設を記し、それが徳川家康の「御遺命」であるとする。あわせて挿絵⑥「東海道戸塚宿　清源院」、⑦「其二」、⑧「同宿吉田町五太夫橋・上矢部村大善寺」では戸塚宿が描写されている。9「一里塚　平戸・品濃両村」は「武相の堺なる境木立場の三町余南の方」とあるように、東海道の内、相模国東端に存在する一里塚である。挿絵⑬「平戸・品濃両村一里塚」、⑭「其二」とあわせて、巻之三における箱根宿と巻之二の小田原宿以来の相模国における東海道の記述は完結する。ただし、慶長五年六月〜七月時における徳川家康の行程と合流させるためには、巻之二十三における記述が必要となる。

第五節では巻之二十・二十一・二十二の全三巻から構成される三浦郡を検討した。叙述の流れは相模湾を南下して三浦半島先端の湊である三崎を経由して東京湾側に出る。そして、浦賀・榎戸といった港を経て巻之二十三の武蔵国金沢へいたる海路が記述順序のベースとされている。最初の巻之二十は1「岩殿観音堂　久野谷村」から13「本円寺　木古庭村」まで南下していく。鎌倉に近接していることもあり、福原家による事前調査が他の三浦郡域よりも頻繁であった可能性がある。次の巻之二十一は1「正行院　秋谷村」より相模湾沿いに南下し、6「海南明神社　三崎町」で三浦半島の先端部に位置する三崎湊へ到達する。それより7「笹塚不動堂　上宮田村」で東京湾岸となり、日本武尊による東京湾の渡河地点とされる13「大泉寺　走水」で終わる。この巻の中心は6「海南明神社　三崎町」、9「東福寺　西浦賀」、10「御宮　東浦賀」であり、三崎・浦賀といった港湾の賑わいが記されている。巻之十七の「和賀江島」の項目で記述された海路を意識したものであろう。これに関連して、東京湾沿いを扱った挿絵には廻船の停泊・航行に関わるものが多く描かれている。

最後の巻之二十二の内、1「清雲寺　大矢部村」、2「満昌寺　同村」、3「不動堂　衣笠村」は福原家の祖である三浦党に関わる記述。ここでは後三年の役と頼朝挙兵の両度において三浦党が源家に忠節を尽くしたことをあげている。三浦党は「源家」に「忠勤」を尽くした「源氏相伝の氏族」であり、その流れを組む福原家が「相中留恩記略」を編纂することは、現在は農民身分であるとはいえ、先祖である三浦党が源家へ「忠勤」を尽くしたことと同様であるという福原高峰の認識である。こうした由緒を意識することにより、「源家」＝徳川家康＝徳川将軍家と福原家の距離は一挙に縮まるという考えと思われる。4「大明寺　金谷村」からは東京湾沿いの海岸部に移り、8～11の「浦之郷村」で終わる。11「能永寺」では榎戸湊の存在に触れ、三崎↓浦賀↓榎戸↓金沢という海路の行程を意識させている。同村の北で武相国境を越えれば、巻之二十三で扱う武蔵国金沢となる。

第六節では武蔵国金沢を扱う巻之二十三を検討した。「金沢」は、「凡例」第一条の末尾に「金沢は武州久良岐郡中の領名にして、当国の外なれと、古へより鎌倉・金沢と並ひ称して一区の勝槩となれり、故に鎌倉志等の例に倣ひ、末に附載す」とあるように、武蔵国久良岐郡に属し、「当国」＝相模国の「外」ではあるが、古くより「鎌倉・金沢」と双称される「一区の勝槩」＝一体の名所であるので、「鎌倉志」等の先例により「末」＝本文末尾の巻之二十三に「附載」するとしている。このように金沢地域は、「鎌倉」を媒介として、相模国と武蔵国に両属する地域性を持ち、両国を接合する場として位置づけられる。全八項目の内、冒頭に1「御宮」＝東照宮という徳川家関連の項目を置き、ついで源頼朝に勧請されたとする地域で最も由緒のある2「瀬戸明神社」が配置されている。これ以降、8「能見堂」までの項目の配列は、7「称名寺」における七月一日の宿泊を含めて、七月一日・二日における「鎌倉御遊覧」「金沢御遊覧」という徳川家康の行程に沿ったもの。「相中留恩記略」本文最後の項目である8「能見堂」は、金沢より保土ケ谷へいたる金沢道の途中に位置し、その先には東海道の程ケ谷宿（保土ケ谷宿）、さらには神奈川宿が存在しており、能見堂から両宿までの距離が記されている。そして、神奈川宿の先には徳川家康の居城である江戸が存在することになる。慶長五年六月～七月における徳川家康の行程との関連でいえば、「相中留恩記略」本筋の流れである東海道、巻之十六の藤沢宿～鶴岡八幡宮→巻之十七の鶴岡八幡宮～浄妙寺村→巻之二十三の「御宮」→能見堂という慶長五年六月二九日～七月二日における徳川家康の行程、さらには巻之十七の１「和賀江島　材木座村」における鎌倉～金沢間の海路(具体的な経路は巻之二十～二十二における三浦半島の西岸＝相模湾から東岸＝東京湾を経て金沢へいたる)、という三つが合流することになる。

以上、第四章の検討対象である相模国の高座郡(巻之十三)・鎌倉郡(巻之十四～十九)・三浦郡(巻之二十～二十二)と武蔵国金沢(巻之二十三)は、全体の過半を示す鎌倉郡を中心に、「自序」Aで述べた武家政権の聖地である鎌倉＝鶴岡八幡宮と建長寺・円覚寺・東慶寺を始めとする寺社、福原家自身の記述である「名主左平太」、玉縄城跡、江の島を始めとする名所旧跡、東海道の藤沢宿・戸塚宿、藤沢御殿等が存在し、「相中留恩記略」における中核部分といえる。構成のベースは、慶長五年六月末から七月初頭における「鎌倉御巡覧」の徳川家康の行程である。「相中留恩記略」の本文の記述をつなぎ合わせると、六月二七日に小田原城に宿泊。二八日は小田原→藤沢の行程で藤沢御殿宿泊。二九日は藤沢から江の島経由で鎌倉に入り、鶴岡八幡宮の小別当宅に宿泊。翌七月一日は鎌倉→金沢の行程で、金沢の称名寺に宿泊。二日に金沢を出立して神奈川宿へ向かうとなっている。この行程に対応するように、各郡・各巻の順序が組み立てられている。

終章　本書の成果

以上、本書では全四章にわたり「相中留恩記略」について検討を加えた。ここでは各章ごとに内容の要約を再掲するとともに、最後に同書全体の構成と編纂の目的・意義を確認したい。

一　「相中留恩記略」の構成と内容

第一章　「相中留恩記略」における相模国意識

第一章では、「相中留恩記略」における相模国認識と編纂意図を考察した。「相中留恩記略」は相模国における徳川家康の「留恩」を主要な記述対象としているので、同書における相模国認識とは、徳川家康、徳川将軍家の居城・城下町である江戸城・江戸と、相模国との関係論ということになる。したがって、その前提としては江戸と武蔵国との関係論との比較が必要となろう。

そこで、第一節では、江戸とその周辺地域を対象とする民間地誌の内、最も代表的なものとして「江戸名所図会」を取り上げ、同書における武蔵国と江戸の関係性について検討を加えた。ちなみに「相中留恩記略」の編纂が本格化するのは天保五年(一八三四)であり、この年には「江戸名所図会」の前半部分三巻一〇冊が刊行されている。「相中留恩記略」の挿絵を描いた長谷川雪堤が、「江戸名所図会」の挿絵の作者である長谷川雪旦の子にあたることもあわせて、「相中留恩記略」の編纂の本格化が「江戸名所図会」の刊行ないしはその情報を意識しつつ行われたものとも想定されよう。江戸と武蔵国の関係を述べる「江戸名所図会」本文の冒頭と末尾の検討によれば、まず「武蔵」の国号は日本武尊が「東夷征伐」の終了後に武器を秩父の岩倉山に納めたことに由来する。そして、泰平・平和を意味する名称と「国魂」を持つ武蔵国の江戸を徳川家康が居城としたのは「天意」であり、その結果として江戸の町が繁栄しているという現状認識を述べている。こうした「江戸名所図会」における江戸と武蔵国の関係論は、徳川将軍の居城である江戸城とその城下町である江戸→江戸城・江戸が存在する武蔵国→武蔵国に隣接する国々という同心円的な広がりとして概念化できよう。この場合、相模国は武蔵国に隣接する国の一つであり、天正一八年（一五九〇）の徳川家康の関東入国においては、新たな居城となる武蔵国江戸への通過点ということになる。

こうした江戸と武蔵国の関係をふまえた上で、第二節では、「相中留恩記略」では相模国をいかに位置づけているのかを同書の「自序」と「凡例」から検討した。

まず、中世から近世における相模国の地域性を述べる「自序」前半では、「江戸名所図会」にも記述される徳川家康によってもたらされた「繁栄」と「太平」は、源頼朝による鎌倉幕府の創設に淵源を持ち中世における全国・関東の平和を維持した武家政権・権力の所在地という相模国の「国魂」が家康に付着した結果であり、それ故、相模国は（日本武尊以来の国号と「国魂」を持つ）武蔵国とは別個の論理により、江戸・江戸城と直接結びつく徳川将軍の膝元の地である。徳川家康が武蔵国江戸に居城を構えたことは「天意」ではあるものの、源家の流れを組む征夷大将軍として幕府を開設するためには、源家と深い由緒を持つ相模国を経由する必然性があるという理解である。ついで編纂の経緯を述べる「自序」後半では、調査旅行の行程が同書草稿の成立過程に対応することを想定した。

最後に「凡例」からは、徳川家康の相模国への入国から武蔵国江戸への行程をふまえる形で、足柄上郡→足柄下郡が冒頭に配置され、それ以降はおおむね西→東の方向で各郡と津久井県を配置し、武蔵国への導入として同国金沢を末尾に配置して江戸へ向かう方向性を明示するという、全二三巻における同書の構成を確認するとともに、武蔵国金沢を除く相模国全域が全二二巻で構成されているのは、それが武蔵国の二二か郡に対応するものとして意識的に行われたことを指摘した。あわせて第三条における「御遠祖」文言が福原家と源家との関連を示すものとして意識的に付加されていることを指摘した。

以上の点をふまえて、第二章～第四章では、「相中留恩記略」本文の分析を行った。この際、留意したのは、以下の四点である。

第一に、相模国の「国魂」を付着させる徳川家康の行程は、小田原北条氏の居城であった小田原城への入城と、鎌倉鶴岡八幡宮への参詣という二段階に分かれる。この家康の行程が相模国内を西→東へと叙述する「相中留恩記略」の構成を規定している。前者は天正一八年の豊臣政権による小田原出兵における家康の行程であり、第二章の検討対象である足柄上郡・足柄下郡の主要な記述内容となっている。後者は実質的に天下を掌握する契機となり鎌倉鶴岡八幡宮へ参詣した慶長五年(一六〇〇)六月末から七月初頭の上杉景勝征伐時における江戸下向の行程であり、第四章の検討対象である高座郡・鎌倉郡・三浦郡・武蔵国金沢における主要内容である。また、小田原と鎌倉の中間には、家康が休泊する場所＝中原御殿・藤沢御殿と小田原北条氏の有力支城であった玉縄城が存在する。第三章の対象地域である淘綾郡・大住郡・愛甲郡・津久井県といった相模国中央部においては、中原御殿を拠点として行われた家康の巡見・放鷹の行程が記述されている。なお、放鷹も単なる遊興・狩猟というよりは支配地域を巡見・国見する行為として理解される。一方、高座郡に所在する藤沢御殿を拠点として高座郡・鎌倉郡を対象とする巡見・鷹狩も行われており、第四章で検討した。ちなみに小田原城・中原御殿・藤沢御殿の項目には家康による休泊の行程である「大略」が記されており、他の場所とは異なる家康の「留恩」が強く遺る地点として意識されている。また、玉縄城については編纂者である福原家の由緒と一体的に記述されている。これらを重ね合わせることにより、相模国内における徳川家康の行程が完結するように編集されている。

第二に、こうした徳川家康の行程をふまえて、相模国と武州江戸を結ぶ主要な陸路としては東海道が想定されており、関連項目の立項や挿絵による描写によって、箱根宿・小田原宿・大磯宿・平塚宿・藤沢宿・戸塚宿という各宿場の存在が示されている。また、慶長五年六月～七月における徳川家康の行程の内、藤沢御殿→鶴岡八幡宮→金沢称名寺という陸路による実際の経路と鎌倉から三浦半島の沖合を経て金沢へといたる想定上の海路の二つを、東海道と合流・接続させる記述は、第四章の検討対象である高座郡・鎌倉郡・三浦郡・武蔵国金沢の構成を規定する大きな要素である。

第三に、編纂者である福原家とそれに関わる記述内容である。福原家は「御遠祖頼義公・義家公奥州御征伐の時、御止宿の地」である上村岡＝鎌倉郡渡内村の名主であり、そうした源家の「御遠祖」由来の地に居住することにより、高座郡と鎌倉郡に跨って存在する藤沢宿に所在した藤沢御殿、さらには相模国東部を管轄した小田原北条氏の支城であるとともに徳川家康が「御遠祖頼義公・義家公奥州御征伐の時、御止宿の地」を「守護」する役割を与えた玉縄城の項目においても、関連した記述がなされている。また、「祖先は三浦党佐原八郎為連の男、左近四郎景連なり、景連、母方の氏を冒して福原と号す」という三浦党の流れを組む同家の系譜からは、三浦郡にも強い関心があったと思われる。

第四に、「相中留恩記略」には太平の余沢を享受している具体的な表現として、多くの人々が参詣や遊山をする名所旧跡・神社仏閣が列挙されている。「自序」Ｃでは具体的な箇所として、江の島・鎌倉・箱根七湯・「雨降山」＝大山寺等が記されており、この内、箱根七湯を除けばいずれも本文に立項されている。そして、こうした名所地には徳川家康による参詣や保護が加えられている。

第二章　本文の分析（一）—足柄上郡・足柄下郡

第二章では、相模国の西部に位置する足柄上郡（巻之一）と足柄下郡（巻之二～四）について検討した。足柄上郡一冊と足柄下郡三冊の合計四冊は、「凡例」第一条の記載からは一体のものとして構成されており、本文二三冊の導入部であると同時に、天正一八年時における徳川家康の相模国入国と小田原城への入城を主要なテーマとしている。前者については足柄上郡を対象とする第一節において、後者については足柄下郡を扱った第二節で、それぞれ検討した。

第一節で検討した足柄上郡は、天正一八年の小田原攻めにおける徳川家康の行程を扱った前半の1～3と、関東入国以後に実施された家康の鷹狩時における案内に関わる農民を対象とする後半の4～6の、二つに分かれる。郡域の範囲から考えれば、必要な内容のみを立項したことになろう。ここでは天正一八年の小田原攻めにおける豊臣秀吉の行程が箱根越えであるのに対し、徳川家康については足柄峠を越えるルートを想定している。秀吉と家康の上下関係を明示することなく、相対化する意図があろう。冒頭に徳川家康が相模国へ入国して最初の滞在地となった1「御陣場　矢倉沢村」を配置する。これは各郡・各巻の冒頭に、徳川家康に関連するあるいは地域的に中心となる項目を立項するという意図によるもの。続いて、駿河国駿東郡から矢倉沢村の「御陣場」にいたる経路として、2「足柄峠　同村」と3「足柄城蹟　駿州竹之下村」が記述されている。後半の4「農民義左衛門　栢山村」5「農民五兵衛　同村」6「名主四郎兵衛　井ノ口村」は、天正一八年時の小田原の役に関連する記述ではないが、家康に関連する由緒を持つので所収したもので、むしろ後述の挿絵を導き出す意図であろうか。

挿絵は、①～④、⑤～⑪、⑫～⑭の三つに分かれる。①～④は1「御陣場　矢倉沢村」に対応するもので、矢倉沢村の御陣場と周辺の山容を描く。⑤～⑪は2「足柄峠」と3「足柄城蹟」に対応し、足柄峠・足柄城跡と同所から西の駿河国と東の相模国を眺望している。⑫～⑭は4「農民義左衛門　栢山村」と5「農民五兵衛　同村」に対応するが、実際には足柄平野から背後の矢倉沢方面と東方を描いている。いずれも立項された項目を描写するというよりは、各地点における眺望を描いており、足柄峠を越えて駿河国から相模国へ入り、一旦、矢倉沢村の陣場に滞在し、それより矢倉沢往還を東へ向かい、関本で酒匂川下流部の足柄平野へ出て、眼下の平野と相模湾、さらには東方を望んだ家康の行程に対応させている。他の巻とはやや異なる挿絵の設定意図がうかがわれる。

第二節で検討した足柄下郡は、巻之二～巻之四の三巻構成である。「相中留恩記略」において一つの郡が複数の巻で構成される最初の事例である。足柄下郡には、「自序」Aにおいて鎌倉とともに中世相模国の中心地とされた小田原城と、鎌倉幕府の将軍による参詣と小田原北条氏による「社頭造営」が行われた「箱根三社権現」、さらには東海道の小田原宿と箱根宿が主要項目として存在する。全三巻は、第一冊である巻之二に足柄下郡の中心地である小田原城とその城下、続く巻之三は箱根を中心とする小田原の西方、最後の巻之四は小田原城より国府津へいたる小田原の東方、という対象範囲である。小田原城が足柄下郡の冒頭に置かれているのは、徳川家康の小田原城入城が、小田原北条氏の保持する「関左八州」の支配権と「関東武家の棟梁」の地位を継承したことを意味しており、足柄下郡の項目の中で最も重要性が高いという判断である。行程の前後にかかわらずより重要な項目を各巻の冒頭に配置するという巻之一の足柄下郡の1「御陣場　矢倉沢村」の手法を郡単位で表現したものといえる。

複数巻で構成される郡の場合、郡内における中心地あるいは徳川家康と特別な由縁を持つ場所を郡全体の冒頭に配置し、それをふまえて一定の方向でそれ以外の巻の順序が確定される。その結果、第一冊となる巻之二の冒頭には先述したように1「小田原城」が配置され、さらに挿絵①「小田原宿」、②「其二」、③「其三」により小田原城の城下町であるとともに東海道の宿場でもある小田原宿が描写されている。第二冊である巻之三では、小田原から西へ向かい、箱根三社権現と箱根宿を記述した後、東へ反転して小田原に戻る。3「箱根三社権現」では鎌倉幕府の将軍による参詣と小田原北条氏による社頭造営、さらには慶長一七年における徳川家康の造営を記している。箱根三社権現に対する武家権力による信仰と保護のあり方は、巻之十四の1「鶴岡八幡宮」と同様である。4「御殿蹟　箱根宿」は箱根宿を扱った項目で、家康死後における箱根宿の新設が「大神君様の御遺命」であり、その担当者が松平正綱であるとする。また挿絵④「箱根権現」と⑤「箱根宿　御殿跡」により全体ではないものの箱根宿が描写されている。最後の巻之四の冒頭に、家康の陣所が置かれた1「総世寺　久能村」、2「御陣場跡　今井村」を立項して、巻之一の矢倉沢村陣所からの行程と合流する。その後、小田原東方の地域を扱い、さらに酒匂川を越えて郡域東端の国府津村へ進み、次巻の淘綾郡の記述へつながる。

以上、足柄上郡・足柄下郡を対象とした巻之一～巻之四は、徳川家康の相模国入国と小田原城入城とそれに伴う行程を主要なテーマとして構成されており、あわせて「相中留恩記略」の構成順序の前提となる西→東の方向づけを規定する東海道とその宿場である小田原宿と箱根宿を挿絵で描写するとともに、箱根三社権現に対する武家権力の保護のあり方を記して鶴岡八幡宮への伏線としている。

第三章　本文の分析(二)―淘綾郡・大住郡・愛甲郡・津久井県

第三章では淘綾郡(巻之五)・大住郡(巻之六～九)・愛甲郡(巻之十・十一)・津久井県(巻之十二)を検討した。この部分は、相模国入国と小田原城入城を扱った第二章と、鶴岡八幡宮参詣と福原家の由緒及びそれをふまえた源家・徳川家康との関係を中心とする第四章の中間に位置しており、両者をつなぎつつ中原御殿と「大山寺」を中核とした構成になっている。

巻之五のみで構成される淘綾郡は、全一〇項目の内、7「御茶屋蹟　大磯宿」を除けばいずれも寺社であり、天正一九年一一月付の朱印状を載せるが、徳川家康の来訪記事等の記載はない。わずかに1「二宮明神社」における神主「二見神太郎」の名乗りが家康より与えられたものであること、5「総社六所宮」における「当国第一の祭祀」である五月五日の祭礼、8「高麗寺」における創建の由緒等が、やや詳細に叙述されるのみである。おおむね「凡例」第三条前半と第四条に対応する記述内容といえる。また7「御茶屋蹟　大磯宿」も徳川家康の休泊の内容を示す「大略」はなく、小田原城・中原御殿・藤沢御殿と比べるとその位置づけは低い。ただし、挿絵⑧「大磯宿　御茶屋蹟」、⑨「其二」、⑩「其三」では東海道大磯宿を描写しており、巻之三の箱根宿→巻之二の小田原宿と続いている東海道の宿場を紹介・描写する流れは継続している。各項目の掲載順序は東海道に沿うように西→東の方向となっている。

大住郡は巻之六～九の全四巻で構成されている。中心的な項目は巻之六の1「阿弥陀寺　平塚宿」、2「八王子権現社　同宿」、3「八幡宮　平塚新宿」、4「中原御殿蹟　中原上宿」、8「御宮　馬入村」、巻之七の1「岡田渡場」、巻之八の1「大山寺」、13「金目川大堤」である。それ以外の項目は寺社を扱ったものが多く、淘綾郡同様に「凡例」第三条前半と第四条に対応する内容である。

まず、巻之六では東海道の平塚宿と相模川の渡河地点である馬入の渡しを扱う。平塚宿そのものを扱った項目は存在しないが、1「阿弥陀寺　平塚宿」、2「八王子権現社　同宿」、3「八幡宮　平塚新宿」に対応する挿絵である①

「平塚宿　阿弥陀寺」、④「平塚宿　八王子権現社」、⑤「平塚新宿　八幡宮・御宮」により部分的ではあるが描写されており、巻之五の大磯宿に続いて東海道の宿場が描写されている。ついで馬入の渡しを対象とする8「御宮　馬入村」と挿絵⑬「馬入村　渡船場・御宮」では、東海道における相模川の渡河地点を示している。そして4「中原御殿蹟　中原上宿」では家康の行程を示す「大略」が記され、小田原城・藤沢御殿に匹敵する家康の「留恩」の地という位置づけになる。

次の巻之七では、中原街道の相模川の渡河地点である1「岡田渡場」と挿絵①「岡田村　渡船場」が主要項目である。巻之六の8「御宮　馬入村」と挿絵⑬「馬入村　渡船場・御宮」に対応させ、中原街道における相模川の渡河地点である「岡田渡場」を対象としている。相模川を起点として西側の丘陵・山間地域へと進む方向性が確認できる。

巻之八では「自序」Cに記された名所である1「大山寺」から南下して上大槻村にいたる。1「大山寺」では「盆山」を中心とした賑わいを詳細に記すとともに、それが中世における「不潔の地」を「清僧の地」とした家康の意志と歴代にわたる徳川将軍家の保護の結果であるとしている。また、13「金目川大堤」では「御所様堤」と称される金目川の堤防普請を命じた治水に関わる徳川家康の「御仁徳」を讃えている。最後の巻之九は大住郡の西部にあたる秦野盆地を対象としているが、特に目立つ項目は存在しない。

このように巻之六～巻之九の四巻構成である大住郡全体の起点は東海道平塚宿に置かれ、それより中原御殿を経て馬入の渡しにいたり、そのまま愛甲郡との境まで北上する。ここまでが巻之六・巻之七である。巻之八では「大山寺」を起点として郡内を西へ向かう。最後の巻之九は郡域全体の西側にあたる秦野盆地を対象としている。全体の流れは高座郡との郡境にあたる相模川を起点として東↓西への方向性になる。

愛甲郡は巻之十と巻之十一の二巻構成である。大住郡同様に天正一九年一一月付の寄進状の紹介が多い。郡全体の構成は、大住郡と同じく相模川を起点として西の丘陵・山間地帯へいたる方向である。巻之十は、冒頭に矢倉沢往還の相模川渡河地点である1「厚木渡船場　厚木村」を配置して郡域を東から西へ向かう順序を確定させる。5「農民孫右衛門　厚木村」では矢倉沢往還の宿場である厚木村に触れるとともに、挿絵①「厚木渡船場　林村三社明神・妻田村柳明神・同村薬師堂」、②「厚木村孫右衛門宅・智音寺・恩名村三島社」、③「其二」によってその町並みを描写している。しかし、「相中留恩記略」において矢倉沢往還の他の宿場は立項されていない。また、16「八菅山　八菅村」に記された由緒・故事も詳細ではあるが、「自序」Cには記されていない。巻之十一は、愛甲郡西部の丘陵・山間地帯を対象として3「御炭山　中・下荻野村」、18「塩河山　同村（角田村）」、19「御炭山　三増村」、21「三増峠　同村（三増村）」が主要な項目、天正一八年の入国時に三河国から随従してきた農民に植林を命じたもの。21は植林の由来となった武田信玄と小田原北条氏によって行われた三増峠の合戦の場所であり、治山に関わる徳川家康の「御仁徳」を述べている。

津久井県は巻之十二のみの一巻構成であり、その分量も文字通りの「小冊」である。三項目の内、2「名主五郎助　牧野村」を立項した意図は不明。中心となる項目は、天正一〇年時における徳川家康による三国峠からの「御遠見」を記して天正一八年における相模国入国を予祝した1「三国峠　佐野川村」である。

以上、第三章の検討対象である淘綾郡（巻之五）・大住郡（巻之六～九）・愛甲郡（巻之十・十一）・津久井県（巻之十二）は、天正一八年における相模国入国と小田原城入城を対象とする第二章の足柄上郡・足柄下郡、及び慶長五年における鎌倉鶴岡八幡宮参詣を中心とする第四章の高座郡・鎌倉郡・三浦郡・武蔵国金沢と比較すると、中心的なテーマが存在しないものの、両者をつなぐものとして、「大略」が記載される中原御殿、東海道の宿場である大磯宿・平塚宿、「自序」Cに記された「大山寺」などを扱っている。

第四章　本文の分析(三)——高座郡・鎌倉郡・三浦郡・武蔵国金沢

第四章の検討対象である相模国の高座郡(巻之十三)・鎌倉郡(巻之十四〜十九)・三浦郡(巻之二十〜二十二)と武蔵国金沢(巻之二十三)は、本章の過半を示す鎌倉郡を中心に、「自序」Aで述べた武家政権の聖地である鎌倉＝鶴岡八幡宮と建長寺・円覚寺・東慶寺を始めとする寺社、福原家自身の記述である「名主左平太」、玉縄城跡、「江島」を始めとする名所旧跡、東海道の藤沢宿・戸塚宿、藤沢御殿等が存在し、「相中留恩記略」における中核部分といえる。

第一節では巻之十三の一巻構成である高座郡を分析した。ここでは、藤沢宿・藤沢御殿に関連する12〜14と、それより北部に位置する1〜11の二つに分かれる。1〜11については、「相中留恩記略」の全体構成に影響を与える項目は存在しない。これに対して、12〜14は藤沢宿が高座郡の坂戸町・大久保町と鎌倉郡の大鋸町から構成されていることをふまえ、鎌倉郡に接続する末尾に配置されている。藤沢宿関連の項目により、それまで相模川に沿って大住郡→愛甲郡→津久井県→高座郡と南北方向に進んでいた「相中留恩記略」の記述が、足柄上郡の矢倉沢村の御陣場→足柄下郡の小田原城・小田原宿と箱根宿→淘綾郡の大磯宿→大住郡の平塚宿・中原御殿と続く、家康の行程とその主要な経路である東海道という本筋の流れへ戻ったことになる。藤沢宿関係における中心的な項目は、徳川家康による藤沢御殿休泊の内容を示す「大略」が記されている14「藤沢御殿跡」である。同様に「大略」が記されているのは、小田原城と中原御殿のみであるので、「相中留恩記略」における藤沢御殿の重要性がうかがわれる。あわせて藤沢御殿裏門の扉が「鎌倉郡渡内村名主左平太の家」＝福原家に「秘置」されていることを述べ、巻之十八の4「名主左平太」への伏線としている。また、挿絵⑳〜㉒により藤沢宿の高座郡部分(坂戸町・大久保町)が描写されており、巻之十八の冒頭へと続いている。

次に巻之十四〜十九の全六巻からなる鎌倉郡については、巻数の多さと記述内容の分量から、第二節（巻之十四・十五）・第三節（巻之十六・十七）・第四節（巻之十八・十九）の三つに分割して検討した。

第二節で扱った巻之十四・十五は、鶴岡八幡宮（巻之十四）と山之内村・扇谷村（巻之十五）を対象としている。山之内村には、鶴岡八幡宮とともに「四ケ所」と称され他の寺社と比較して別格的な位置づけとされた、鎌倉五山の第一である建長寺、同じく第二の円覚寺、鎌倉尼五山の第二で実質的に筆頭の地位にある東慶寺が所在しており、鶴岡八幡宮と一体的な存在という意識である。

まず、巻之十四は1「鶴岡八幡宮」2「御茶屋蹟」の二項目であり、鶴岡八幡宮関係のみで一巻を構成している。鶴岡八幡宮は源頼義・義家・頼朝という歴代により創始・修営・造営された源家を象徴する神社であり、鎌倉幕府における源家「将軍」三代と「執権」北条氏九代、鎌倉府の「管領」＝鎌倉公方（関東足利氏）、小田原北条氏等、源家とそれを補佐・継承する「北条氏」という関東を掌握した武家権力により「造営」「修復」が行われている。小田原城を本拠地とした小田原北条氏が「関東武家の棟梁」たりえたのも、鶴岡八幡宮の「修復」を同氏が行っているように、鶴岡八幡宮の存在をふまえたものである。天正一八年の相模国入国と小田原入城を経て、こうした伝統は徳川家康に継承された。そして、会津の上杉景勝征伐のため江戸へ下る途中である慶長五年六月二九日から七月一日に奥州征伐にあたり鶴岡八幡宮へ参詣するという「源家の御吉例」をふまえ、徳川家康が鶴岡八幡宮へ参拝することにより、源家歴代の伝統と鎌倉幕府以来の全国支配権という相模国の「国魂」が家康に付着し、将軍就任・幕府開設にいたるとしている。

これに対し、第二冊目である巻之十五では、鶴岡八幡宮の西から西北に位置する山之内村と扇谷村を対象としており、鎌倉において鶴岡八幡宮とともに特別な地域として認識されている。なお、山之内村が先に配置されているのは、同村に「四ケ所」と称される建長寺・円覚寺・東慶寺が存在していたためであり、実際の記述もこの順序で記されている。巻之十五で記述されている寺院の多くは鎌倉幕府の執権北条氏（得宗家）が開基しており、源家による鶴岡八幡宮の創設に対応する位置づけになろう。

第三節では巻之十六・十七を対象とした。巻之十四・十五で扱った鶴岡八幡宮と山之内村・扇谷村を除く鎌倉と、「江島」より鎌倉へいたる範囲が扱われている。鶴岡八幡宮（巻之十四）と建長寺・円覚寺・東慶寺を含む山之内村・扇谷村（巻之十五）を間に挟みながら、巻之十三の末尾である14「藤沢御殿跡」から鶴岡八幡宮へいたる徳川家康の行程（巻之十六）と、鶴岡八幡宮を出発して巻之二十三の武蔵国金沢へといたる家康の行程の内、鎌倉郡の部分（巻之十七）をベースにしている。巻之十六は鶴岡八幡宮から西南方面であり、「江島」を中心としながら藤沢御殿を出発し鶴岡八幡宮へ入る六月二九日の行程を、巻之十七は鶴岡八幡宮より東方を対象としており、鶴岡八幡宮を出立して金沢称名寺へ到着する七月一日の経路の内、鎌倉郡部分を、それぞれ扱っている。途中には「自序」Cに記された「江島」や、「光明寺」を始めとする鎌倉の諸寺社への家康の参詣と、それぞれの寺社へ祈願・参詣のため人々が群参する賑わいをも記述している。また、巻之十七の1「和賀江島」では同所から三浦半島の沖合を経由して金沢へといたる海路を紹介し、続く巻之二十～二十二の三浦郡を導き出している。以上の巻之十四～十七までが都市域としての鎌倉の範囲になる。

第四節では巻之十八・十九を検討した。便宜上、二巻に分かれているが、内容的には藤沢宿から玉縄城といった東海道沿いの西部方面を扱う巻之十八の1～10と巻之十九の1～4と、戸塚宿を中心とした東海道沿いの東部方面を対象とする巻之十九の5～9に大別される。前者についてはさらに巻之十八の1・2、巻之十八の3・4、巻之十八の5・6、巻之十八の7～10と巻之十九の1～4の四つに細分される。

巻之十八の1・2は、巻之十三の12～14とあわせて東海道藤沢宿の項目であり、1「清浄光寺」が主要項目である。応永三年(一三九六)に同寺一二世上人の尊観法親王が上野国を遊行した際に、徳川氏の祖先である「有親公(世良田左京亮様)」「親氏公(松平太郎左衛門様)」父子が「御守本尊」宇賀神の「御仮寝の霊夢」により上人の弟子となった。その後、名を「徳阿弥」と改めた親氏は、清浄光寺へ来訪し、「鎌倉近き」という理由で「御子孫御開運の御願状」と宇賀神を当寺に残して三河国へ去ったという内容が記されている。「凡例」第三条の「御歴代」に対応する記述であるとともに、「御子孫御開運の御願状」を同寺に納めた理由が「鎌倉近き」であることは、源家に深い関係を持つ鎌倉を意識したものであり、巻之十四の1「鶴岡八幡宮」に記された慶長五年における家康の鶴岡八幡宮参詣と関ケ原合戦の勝利と幕府の創設がこの「御願状」に対応した事柄であるということになる。この他、同寺の年中行事の賑わいを述べている。また、挿絵①「清浄光寺」、②「其二」、③「其三」は、同寺の境内とそれに隣接する鎌倉郡大鋸町部分の藤沢宿の情景を描いている。これにより、藤沢宿の内、高座郡の坂戸町・大久保町を対象とした巻之十三の⑳「藤沢宿　農民吉右衛門・同久兵衛・御殿跡」、㉑「其二　御殿跡」、㉒「其三」とあわせて、藤沢宿全体が挿絵で描写されたことになる。

巻之十八の3・4は、「相中留恩記略」の編纂者である福原家が名主を勤める渡内村を扱った部分で、4「名主左平太　同村(渡内村)」が主要項目である。「名主左平太」は「相中留恩記略」の編纂者である渡内村名主の福原高峰自身である。ここでは、三浦党の佐原八郎為連の子である左近四郎景連を祖先とする福原家の系譜を述べる。ついで、一〇代孫十郎重種の時に、「御遠祖頼義公・義家公奥州御征伐の時、御止宿の地」を訪ねる天正一八年小田原入城後における徳川家康の上村岡・玉縄周辺巡見において「御路次の案内」を勤めた故事を記す。すなわち福原家の居村である渡内村＝上村岡は源頼義・義家が奥州征伐の途次に止宿した場所であり、そうした「御遠祖」の「留恩」が遺る源家由来の地を慕って来訪した家康に対して、代々同地に居住＝守護してきた福原家の当主が案内し（同地に関する）家康からの「委しく御尋」に対応したのである。「凡例」第三条の「御遠祖」に対応する記述であるとともに、渡内村＝上村岡に遺る源家「御遠祖」の「留恩」が福原家を媒介にして徳川家康と一体化したという理解であろう。

この天正一八年時における「御遠祖頼義公・義家公奥州御征伐の時、御止宿の地」への来訪は、地理的・年次的に相模国の「国魂」が付着する第一段階である天正一八年の小田原入城と第二段階である慶長五年における鎌倉鶴岡八幡宮参詣を結びつけるものであり、「源家の御吉例」をふまえた慶長五年における家康の鶴岡八幡宮参詣の先駆となる。巻之十二の1「三国峠」における天正一〇年における「御遠見」が天正一八年における相模国入国と小田原城入城を予祝する先駆であることに対応したものである。さらに家康が玉縄城を「御遠見」した小名峯の「御床几塚」に頼義・義家・家康を祀る「壺井三社大権現」の存在を記す。「御遠祖頼義公・義家公奥州御征伐の時、御止宿の地」を守護する玉縄城をさらに守護する場所の設定であり、同地に対応する玉縄城の役割を示唆している。

巻之十八の5「玉縄城跡　城廻村」と6「松平甚右衛門正次屋敷跡　同村」は、「御遠祖頼義公・義家公奥州御征伐の時、御止宿の地」である上村岡を守護する役割を持つ玉縄城に関連するもの。ここでは「御遠祖頼義公・義家公奥州御征伐の時、御止宿の地」である上村岡郷＝渡内村を「守護」する玉縄城の存在と、玉縄城を「守護」するために設置された松平正次の屋敷とそれを継承した松平正綱について記述している。玉縄城は、源家の「御遠祖」頼義・義家の「奥州御征伐の時、御止宿の地」である上村岡を「守護」するためのものであり、天正一八年の小田原攻めにおいて城主北条氏勝が徳川氏に降伏することにより、豊臣軍の手を経ずに、徳川家康が直接的に継承したことになる。こうした源家に関わる故地を継承したことが慶長五年の鶴岡八幡宮参詣につながるという論理構成である。そして、この玉縄城を「守護」する役割を担ったのが、城廻村において屋敷地が与えられた松平正次とその養子である松平正綱である。特に正綱については徳川家康の「御遺命」である箱根宿の開設(巻之三の4「御殿蹟　箱根宿」)や鶴岡八幡宮の造営(巻之十四の1「鶴岡八幡宮」)の担当者でもあり、家康の意を受けた人物として想定されている。そして、正綱の子孫の移封後は、福原家が単独で「御遠祖頼義公・義家公奥州御征伐の時、御止宿の地」である上村岡＝渡内村を「守護」していることになる。

巻之十八の7〜10と巻之十九の1〜4は、玉縄城が存在する城廻村とその周辺村々を対象としたもので、巻は異なるが一体的な内容である。巻之十八の7「久成寺」と10「青蓮寺」では天正一八年における徳川家康の「上村岡・玉縄辺御巡見」時における来訪記事を載せている。同じく8「貞宗寺」は秀忠の母宝台院の実母貞宗院の屋敷地であり、後に大長寺の住職源栄を開山として開基した旨を記す。また、9「龍宝寺」では玉縄城主北条氏勝の「降参」に尽力した龍宝寺の住職良達を記述している。巻之十九の1「大長寺」では同じく北条氏勝との交渉を担当するとともに貞宗寺を開基した住職源栄について触れる。同じく2「農民八兵衛　本郷公田村」では松平正次の弟正則を先祖とする八兵衛家を記している。他地域における項目より詳しい記述であり、編纂者福原家の居村周辺であるとともに、巻之十八の3〜6に対する補論的な位置づけになろう。

巻之十九の5〜9は、5「戸塚宿」を中心に東海道戸塚宿から東海道における相武国境に近い9「一里塚　平戸・品濃両村」までの範囲を扱っており、5「戸塚宿」と9「一里塚　平戸・品濃両村」が主要な項目となる。5「戸塚宿」では元和二年(一六一六)とされる戸塚宿の開設を記し、それが徳川家康の「御遺命」であるとする。あわせて挿絵⑥「東海道戸塚宿　清源院」、⑦「其二」、⑧「同宿吉田町五太夫橋・上矢部村大善寺」では戸塚宿が描写されている。9「一里塚　平戸・品濃両村」は「武相の堺なる境木立場の三町余南の方」とあるように、東海道の内、相模国東端に存在する一里塚である。挿絵⑬「平戸・品濃両村一里塚」、⑭「其二」とあわせて、巻之三における箱根宿と巻之二の小田原宿以来の相模国における東海道の記述は完結する。ただし、慶長五年六月〜七月時における徳川家康の行程と合流させるためには、なお巻之二十三における武蔵国金沢の記述が必要となる。

第五節では巻之二十・二十一・二十二の全三巻から構成される三浦郡を検討した。叙述の流れは相模湾を南下して三浦半島先端の湊である三崎を経由して東京湾側に出る。そして、浦賀・榎戸といった湊を経て巻之二十三の武蔵国金沢へいたる海路が記述順序のベースである。最初の巻之二十は相模湾沿いに南下していく。次の巻之二十一も相模湾沿いに南下し、6「海南明神社　三崎町」で三浦半島の先端部に位置する三崎湊へ到達する。それより7「笹塚不動堂　上宮田村」で東京湾岸となり、日本武尊による東京湾の渡河地点とされる13「大泉寺　走水村」で終わる。この巻の中心項目は6「海南明神社　三崎町」、9「東福寺　西浦賀」、10「御宮　東浦賀」であり、三崎・浦賀といった港湾の賑わいが記されている。巻之十七の1「和賀江島」の項目で記述された海路を意識したもの。これに関連して、東京湾沿いを扱った挿絵には廻船の停泊・航行に関わるものが多く描かれている。

最後の巻之二十二の内、1「清雲寺　大矢部村」、2「満昌寺　同村」、3「不動堂　衣笠村」は福原家の祖である三浦党に関わる記述。ここでは後三年の役と頼朝挙兵の両度において三浦党が源家に忠節を尽くした事柄を挙げている。三浦党は「源家」に「忠勤」を尽くした「源氏相伝の氏族」であり、その流れを組む福原家が「相中留恩記略」を編纂することは、現在は農民身分であるとはいえ、先祖である三浦党が源家へ「忠勤」を尽くしたことと同様であるという福原高峰の認識である。こうした由緒を意識することにより、「源家」＝徳川家康＝徳川将軍家と福原家の距離は一挙に縮まるという考えであろう。4「大明寺　金谷村」からは東京湾沿いの海岸部に移り、8〜11の「浦之郷村」で終わる。11「能永寺」では榎戸湊の存在に触れ、三崎→浦賀→榎戸→金沢という海路の行程を意識させている。同村の北で武相国境を越えれば、巻之二十三で扱う武蔵国金沢となる。

第六節では武蔵国金沢を扱う巻之二十三を検討した。「金沢」は、「凡例」第一条に「鎌倉・金沢」と双称される「一区の勝槩」＝一体の名所である。金沢地域は、「鎌倉」を媒介として、相模国と武蔵国に両属する地域性を持ち、両国を接合する場として位置づけられる。全八項目の内、冒頭に1「御宮」＝東照宮という徳川家関連の項目を置き、ついで源頼朝に勧請されたとする地域で最も由緒のある2「瀬戸明神社」が配置されている。これ以降、8「能見堂」までの項目の配列は、7「称名寺」における七月一日の宿泊を含めて、七月一日・二日における「鎌倉御遊覧」「金沢御遊覧」という徳川家康の行程に沿ったもの。「相中留恩記略」本文最後の項目である8「能見堂」は、金沢より保土ケ谷へいたる金沢道の途中に位置し、その先には東海道の程ケ谷宿（保土ケ谷宿）、さらには神奈川宿が存在しており、能見堂から両宿までの距離が記されている。

そして、神奈川宿の先には徳川家康の居城である江戸が存在する。慶長五年六月～七月における徳川家康の行程との関連でいえば、巻之十六の藤沢宿～鶴岡八幡宮→巻之十四の鶴岡八幡宮（＋巻之十五の山之内村・扇谷村）→巻之十七の鶴岡八幡宮～浄妙寺村→巻之二十三の「御宮」→能見堂という慶長五年六月二九日～七月二日における徳川家康の行程、さらには巻之十七の1「和賀江島　材木座村」における鎌倉～金沢間の海路（具体的な経路は巻之二十～二十二における三浦半島の西岸＝相模湾から東岸＝東京湾を経て金沢へいたる）という藤沢御殿→金沢という陸路・海路が、8「能見堂」の項目により「相中留恩記略」本筋の流れである東海道と合流することになる。

以上、第四章の検討対象である相模国の高座郡（巻之十三）・鎌倉郡（巻之十四～十九）・三浦郡（巻之二十～二十二）と武蔵国金沢（巻之二十三）は、「相中留恩記略」における中核部分といえる。その内容は、慶長五年六月末から七月初頭における「鎌倉御巡覧」の徳川家康の行程である。「相中留恩記略」の本文の記述をつなぎ合せると、六月二七日に小田原城に宿泊。二八日は小田原→藤沢の行程で藤沢御殿宿泊。二九日は藤沢から江の島経由で鎌倉に入り、鶴岡八幡宮の小別当宅に宿泊。翌七月一日は鎌倉→金沢の行程で、金沢の称名寺に宿泊。二日に金沢を出立して神奈川宿へ向かうとなっている。この行程に対応するように、各郡・各巻の順序が組み立てられている。

二　「相中留恩記略」における相模国認識と編纂の意図・目的

以上、「相中留恩記略」の構成と内容について概観したが、最後に「自序」「凡例」に要約される同書における相模国認識と編纂の意図・目的について、前項でまとめた本文各巻の内容をふまえて確認しておきたい。具体的には、中世相模国に対する歴史認識、徳川家康への相模国「国魂」付着の過程、福原家の自家認識と源家・徳川家康・徳川将軍家との関係、の三点になる。

「相中留恩記略」における中世相模国に対する歴史認識

「相中留恩記略」における中世相模国に対する歴史認識は、「自序」前半Aの「相州の地たるや、鎌倉将軍の幕府を建られし已来、世々将軍の府となり、元弘の乱に執権高時入道滅亡し、足利氏関東の管領として府を開かれしかと、衰微せしに及ひて、北条氏関左八州を掌握して当国小田原に居城せしに、天正十八年滅亡し」と、巻之十四の1「鶴岡八幡宮」の「鶴岡八幡宮は小林郷にあり、社伝及ひ東鑑等を閲するに、伊予守頼義朝臣、奥州の逆徒安部貞任・宗任を征伐の時、丹祈の旨あり、凱旋の時、鎌倉に立寄せられ、康平六年八月、石清水八幡宮を当所由井の郷に勧請したまひ、武運の栄盛を祈られける、此社地、今に由井若宮の旧地と称し、今の社地より十八町南の方海辺にあり、其後、永保元年、御子義家朝臣相模守に任せられ、鎌倉に到られ、頼義卿建立の社頭を修営したまひ、家衡・武衡追討の願書を籠られけるとそ、其後、治承年中、頼朝卿、源家開運の刻、宗廟を崇め奉られんか為に、同四年十月十二日、由井の若宮を今の地に引移され、仮の造営あり、これ今の下宮の地なり、建久二年三月、火災ありて社頭残らす灰燼となりしかハ、同年四月、今の上宮の地に新に宝殿を造立あり、又、下宮も再造あり、十一月下旬、上下両宮末社等にいたるまて全く落成せり、此後、代々の将軍家・執権・管領・小田原北条氏に至るまて、相続きて社頭の造営修理を加へられし事歴々たり」、さらには巻之二の1「小田原城」の「当城は、往昔、土肥・土屋の一党居住せしこと、鎌倉大草紙等に見ゆ、後、大森氏の居城となり、四代程を経て、北条新九郎入道早雲、城主となりしより、五代左京大夫氏直に至るまて相続て当城の主となり、関東武家の棟梁たり」という三つの記述に要約的に表現されている。

すなわち中世相模国は全国・東国を統治した武家権力の所在地であり、その淵源は源頼義・義家が前九年・後三年の役において鎌倉に八幡宮を創設・修営したことに始まる。ついで、源頼朝が鎌倉幕府を開き鎌倉が「将軍の府」となるとともに、源家の「宗廟」を崇拝して八幡宮を現在地に移し鶴岡八幡宮を造営した。源家三代の将軍が絶えた後は、執権北条氏(得宗家)九代がそれを継承し、鶴岡八幡宮と一体的なものとして建長寺・円覚寺・東慶寺などを創建した。鎌倉幕府の滅亡後は、室町幕府を開いた足利氏が鎌倉に「管領の府」=鎌倉府を置き、足利将軍家の分家にあたる関東足利氏が「管領」=鎌倉公方として、関東を統治した。鎌倉府が衰えると、かわって執権北条氏の苗字を継承した小田原北条氏が小田原城を「居城」として「関東武家の棟梁」となり「関左八州」を支配した。権力の所在地は小田原から鎌倉へ移ったことになるが、こうした小田原北条氏の存在も、同氏が鶴岡八幡宮を修営し、二代氏綱が太刀を奉納しているように、あくまでも鶴岡八幡宮を媒介として源頼朝以来の源家の伝統に依拠するものであった。

このように福原高峰による中世相模国の歴史認識は、鎌倉幕府の源家三代の将軍と執権北条氏(得宗家)九代、鎌倉府の鎌倉公方、小田原北条氏というつながりになる。源家の流れを組む徳川家康が征夷大将軍として幕府を開くためには、こうした源家と深い由来を持つ相模国の「国魂」を付着させる必然性があるという論理である。

徳川家康への相模国「国魂」の付着

前項で指摘した相模国の「国魂」を徳川家康が付着していく過程は、「自序」Bに「同年八月大神君御入国あらせられ、武州江戸の地を御居城と定めたまひし」とあるように、天正一八年（一五九〇）における相模国への入国から国内を西から東へと進み武州江戸へといたる行程がそれに該当する。「相中留恩記略」本文においては、この家康の行程は二段階に分けて記述されている。すなわち天正一八年の相模国入国と小田原入城と、慶長五年（一六〇〇）六月末～七月初頭における鎌倉鶴岡八幡宮参詣である。

前者については、まず巻之十二の1「三国峠」に「天正十年三月、武田家滅亡のころ、平岩七之助殿御案内を申あけ奉られ、大神君様此峠に登らせたまひ、関東の国々を御遠見あらせられし」として、天正一〇年の武田家滅亡に際して徳川家康が相模・武蔵・甲斐三国の境界にあたる三国峠へ登り「関東の国々」を「御遠見」した故事を記し、その後における関東入国を予兆している。ついで、「凡例」第一条の「天正小田原の役に　大神君、上郡足柄峠を踰させたまひ、下郡今井の御陣営に着御あらせられし、是当国御芳躅の最第一」と、巻之二の1「小田原城」で「天正十八年、小田原陣の後、大神君様、城中御巡見あらせらる、或書に天正十八年七月十日、大神君様、小田原の城に移らせ給ふ、十三日、秀吉公、関左八州を以て、大神君様に進せらると見ゆ」と記し、天正一八年の小田原攻めに際して足柄峠を越えて相模国に入国、同年七月一〇日の小田原入城と一三日における「関左八州」の支配を記述している。これにより鎌倉公方から小田原北条氏が継承し、小田原城に存在していた「関東武家の棟梁」の「国魂」が家康へ付着することとなり、小田原北条氏が「掌握」していた「関左八州」＝関八州が徳川家康の領国になったのである。

また、巻之十四の1「鶴岡八幡宮」に「天正十八年七月、豊臣太閤、小田原凱陣の時、当社へ参詣あり、社頭を歴覧せられ、帰洛の上、造営あるへきとの事なりしに、茲年八月、関東御打入あり、東照大神君様の御分国となりしかは、同十九年五月、御当家にて御造営あるへきの由なり」とあるように、関東地方が徳川家康の領国になったことをふまえ、鶴岡八幡宮の「造営」が徳川家の担当とされたことは、「関東武家の棟梁」の地位が鶴岡八幡宮の存在と一体的であることを示すとともに、慶長五年における家康の鶴岡八幡宮参詣への布石となる事柄である。

後者の慶長五年六月末から七月初頭における徳川家康の行程については、「相中留恩記略」の本文の記述をつなぎ合わせると以下のようになる、家康は六月二七日に小田原城に宿泊。二八日は小田原→藤沢の行程で藤沢御殿宿泊。二九日は藤沢から江の島経由で鎌倉に入り、鶴岡八幡宮に宿泊。翌七月一日は鎌倉→金沢の行程で、金沢の称名寺に宿泊。二日に金沢を出立して神奈川宿へ向かっている。この間、六月二九日に鶴岡八幡宮へ参詣している。東海道を通らずに、この経路を選択しているのは、鎌倉鶴岡八幡宮への参詣が主要目的ということになる。

この参詣について、巻之十四の1「鶴岡八幡宮」では、「慶長五年、大神君様、上杉景勝御征伐として関東に御下向ましく〱ける頃、五月廿九日、当社へ御参詣あらせられ、景勝追討の御祈念を籠させたまひ、先年、北条左京大夫氏綱、神殿に奉納ありし康国の太刀を預らせたまひ、御守護刀として御陣中へ御随身あそハされし」、「按するに、或書に慶長五年六月廿九日、大神君様、鎌倉御一覧あり、雪下にて御旅服を改めたまひ、当社御参詣、景勝御征伐御勝利のため、往昔頼義・義家・頼朝、源家の御吉例を尊慮あらせられ、御勝利後、社頭御造営なし給ハん事を社務のものに命せられたまひし事見ゆ」と記されており、この行程が陸奥国会津の「上杉景勝御征伐」のためのものであり、参詣の目的は「景勝追討」「景勝御征伐御勝利」の「御祈念」である。

この参詣は奥州出兵に際して鶴岡八幡宮へ参詣するという「往昔頼義・義家・頼朝、源家の御吉例」を家康が「尊慮」したものであり、「御勝利後」における「社頭御造営」もまた「源家の御吉例」を踏襲したものである。この参詣により源家の伝統と「将軍の府」＝鎌倉幕府に由来する全国支配権という相模国の「国魂」が徳川家康に付着し、その結果、関ケ原合戦における勝利と江戸における幕府の創設につながるという論理である。ちなみにこの「往昔頼義・義家・頼朝、源家の御吉例」の文言は後述する福原家の由緒とつながっていく。

福原家の由緒と源家・徳川家康との関係

福原家の由緒については、巻之十八の4「名主左平太」に記されている。まず、徳川家康との関係については「それより十代孫十郎重種に至り、天正十八年小田原落去の後、東照大神君様、上村岡〈今当村の郷名なり〉より玉縄辺御巡見の時、御路次の案内を勤む、其時上村岡は御遠祖頼義公・義家公奥州御征伐の時、御止宿の地なれは委しく御尋ありて、孫十郎の家に御腰を掛させたまひしかは、此地に産する梅干を奉りし時、御側の衆戯言ありしを興しさせたまひしとなり〈此例により松平右衛門大夫正綱殿領主たりし頃は、梅干を公へ献せらるといふ、今も地頭所へ捧く〉其後御案内の御賞美として五石の夫免〈慶長二年五月彦坂小刑部元正殿より松平甚右衛門正次殿へ当村を知行に渡されし御書出に高五石の地は百姓衆夫面に可引と見ゆ〉及ひ御土器を賜ふ、それより同所の小名峯といふ所に登らせ給ひ〈今其地を宮山と号す〉玉縄城を御遠見あらせられしとなり」という内容を記している。すなわち天正一八年の小田原落城後に徳川家康による上村岡・玉縄辺の巡見があり、その際、福原家一〇代の孫十郎重種が「御路次の案内」を務めたという。福原家と徳川家康の直接的な関係を示す記述である。そして、「御遠祖頼義公・義家公奥州御征伐の時、御止宿の地」＝前九年・後三年の役の際に「御遠祖」である源頼義と義家が宿泊した源家由来の地である渡内村＝上村岡の地を見分した家康から孫十郎重種に対して、「委しく御尋」があったとされる。「御尋」の内容は明示されていないが、当然「御遠祖頼義公・義家公奥州御征伐の時、御止宿の地」に関わる事柄である。家康は孫十郎の家に腰を掛け、同人が土地の名産である梅干を献上した時に「御側の衆」が「戯言」（内容は不明）を述べたことに「興じ」る程、和やかな雰囲気であった。こうした「御尋」の結果、後に「御案内の御賞美」として「五石の夫免」と「御土器」を賜わるように、源家由縁の地とその地に代々居住して守護してきた名主福原家に対して家康が特別な想いを寄せたという趣旨であり、福原高行・高峰親子が徳川家康への強い「仰慕」の念を抱く事由・根拠であろう。

この記述は「凡例」第三条後半の「御遠祖」に対応するものであるとともに、「御遠祖」頼義・義家に由縁する場所への訪問という意味において、巻之十四の1「鶴岡八幡宮」冒頭に記された頼義・義家・頼朝が奥州へ出兵する際に鶴岡八幡宮へ参詣したという「源家の御吉例」をふまえた慶長五年における家康の鶴岡八幡宮参詣の先駆と考えられる。相模国の「国魂」を付着させる天正一八年の小田原入城後における家康の行程と慶長五年における鶴岡八幡宮への参詣が、上村岡＝渡内村という空間と福原家の当時の当主孫十郎重種という人物を媒介として結びついたことになる。源家・徳川家にとってきわめて重要なこの場所に代々居住し守護してきた家が福原家なのである。「御尋」に引き続き、家康は渡内村の小名「峯」から玉縄城を「御遠見」した。この「御遠見」は、高座郡・鎌倉郡を管轄範囲とする小田原北条氏の有力支城の玉縄城を自らの支配下に治めたことを象徴的に表現したものであるとともに、渡内村＝上村岡の地を守護する玉縄城という位置づけを想定していよう。

また、孫十郎の子新兵衛については、「時の領主松平右衛門大夫正綱殿に従ひ、慶長十九年大坂御陣、及ひ元和三年御神柩久能山より日光山へ遷輿の時も領主と共に従ひ奉れりといふ、かゝる御由緒をもて、同八年小名峯の御床机塚の上に壺井の社〈頼義公・義家公を祀る〉を移し、又御神号を木に記して御相殿に祀り奉り、今壺井三社大権現と崇め奉る」と記している。それによれば、孫十郎の子新兵衛は、慶長一九年の大坂の陣には領主松平正綱に「従ひ」出陣、さらに元和三年（一六一七）の「御神柩」＝家康の遺骸を久能山より日光へ「遷輿」する際には、「領主と共に従ひ奉れり」としている。慶長一九年の大坂の陣における「従ひ」という文言は領主松平正綱に対するものであるが、元和三年の「御神柩」への随従における「従ひ奉れり」という敬語表現の対象は、「御神柩」本体であるので、福原新兵衛は家康との直接的な関係にもとづいて「御神柩」の行列に供奉したことになる。

こうした福原家と家康との直接的な関係という「御由緒」をふまえ、元和八年にかつて家康が玉縄城を「御遠見」した小名峯の「御床几塚」に、頼義・頼家を祭った「壺井の社」を移転し、あわせて家康の神号を木に記して相殿して「壺井三社大権現」と称し、毎年四月一七日には神酒・供え物を捧げているという。徳川家康による「御遠見」の意図を永遠化するように、「御遠祖頼義公・義家公奥州御征伐の時、御止宿の地」を守護する玉縄城をさらに守護する場所の設定である。また「三社」とは頼義・義家・家康のことであり、頼朝以前における頼義・義家以来の源家と福原家の関係を表現していると考えられる。

以上のように福原家と徳川家康との関係は、「御遠祖頼義公・義家公奥州御征伐の時、御止宿の地」を守護してきた家として、単なる領主と名主との関係ではなく、源家の「御遠祖」である源頼義・義家に由来する地を守護してきた旧家として、福原家と源家という先祖代々の関係をふまえ人格的に近しい関係にあるというのが福原高峰の理解である。その背後には「祖先は三浦党佐原八郎為連の男、左近四郎景連なり、景連、母方の氏を冒して福原と号す」、あるいは巻之二十二の3「不動堂　衣笠村」に記されているように、源義家による後三年の役と源頼朝の挙兵の両度において「源家」に「忠勤」を尽くした「源氏相伝の氏族」である三浦党の流れを組むという福原家の出自・系譜に関わる認識があったと思われる。三浦党の流れを組む福原家が「相中留恩記略」を編纂することは、現在は農民身分であるとはいえ、先祖である三浦党が源家へ「忠勤」を尽くしたことと同様に、徳川将軍家への「忠勤」であり、こうした由緒を意識することにより、源家＝徳川家康＝徳川将軍家と福原家の距離は一挙に縮まるという考えと思われる。

まとめ

以上、「相中留恩記略」における、中世相模国に対する歴史認識、徳川家康への相模国「国魂」付着の過程、福原家の自家認識と源家・徳川家康・徳川将軍家との関係、の三点についてまとめてきた。最後に福原高行・高峰による「相中留恩記略」編纂の意図・目的とその過程に関する見通しを述べて結びとしたい。

福原家による同書執筆の契機は、おそらくは天正一八年(一五九〇)の小田原落城後における徳川家康の玉縄周辺巡見の目的が、自らが名主を勤める鎌倉郡渡内村＝「御遠祖頼義公・義家公奥州御征伐の時、御止宿の地」への来訪であることを発見・認識したことに始まると思われる。さらにこの家康の巡見が慶長五年(一六〇〇)における鶴岡八幡宮参詣の先駆となる位置づけと、三浦党の流れを組むという自家の系譜からは、徳川家康と福原家の関係が過去に遡る形で源家と三浦党の関係に重ね合わされたのであろう。こうした理解が、渡内村という特定の場所から、その周辺地域である玉縄城・藤沢御殿が存在する鎌倉郡・高座郡という面的な領域へ、さらには小田原城・中原御殿や三浦党との関係で相模国全域へと拡大されていったのであろう。そして、鶴岡八幡宮参詣の行程を東海道へ合流させるため、最終的には相模国全域と武蔵国金沢を含みこむ全二三巻の構想にいたったものと考えられる。

あとがき

「相中留恩記略」について本格的に考えるようになったのは、藤沢市の市民グループより同書を題材とした講座を依頼され、二〇一四年一〇月一八日に藤沢市内において「相中留恩記略にみる相模国」というタイトルで話しをしたことがきっかけである。この時は、全体の構成と「自序」「凡例」の分析が主要な内容であり、おおむね本書第一章第二節に対応するものであった。準備の過程で本文全二三冊の内、武蔵国金沢を除く相模国の二二冊という数値が武蔵国の二二郡に対応することに興味を持ち、それ以降、本書に記述したように本文全体を検討することになった。

もっとも当初は、前著(『煙管亭喜荘と「神奈川砂子」』二〇一七年、岩田書院)で扱った「神奈川砂子」とともに、「都名所図会」「東海道名所図会」「江戸名所図会」と対比する形で一書にまとめるつもりであったが、書き進む内に分量が増えてしまい、別々の著作として刊行することになった。それぞれの特性を考えると、結果的には良かったようにも思える。

最後に、福原家本「相中留恩記略」挿絵について写真をご提供いただいた藤沢市文書館の方々と、出版事情の厳しい中で前著に引き続き本書を刊行してくださった岩田書院の岩田博氏にお礼を申し上げます。

あとは、「相中留恩記略」を書いた福原高峰氏の感想を聞いてみたいところであるが、それは彼岸にいってからの楽しみにとっておくことにしたい。

二〇一八年六月

斉藤　司

著者紹介

斉藤　司（さいとう　つかさ）

1960年　神奈川県横須賀市生まれ
立正大学大学院文学研究科博士後期課程修了、博士（文学）
公益財団法人横浜市ふるさと歴史財団職員として、
横浜市歴史博物館学芸員を経て、現在は横浜開港資料館副館長。
著書に『田中休愚「民間省要」の基礎的研究』（岩田書院、2015）
『横浜吉田新田と吉田勘兵衛―横浜開港前史―』（岩田書院、2017）
『煙管亭喜荘と「神奈川砂子」―近世民間地誌の成立と地域認識―』（岩田書院、2017）がある。

福原高峰《ふくはらたかみね》と「相中留恩《そうちゅうりゅうおん》記《き》略《りゃく》」

―近世民間地誌にみる「国」意識―　　近世史研究叢書51

2018年（平成30年）7月　第1刷　300部発行　　定価［本体6800円＋税］

著　者　斉藤　司

発行所　有限会社岩田書院　代表：岩田　博　　http://www.iwata-shoin.co.jp

〒157-0062　東京都世田谷区南烏山4-25-6-103　電話03-3326-3757　FAX03-3326-6788

組版・印刷・製本：ぷりんてぃあ第二

ISBN978-4-86602-043-3　C3321　¥6800E

岩田書院 刊行案内（26）

			本体価	刊行年月
012	四国地域史	四国の近世城郭＜ブックレットH23＞	1700	2017.10
014	時代考証学会	時代劇メディアが語る歴史	3200	2017.11
015	川村由紀子	江戸・日光の建築職人集団＜近世史47＞	9900	2017.11
016	岸川　雅範	江戸天下祭の研究	8900	2017.11
017	福江　　充	立山信仰と三禅定	8800	2017.11
018	鳥越　皓之	自然の神と環境民俗学	2200	2017.11
019	遠藤ゆり子	中近世の家と村落	8800	2017.12
020	戦国史研究会	戦国期政治史論集　東国編	7400	2017.12
021	戦国史研究会	戦国期政治史論集　西国編	7400	2017.12
022	同文書研究会	誓願寺文書の研究（全２冊）	揃8400	2017.12
024	上野川　勝	古代中世 山寺の考古学	8600	2018.01
025	曽根原　理	徳川時代の異端的宗教	2600	2018.01
026	北村　行遠	近世の宗教と地域社会	8900	2018.02
027	森屋　雅幸	地域文化財の保存・活用とコミュニティ	7200	2018.02
028	松崎・山田	霊山信仰の地域的展開	7000	2018.02
029	谷戸　佑紀	近世前期神宮御師の基礎的研究＜近世史48＞	7400	2018.02
030	秋野　淳一	神田祭の都市祝祭論	13800	2018.02
031	松野　聡子	近世在地修験と地域社会＜近世史48＞	7900	2018.02
032	伊能　秀明	近世法制実務史料 官中秘策＜史料叢刊11＞	8800	2018.03
033	須藤　茂樹	武田親類衆と武田氏権力＜戦国史叢書16＞	8600	2018.03
179	福原　敏男	江戸山王祭礼絵巻	9000	2018.03
034	馬場　憲一	武州御嶽山の史的研究	5400	2018.03
035	松尾　正人	近代日本成立期の研究　政治・外交編	7800	2018.03
036	松尾　正人	近代日本成立期の研究　地域編	6000	2018.03
037	小畑　紘一	祭礼行事「柱松」の民俗学的研究	12800	2018.04
038	由谷　裕哉	近世修験の宗教民俗学的研究	7000	2018.04
039	佐藤　久光	四国猿と蟹蜘蛛の明治大正四国霊場巡拝記	5400	2018.04
040	川勝　守生	近世日本石灰史料研究11	8200	2018.06
041	小林　清治	戦国期奥羽の地域と大名・郡主＜著作集２＞	8800	2018.06
042	福井郷土誌	越前・若狭の戦国＜ブックレットH24＞	1500	2018.06
043	青木・ﾐﾋｪﾙ他	天然痘との闘い：九州の種痘	7200	2018.06
044	丹治　健蔵	近世東国の人馬継立と休泊負担＜近世史50＞	7000	2018.06
045	佐々木美智子	「俗信」と生活の知恵	9200	2018.06
046	下野近世史	近世下野の生業・文化と領主支配	9000	2018.07

941	斉藤　　司	田中休愚「民間省要」の基礎的研究＜近世史43＞	11800	2015.10
989	斉藤　　司	横浜吉田新田と吉田勘兵衛	3200	2017.02
011	斉藤　　司	煙管亭喜荘と「神奈川砂子」＜近世史46＞	6400	2017.10